# 版权限制与例外制度建构研究
## ——以信息获取和文化创新为视角

华劼 著

**图书在版编目（CIP）数据**

版权限制与例外制度建构研究：以信息获取和文化创新为视角/华劼著. —北京：知识产权出版社，2022.6

ISBN 978-7-5130-8124-5

Ⅰ.①版… Ⅱ.①华… Ⅲ.①著作权法—研究 Ⅳ.①D913.04

中国版本图书馆 CIP 数据核字（2022）第 058803 号

**内容提要**

本书从理论、原则和案例三个方面探讨数字网络时代版权权利限制与例外制度的建构，在借鉴国外立法、司法及学术研究的基础上，建议数字网络环境下权利限制与例外制度应通过立法明确规定以下内容：一是兼顾灵活性和确定性的原则性规定；二是以获取信息为目的的例外规定；三是以文化创新为目的的例外规定。以获取信息为目的的例外规定包括缩略图和网页快照等信息检索类目的转换性使用规则；大规模数字化和数字图书馆的构建；为视力障碍者获取作品提供便利。以文化创新为目的的例外规定包括再创作文化与用户原创内容；内容转换性使用规则；重混创作版权制度；网络迷因版权法律问题；附带性使用。本书同时分析探讨人工智能和算法技术下版权权利限制与例外制度的构建，以及对两类特别问题的应对，一是应在权利限制与例外中对规避技术措施的例外予以特别规定，二是应将权利穷竭原则在数字网络环境下进行延伸。

读者对象：知识产权领域研究者及实务工作者，法学及知识产权专业教师和学生。

| 责任编辑：张利萍 | 责任校对：潘凤越 |
|---|---|
| 封面设计：智兴设计室·任珊 | 责任印制：刘译文 |

**版权限制与例外制度建构研究**

以信息获取和文化创新为视角

华劼 著

| 出版发行：知识产权出版社有限责任公司 | 网　　址：http://www.ipph.cn |
|---|---|
| 社　　址：北京市海淀区气象路 50 号院 | 邮　　编：100081 |
| 责编电话：010-82000860 转 8387 | 责编邮箱：65109211@qq.com |
| 发行电话：010-82000860 转 8101/8102 | 发行传真：010-82000893/82005070/82000270 |
| 印　　刷：三河市国英印务有限公司 | 经　　销：新华书店、各大网上书店及相关专业书店 |
| 开　　本：720mm×1000mm 1/16 | 印　　张：17.25 |
| 版　　次：2022 年 6 月第 1 版 | 印　　次：2022 年 6 月第 1 次印刷 |
| 字　　数：300 千字 | 定　　价：89.00 元 |

ISBN 978-7-5130-8124-5

出版权专有　侵权必究

如有印装质量问题，本社负责调换。

# 前言

数字网络环境下版权权利限制与例外制度发展的理论基础是利益平衡理论。权利限制与例外制度的建构着重在维护作品使用者的权益，鼓励使用者创作出新作品，再次创新。因此，该制度的建构在版权保护已经趋于完善的国家和地区更容易被包括版权权利人、出版者、技术开发者和使用者在内的各方利益相关者所接纳和推行。

近年来国外学者对数字网络时代版权权利限制与例外制度的研究不断深入，相关立法与司法实践也不断推进。欧盟在2008年发布的《知识经济中的版权（绿皮书）》以及美国商务部在2013年发布的《数字经济中的版权政策、创造力和创新》中同时提出要修订更新版权权利限制及例外制度，以激发数字技术时代中的创新和创造力。2011年的谷歌公司大量扫描图书侵权案引发政策制定者和学者关注大规模数字化对版权权利限制与例外制度的冲击和拓展，以及为作者、出版者、技术公司和使用者所带来的风险和机遇。美国商务部在2016年发布的《重混、首次销售及法定赔偿》白皮书中反映了重混创作理念，明确指出更清晰的法律规制将更有利于有价值的创新行为及为合法化重混行为扫清障碍。欧盟在2015年启动、2019年完成的数字单一市场版权改革中也考虑到数字网络技术对权利限制与例外适用带来的在内容获取和文化创新方面的挑战，提出版权制度尤其是其中的权利限制与例外制度应保障版权权利人和作品使用者之间及不同权利人之间的利益平衡。

我国目前的版权保护还不尽完善，虽然与知识产权有关的法律法规在不断更新和修订，但对于知识产权保护的执法力度还不足以完全应对和控制日益泛滥的侵权和盗版。在这种环境下，权利人更倾向于强化对于知识产权的保护，而不是接纳权利限制与例外以鼓励后续创新。我国于2011年7月启动《著作权法》第三次修订，试图将灵活性和确定性纳入版权权利限制与例外中，2014年6月公布的《著作权法（修订草案送审稿）》权利限制与例外条款第二款中纳入了三步检验标准用于限制第一款已列出的具体情形，并在第一款十二项具体情形之外增加了第十三项"其他情况"作为例外情形的兜底条款。但是，于2020年11月11日公布的修正案中却并未采纳送审稿所建议的增强权利限制灵活性的方案。

第三次修正后的《著作权法》第24条穷尽式列举了十三类权利例外情形，前十二项为具体情形，第十三项为"法律、行政法规规定的其他情形"。目前规定有版权权利限制与例外条款的法律仅有《著作权法》一部，行政法规有《著作权法实施条例》《信息网络传播权保护条例》《计算机软件保护条例》三部，这三部法规涉及权利限制与例外的条款有限且不可能经常修改。此外，《著作权法》第24条将三步检验标准纳入条款，但三步检验标准并未扩大权利限制与例外的适用范围，而是用于限制已穷尽列举出的所有权利限制与例外情形。因此，我国《著作权法》虽然历经三次修正，但权利限制与例外制度仍保留封闭式立法模式，并未赋予法院较大的自由裁量权。面对现有权利限制与例外无法应对科技进步与文化发展的局限，司法实践虽在借鉴吸收域外经验的基础上不断对现有权利限制与例外情形进行突破，但域外经验借鉴尚限于司法意见和少数法院判决层面，并未被法律法规所吸收。因此，如何制定出符合我国国情和满足社会各方需求的版权权利限制与例外规定更具挑战性。

本书内容共八章：第一章为"数字网络时代版权权利限制与例外制度的建构"；第二章为"以获取信息为目的的限制与例外——大规模数字化及数字图书馆构建"；第三章为"以获取信息为目的的限制与例外——为视力障碍者获取作品提供便利"；第四章为"以文化创新为目的的限制与例外——鼓励再创作文化"；第五章为"以文化创新为目的的限制与例外——附带性使用"；第六章为"智能算法技术下的权利限制与例外制度建构"；第七章为"权利限制与例外的特别规定——反规避技术保护措施法律规则及规避技术措施的例外"；第八章为"权利限制与例外相关问题——延伸权利穷竭原则至数字网络环境与优化权利管理系统"。本书各章既相互关联又独立成章。

不同于现有版权限制与例外的研究侧重从传统法律体系和理论角度分析版权限制与例外涉及的国际条约"三步检验标准"，各国合理使用立法状况、合理使用、法定许可、强制许可、法定和强制许可中的集体管理制度，本书探讨研究的特色主要体现在以下两个方面。

本书研究注重国际视野和比较借鉴，在坚持理论、原则和案例三个方面统一的基础上，力图从保障公众获取信息和鼓励文化创新两个视角提出建构

# 前　言

数字网络时代版权限制与例外制度的具体建议和方案。本书通过梳理归纳美国、欧盟、澳大利亚等国家和地区数字网络环境下版权限制与例外制度的立法现状及特点，对不同法域国家和地区数字网络环境下版权权利限制与例外制度进行比较分析及归纳总结，在借鉴域外立法、司法及学术研究的基础上，从宏观和微观的视角分别探讨数字网络环境下版权权利限制与例外制度的建构。就宏观视角而言，本书研究数字网络环境下版权权利限制与例外制度的原则性规定，该原则性规定应同时兼具灵活性和确定性。就微观视角而言，本书分别从获取信息和文化创新两方面对一系列数字网络环境下出现的涉及合理使用作品及法定许可的情形进行了探讨，提出以获取信息为目的的例外规定包括缩略图和网页快照等信息检索类目的转换性使用规则、大规模数字化和数字图书馆的构建、为视力障碍者获取作品提供便利；以文化创新为目的的例外规定包括再创作文化与用户原创内容、内容转换性使用规则、重混创作版权制度、网络迷因版权法律问题、附带性使用。

本书研究关注本领域发展前沿及面临的挑战，较为深入地探讨和分析了版权限制与例外制度在人工智能创作、深度伪造内容生成、自动化版权执法领域适用的难点和突破点，提出了人工智能和算法技术下版权限制与例外制度建构的可行性与具体方案。此外，本书还探讨了对两类特别问题的应对，一是应在权利限制与例外中对规避技术措施的例外予以特别规定，二是应将权利穷竭原则在数字网络环境下进行延伸。探讨内容有助于拓展版权法研究领域，弥补现有研究的不足，可为知识产权领域研究者及实务工作者提供版权权利限制与例外制度的新动向和域外理论借鉴，也可作为法学及知识产权专业教师和学生在数字网络版权领域的参考和学习图书。

特此说明的是，本书主要内容为2017年度国家社科基金青年项目"数字网络时代重混创作版权法律制度研究"（17CFX078）（结项等级良好）、2016年度上海市哲学社会科学规划课题"互联网产业发展中的著作权侵权问题研究"（2016EFX004）（结项等级良好）、2015年度司法部国家法治与法学理论研究项目"数字网络时代版权权利限制与例外制度建构研究"（15SFB3023）形成的研究成果。根据结项要求，研究成果的部分核心内容已在中英文学术期刊上发表。

本书采用的几对主要术语，例如"版权"与"著作权"，"相关权"与"邻接权"，"权利限制与例外"与"合理使用"系同义语。"著作权"为大陆法系国家采用术语，"版权"为英美法系国家采用术语，我国对两个术语兼用，相关法律为《著作权法》，相关行政管理机构为国家版权局，按照我国《著作权法》第62条的规定，本法所称的著作权即版权。"邻接权"为我国《著作权法》采用术语；"相关权"（related rights）为国际版权条约与部分国家版权法采用术语；"合理使用"（fair use）系美国判定权利限制与例外的版权法术语，但我国学者为行文方便在学理上也常用"合理使用"指称不用经过权利人授权也无须向权利人付费即可使用作品的权利限制与例外。本书为简便起见主要采用"版权"一词，在提及我国法律时使用"著作权"一词，同时为行文方便且视域内域外情形，交替采用"相关权"与"邻接权"，"权利限制与例外"与"合理使用"这两对术语。

华劼

2022年1月20日于同济大学衷和楼

# 目录 CONTENTS

**第一章 数字网络时代版权权利限制与例外制度的建构** ...... 001

  第一节 版权权利限制与例外制度概述 / 001

    一、版权权利限制与例外制度的发展历史 / 001

    二、美国判定限制与例外的合理使用四要素平衡法 / 004

    三、英联邦国家和大陆法系判定限制与例外的列举法 / 006

  第二节 数字网络环境下权利限制与例外制度面临的挑战 / 009

    一、数字网络技术引发作品使用和创作新变化 / 009

    二、美国针对新变化的政策性意见及修法尝试 / 010

    三、欧盟针对新变化的数字单一市场版权改革 / 013

  第三节 数字网络时代权利限制与例外制度建构需兼顾灵活性和确定性 / 015

    一、权利限制与例外制度建构应确保灵活性 / 015

    二、权利限制与例外制度建构应确保确定性 / 017

    三、我国需调整欠缺灵活性的权利限制与例外制度 / 018

**第二章 以获取信息为目的的限制与例外**
**——大规模数字化及数字图书馆构建** ...... 021

  第一节 大规模数字化与数字图书馆构建 / 021

    一、大规模数字化的产生与发展 / 021

    二、大规模数字化的合法性有利于数字图书馆建设 / 023

三、现有版权制度对大规模数字化合法性的支撑 / 025
第二节　合理使用中的目的转换性使用规则 / 028
　　一、转换性使用规则的产生与发展 / 028
　　二、我国在立法和司法实践中借鉴转换性使用的可能性 / 034
　　三、适用转换性使用规则应注意的问题 / 038
第三节　孤儿作品与绝版作品大规模数字化问题 / 040
　　一、孤儿作品大规模数字化的版权方案 / 040
　　二、绝版作品数字化的权利限制制度——推定集体管理许可 / 044

# 第三章　以获取信息为目的的限制与例外
## ——为视力障碍者获取作品提供便利 ………………… 058

第一节　《马拉喀什条约》的背景 / 058
　　一、视力障碍者获取版权作品困境 / 058
　　二、知识产权改革发展中的"获取知识运动" / 062
　　三、为视力障碍者制定"条约建议草案" / 062
第二节　《马拉喀什条约》条款分析 / 063
　　一、定义条款 / 065
　　二、国内法中的限制与例外 / 071
　　三、跨境交换无障碍格式版义务 / 077
　　四、关于规避技术措施的例外 / 081
　　五、实施条款与发展条款 / 082
第三节　各国和地区根据《马拉喀什条约》进行立法的情况 / 086
　　一、印度《2012 年版权修订法案》/ 087
　　二、欧盟《2017/1564 指令》与《2017/1563 条例》/ 088
　　三、美国《2018 年马拉喀什条约实施法案》/ 090
　　四、澳大利亚《2017 年版权修订（残疾人士访问及其他措施）条例草案》/ 091
　　五、新西兰《2019 年版权（马拉喀什条约实施）修正法案》/ 093
　　六、新加坡《2021 年版权法》/ 094
　　七、南非实施《马拉喀什条约》指南与《2017 年版权修正案》/ 096

第四节 《马拉喀什条约》对我国权利限制与例外制度的影响／097
　　一、我国第三次《著作权法》修订权利限制与例外条款弥补与
　　　　条约规定的差距／097
　　二、版权制度调整中的最低标准："两个范围的细化与一个
　　　　范围的缩小"／098
　　三、《著作权法》细化中需明确"无障碍格式版"作品的范围／100
　　四、《著作权法》细化中需明确著作权例外所包含的权利范围／102
　　五、《著作权法》细化中需制定为视力和阅读障碍者利益而
　　　　规避技术措施的例外／104
　　六、细化为阅读障碍者以无障碍方式提供作品例外条款的具体
　　　　建议／106

**第四章　以文化创新为目的的限制与例外**
　　　　——鼓励再创作文化 …………………………………………… 108
　第一节　内容转换性使用与挪用艺术／108
　　一、挪用艺术与版权保护的冲突／108
　　二、转换性使用规则的演变及类型分析／109
　　三、转换性使用规则与改编权范围的博弈／115
　　四、转换性使用规则下的挪用艺术与宪法保障表达自由／117
　　五、转换性使用规则的理论价值和实践意义／120
　第二节　重混创作版权法律制度的构建／124
　　一、重混创作概念／124
　　二、重混创作正当性与合法性的理论考察／126
　　三、重混创作者享有版权权利的理论依据／130
　　四、构建有利于重混创作的版权法律制度／133
　第三节　网络迷因版权法律问题研究／134
　　一、网络迷因及其引发的版权法律问题／134
　　二、网络迷因创作应属版权合理使用／137
　　三、网络迷因创作能否构成对肖像权的合理使用／140
　　四、网络迷因创作物不具有可版权性／142

五、结论 / 143

第四节 形象权转换性使用规则研究 / 144

一、问题的产生 / 144

二、形象权制度的演变 / 145

三、转换性使用规则对形象权保护的限制 / 147

四、形象权与版权制度的正当性理论支撑具有高度相似性 / 150

五、从市场角度出发增强形象权转换性使用规则的稳定性 / 151

六、结论 / 153

## 第五章 以文化创新为目的的限制与例外
### ——附带性使用 …………………………………………… 154

第一节 我国司法实践中的困境 / 155

一、我国的司法判定 / 156

二、对我国法院判决的分析 / 160

第二节 域外附带性使用立法与司法比较分析 / 162

一、被使用作品的类型 / 162

二、新创作作品的类型 / 163

三、创作者的主观意识 / 164

四、使用的质与量 / 165

五、使用对原作品市场的影响 / 169

第三节 附带性使用与其他权利间的冲突 / 170

一、与商标权的冲突 / 170

二、不正当竞争与比较广告 / 171

三、与肖像权的冲突 / 172

第四节 将附带性使用纳入我国版权权利限制与例外规定中的建议 / 173

一、立法修订建议 / 173

二、司法解释建议 / 173

## 第六章 智能算法技术下的权利限制与例外制度建构 …………… 174

第一节 促进人工智能创作的权利限制制度 / 174

一、人工智能创作的复制与演绎行为 / 175

　　二、转换性使用规则在人工智能创作中的运用 / 178

　　三、合理使用制度运用于人工智能创作的两难 / 181

　　四、探索有利于人工智能创作的版权权利限制及其他制度 / 184

第二节　深度伪造内容的版权侵权与合理使用判定 / 186

　　一、深度伪造技术及内容引发的问题 / 186

　　二、深度伪造内容是否侵权以及侵犯何种权利 / 188

　　三、深度伪造内容是否落入合理使用范畴 / 190

　　四、深度伪造内容有无受版权保护的可能 / 193

　　五、深度伪造技术提供者、深度伪造内容制作者及传播者是否以及如何承担侵权责任 / 194

　　六、结论 / 196

第三节　自动版权执法下算法合理使用的必要性及推进 / 197

　　一、算法合理使用的必要性 / 197

　　二、算法合理使用的挑战性 / 203

　　三、推进算法合理使用的建议 / 208

## 第七章　权利限制与例外的特别规定
## ——反规避技术保护措施法律规则及规避技术措施的例外 …… 213

第一节　数字作品交易保护困境 / 213

　　一、数字作品交易带来的新变化 / 213

　　二、权利穷竭原则在数字环境下的失灵 / 214

　　三、数字作品交易引发的新模式 / 215

第二节　技术保护措施与反规避技术保护措施法律规则 / 216

　　一、技术保护措施的产生和失灵 / 216

　　二、反规避技术保护措施法律规则的形成 / 219

　　三、反规避技术保护措施法律规则的内容 / 219

第三节　反规避技术保护措施法律规则的合理性及不利之处 / 221

　　一、反规避技术保护措施法律规则的合理性 / 221

　　二、反规避技术保护措施法律规则的不利之处 / 225

第四节　构建更平衡的反规避技术保护措施法律规则及规避技术措施的例外 / 231

一、我国的反规避技术保护措施法律规则 / 231

二、构建更平衡的反规避技术保护措施法律规则及例外的建议 / 232

第八章　权利限制与例外相关问题
　　　——延伸权利穷竭原则至数字网络环境与优化权利管理系统 … 234

第一节　权利穷竭原则在数字网络环境下的延伸 / 234

一、数字网络环境下版权人处分作品的特殊性 / 234

二、版权权利穷竭原则在数字网络环境下的价值分析 / 236

三、欧美国家司法实践中版权权利穷竭原则适用范围的考察 / 238

四、数字网络环境下版权权利穷竭原则的确立 / 242

第二节　数字网络环境下权利管理系统的优化 / 244

一、数字作品交易面临的真正风险 / 244

二、反规避技术保护措施规则与权利管理系统的联系与区别 / 245

三、权利管理系统的优化 / 248

参考文献 ………………………………………………………………… 251

# 第一章
# 数字网络时代版权权利限制与例外制度的建构

## 第一节 版权权利限制与例外制度概述

### 一、版权权利限制与例外制度的发展历史

(一) 版权制度及权利限制与例外的理论基础

知识产权制度中的版权和专利权制度与近代财产权制度起源紧密相关。财产权制度的产生源于英国学者哈丁（Hardin）提出的公地悲剧（tragedy of commons），公地悲剧理论提出在公共草地放羊会增加牧羊人养羊的收入，也会加重草地的负担，牧羊人不顾草地负担而为了自己的收益增加羊的数量。其他牧羊人纷纷加入这一行列，草地状况恶化，公地出现悲剧。这一理论为建立产权的重要性奠定了基石，公地作为一项公共资源，任何人都有使用权，但没有权利阻止他人使用，从而造成公共资源过度使用和枯竭。[1] 建立私有产权能使人们拥有使用权的同时阻止他人使用，更有效地利用资源。美国学者德姆塞茨（Demsetz）通过加拿大北部印第安部落以划分狩猎区的方式确立获取海狸皮毛排他性所有权的事例解释了财产权的起源，排他性权利的确立能够控制狩猎者无节制捕捉海狸，实现资源的有效利用。[2]

公地悲剧中的资源为有形资源，使用会使资源耗竭。知识产权保护客体本质是信息，是一种无形资源，信息不会因为使用而耗竭，不会出现哈丁和德姆塞茨理论中提及的过度放牧或竭泽而渔的情形。然而信息具有无损耗性和非排他性，创作者通过智力劳动创造出的信息很容易被他人获取和使用，非创作者始终比创作者更有优势。创作者在其投入被轻易获取而得不到回报

---

[1] HARDIN G. The Tragedy of the Commons [J]. Science, 1968 (162): 1243-1248.

[2] R. 科斯, A. 阿尔钦, D. 诺斯. 财产权利与制度变迁 [M]. 刘守英, 等译. 上海：上海人民出版社, 1994: 105-109.

的情况下，将不再投入资源和智力劳动进行创作。新的信息不再产生，信息公地中的资源也会逐渐枯竭。为保证创作者的投入动力，有必要赋予信息财产权，这也正是知识产权制度尤其是版权和专利权产生的理论基础。

然而私权的设置引发了美国学者 Heller 提出的"反公地悲剧"（tragedy of anticommons），即当权利所有者众多，权利关系复杂，每个权利所有者都可以排他性使用资源，权利所有者相互设置障碍阻止他人使用资源时，利用资源的障碍多、成本高，资源同样无法得到有效利用。❶ 因此，有必要对权利进行限制，促进信息资源的获取和有效利用。

版权制度的设立有双重目的：一是通过赋予创作者私权，鼓励创作者通过智力劳动创作作品；二是鼓励作品传播，使公众能获取作品并在前人基础上持续创作，丰富全社会的文化产品。版权制度为创作者设置了一系列权利来保障第一个目的，通过设立两类制度来达到第二个目的。这两类制度首先是思想和表达二分法，即版权只保护具体的表达，而不保护抽象的思想观念。二分法理论旨在平衡在先版权人和在后创作者之间的利益，允许在后创作者在借鉴前人作品思想观念的基础上进行创作，无须经过在先权利人的授权。其次是权利限制与例外制度，即在满足法定条件下，使用作品可以不经版权人的许可，不用向版权人付费。该制度设立目的亦为鼓励后续创作和增加社会文化财富。

版权权利限制与例外制度起源于19世纪早期英国版权法的经典判例 Cary 诉 Kearsley 案。❷ 该案中，被告因在其作品中复制了原告著作的部分内容而被诉侵权。埃伦伯格大法官（Lord Ellenborough）在判决中论述了判定侵权与否的关键是看被告从原告著作中摘取或假定传播的部分内容是否是为公众利益编撰一部有用作品的合理使用，抑或仅仅是为了窃取原告的版权。埃伦伯格大法官认为区分被允许的使用和版权侵权的界限在于是否有可信的证据支持被告有效地使用原告著作是为了善意地促进公共利益。

（二）国际知识产权条约中的权利限制与例外"三步检验标准"

国际条约中的版权限制与例外在1967年《保护文学和艺术作品伯尔尼公约》（以下简称《伯尔尼公约》）斯德哥尔摩会议上首次提出，后来被1971年巴黎文本作为正式条款之一通过。这项规定的目的是为成员方提供一般和

---

❶ HELLER M A. The Tragedy of the Anticommons: Property in the Transition from Marx to Markets [J]. Harvard Law Journal, 1998, 111 (3): 622-688.

❷ Cary v. Kearsley, 170 Eng. Rep. 679 (K. B. 1802).

主要指导，将合理使用他人作品纳入考量范畴以限制复制权。由于不同法域间的差异，很难列出合理使用的所有可能情况，也很难统一版权权利限制与例外的范围，因此，制定一个广泛适用的标准更为灵活和可接受，同时赋予成员国权利决定其将要采用的具体立法模式。

《伯尔尼公约》第9条第2款规定了衡量仅适用于复制权的版权权利限制与例外三步检验标准，但尚未成为一般原则。2001年生效的《与贸易有关的知识产权协定》（以下简称《TRIPS协定》）将三步检验标准扩展到限制所有专有权利。《TRIPS协定》第13条明确规定，"各成员方应将对专有权的限制和例外规定限于某些特殊情况，而不影响作品的正常利用，也不无理妨碍权利所有者的合法利益"。除了扩大对所有专有权的限制之外，《TRIPS协定》中的条款更强调对权利限制予以限制，而不是仅给予《伯尔尼公约》所规定的权利限制。2006年生效的《世界知识产权组织版权条约》和《世界知识产权组织表演和录音制品条约》两部世界知识产权组织互联网条约进一步将三步检验标准扩展至数字网络环境。

具体分析主要国际版权条约中的三步检验标准，三步标准分别是：(1) 限于某些特殊情况；(2) 不损害作品的正当利用；以及 (3) 不无理损害权利所有者的合法利益。在检验缔约方国内法规定的权利限制与例外制度时，会适用这三步标准，以判断国内法中规定的可以不经版权权利人许可而使用作品的情形是否符合国际版权条约的规定。在欧洲共同体与美国版权法案争议一案中，世界贸易组织专家组报告对"三步检验标准"中的三个标准作出了具体说明：(1) "限于某些特殊情况"是指限制与例外情形必须在国内法中予以明确规定，但不必具体列明例外适用的所有可能情形，只要例外的范围是已知的和具体化的。(2) "不损害作品的正当利用"是指如果对于某种版权权利的使用是符合国内法中的限制与例外情形，但该使用会与权利人从运用该版权权利中正常获取经济利益相冲突，并因此剥夺了权利人重要或无形的商业利益，则该国内法中的限制与例外情形就损害了作品的正当利用。(3) "不无理损害权利所有者的合法利益"是指如果限制与例外造成或有可能造成版权所有者收入不合理的损失，则损害权利所有者的合法利益就属于无理的范畴。❶ 只有满足三步检验标准中的所有标准，国内法中规定的版

---

❶ United States-Section 110 (5) of the US Copyright Act: Report of the Panel [EB/OL]. (2000-06-15) [2021-12-22]. https://docs.wto.org/dol2fe/Pages/SS/directdoc.aspx?filename=Q:/WT/DS/160R-00.pdf&Open=True.

权权利限制与例外才是符合国际版权条约要求的。

按照各成员方在国内法中规定版权权利限制与例外需遵循三步检验标准的国际原则，各国在国内法中规定版权权利限制与例外基本上形成两类立法模式：一类是灵活度高的立法模式，以若干指导因素为准由法院根据个案情况判定使用他人作品是否合理，例如美国合理使用制度（fair use）下的四要素平衡法；另一类是稳定性强的立法模式，在版权法中详细列举限制与例外情形，例如英联邦国家公平交易（fair dealing）的例外情形清单，以及欧洲大陆国家和我国在内的大陆法系国家所列举的具体限制与例外情形（limitations and exceptions）。

## 二、美国判定限制与例外的合理使用四要素平衡法

在1976年《美国版权法》第107条规定了合理使用原则，包括总序和四个要素。根据美国斯坦福大学Paul Goldstein教授关于美国采用这种立法风格原因的解释：一个原因是每个人都喜欢有序的列举关系；另一个原因是约瑟夫·斯托里大法官（Justice Joseph Story）在Folsom诉Marsh这一经典案例中所提出的判定要素。在Folsom诉Marsh案中，为确定被告Charles Upham是否从原告Jared Spark编撰的12卷乔治·华盛顿文集中获取过多内容，创作出一部名为《华盛顿一生》的两卷作品侵犯版权时，斯托里大法官解释了他认为不属于侵权而是合理使用他人作品的判定要素，包括"所选择采用他人作品内容的性质和目的，所用他人作品内容的数量和价值，以及使用可能损害销售、减少利润或取代原作品的程度"。[1] 斯托里大法官有关合理使用的判定要素被1909年版权法修订法案采纳，进而促成1976年《美国版权法》第107条所包含的四个因素。《美国版权法》第107条将合理使用规定为"包括为了批评、评论、新闻报道、教学、研究等目的使用作品复制件、录制品或以其他任何手段使用作品。在确定在特定情况下使用某一作品是否合理时，应考虑以下因素：（1）使用的目的和性质，包括使用是否具有商业性质或用于非营利性教育目的；（2）受版权保护的作品的性质；（3）被使用部分占整部作品的量和比例；以及（4）使用对原作品潜在市场或价值的影响"。[2]

---

[1] GOLDSTEIN P. Fair Use in Context [J]. Columbia Journal of Law and the Arts, 2008, 31(4): 433-444.

[2] Copyright Law of the United States [EB/OL]. [2021-12-22]: Section 107. https://www.copyright.gov/title17/title17.pdf.

至于第一个要素"使用的目的和性质",法院会分析使用是否具有商业性质或是用于非营利教育目的,以及使用是否具有转换性。一般来说,如果发现使用具有转换性且用于非商业目的,则法院更倾向于判定合理使用成立;否则,法院则可能倾向于判定版权侵权。使用具有商业性质和目的一开始被认为不支持判定合理使用,正如美国索尼公司诉环球城市电影公司案中法官所解释的,"对受版权保护内容的每一次商业性使用都被认为是……不合理的"。❶ 然而,这一观点后来被 Campbell 诉 Acuff-Rose 音乐公司案的判决所推翻。该案中,美国联邦最高法院认为,仅仅是使用为教育目的,而非营利性的这一事实并不能排除侵权认定,就像使用的商业性质不一定妨碍合理使用认定一样。❷ 因此,使用的商业性质不再成为排斥合理使用认定的主要因素。随着数字网络技术辅助下用户生成作品和重混文化的兴起,转换性使用成为判定合理使用的重要因素,正如法院在 Campbell 案中得出的结论,"使用原作品创作新作品的目的和特点转换性越强,其他诸如商业性等不利于判定合理使用的考量因素的重要性就越弱"。❸

至于第二个要素"受版权保护作品的性质",法院会判定被使用的作品是虚构的或是根据事实创作的。作品的创造力越强,意味着法院越有可能否定合理使用。受版权保护作品均需符合版权保护的独创性要求,因此第二个要素所衡量的作品性质并不局限于版权保护的基本独创性要求。美国联邦最高法院在 Campbell 案中提及,"有些作品比其他作品更接近预期版权保护的核心,其结果是,当前一作品被复制时,更难以认定为合理使用"。❹ 因此,如果受版权保护的作品是根据事实创作的,法院更有可能作出有利于合理使用的判决,而当受版权保护的作品是虚构的时,法院则更有可能作出不利于合理使用的判决。

至于第三个要素"被使用部分占整部作品的量和比例",法院将同时考虑数量和质量两个方面,即使用原告受版权保护作品的大量内容可能会被认定为版权侵权,但在被告仅复制受版权保护作品少量内容的情形下,如果所复制部分是整部作品的灵魂,法院也有可能否认合理使用,而判定版权侵权。在 Harper & Row 出版公司诉 National Enterprises 一案中,美国联邦最高法院否认了被告的合理使用抗辩,因为被告从原告出版的福特总统回忆录中摘录的 300 字内容构

---

❶ Sony Corp. of America v. Universal City Studios Inc., 464 U.S. 417 (1984).
❷ Campbell v. Acuff-Rose Music, 510 U.S. 569 (1994).
❸ Campbell v. Acuff-Rose Music, 510 U.S. 569 (1994).
❹ Campbell v. Acuff-Rose Music, 510 U.S. 569 (1994).

成回忆录的核心。[1] 在被告复制整部作品的特定情形下，如果对该作品的使用具有转换性，法院也可能认为对该作品的使用属于合理使用，例如复制整张图片制作成缩略图用于转换性目的的信息检索就属于转换性的合理使用。

至于第四个要素"使用对原作品潜在市场或价值的影响"，如果使用对原作品市场有实际或潜在的损害，法院更有可能否定合理使用抗辩。如果使用原作品内容创作出的后续作品取代了原作品，则使用通常被视为对原作品市场产生负面影响。反之，如果后续作品与原作品形成补充关系，则后续使用更可能被认定为合理使用。尽管在某些情况下，后续创作的戏仿作品对原作品所作的批评可能会降低原作品的利润，但法院不会仅仅因为公众受批评意见影响不愿购买原作品而否定合理使用，这一点已由联邦最高法院在 Campbell 案中解释为"当一个致命的戏仿作品，例如一个严厉的戏剧评论，扼杀了对原作品的需求，它不会产生版权法意义上的损害"。[2]

### 三、英联邦国家和大陆法系判定限制与例外的列举法

英国和加拿大等英联邦国家以及欧盟和德国等大陆法系地区和国家采用了列举式的版权权利限制与例外立法模式，在版权法中穷尽式列举所有可能的权利限制与例外情形。只有在列举范围内的情形才属于公平交易或限制与例外，限制与例外不适用于法定范围以外的其他情形。因此，英联邦国家的公平交易或大陆法系国家的限制与例外被认为稳定性强，但缺乏灵活性，因为立法存在滞后性，法律规定的限制与例外不可能包含由于技术进步而产生的所有潜在合理使用情形。

#### （一）英国与加拿大的立法规定

英国《1988 年版权、外观设计和专利法》在第三章"与版权作品有关的被允许的行为"下列举了所有公平交易情形。第 29 条和第 30 条规定概述公平交易适用于研究和个人学习、批评或评论以及时事报道。为权衡版权侵权诉讼中的公平交易抗辩，需依次考虑三个问题：（1）该交易是否属于研究和个人学习、批评或评论以及时事报道的范围；（2）如果使用属于研究和个人学习、批评或评论以及时事报道的范围，根据普通法案例发展的各种因素，交易是否公平；（3）交易是否符合其他法定要求，例如在研究和个人学习、

---

[1] Harper & Row Publishers Inc. v. National Enterprises, 471 U.S. 539 (1985).

[2] Campbell v. Acuff-Rose Music, 510 U.S. 569 (1994).

批评或评论以及时事报道的情形中是否标明原作品名称及作者姓名，以及在批评或评论的情形下原作品是否已向公众传播。❶ 不同于美国的合理使用四要素平衡法，每个案件都可以通过分析四个要素进行权衡，英国版权法中列举的因素只适用于已经属于特定范围内的情形。根据普通法案例发展的各种判定公平交易的因素包括：作品是否已向公众提供；被告通过何种方法获得作品；所用作品部分的数量和质量；使用的类型和目的；使用的结果；以及是否可以通过其他手段达到同样的目的。❷ 这些因素已被法院作为一个整体采纳并用于作出是否是公平交易的决定。

加拿大的公平交易制度与英国类似，《加拿大版权法》第 29 条规定研究或个人学习、批评或评论以及新闻报道范畴的公平交易不侵犯版权。在公平交易案件中，法院必须考虑三个因素：（1）交易是否属于这三类例外情况的范围；（2）如果交易与所列例外范围之一有关，通过与美国合理使用和英国公平交易类似的判断因素考察交易是否公平；（3）在批评、评论和新闻报道中是否提及原作品来源和创作者姓名。除公平交易外，《加拿大版权法》还针对教育机构、图书馆、档案馆和博物馆、附带性使用、临时记录以及为视力障碍者复制作品规定了相关例外。❸

（二）欧盟与德国的立法规定

2001 年生效的《2001 年 5 月 22 日欧洲议会和欧盟理事会关于协调信息社会中版权和相关权若干方面的第 2001/29/EC 号指令》（以下简称《欧盟信息社会版权指令》）第 5 条囊括了完整的版权限制与例外情形，包括临时复制的强制性例外规定和二十项选择性例外规定，例如私人复制，图书馆、博物馆和档案馆使用受版权保护的作品、为教学和科研目的使用作品、便于残障人获取作品，为公共安全和履行政府职责使用作品，使用政治演讲和公开演讲，在其他内容中附带性使用作品等。❹ 欧盟于 2015 年 5 月启动欧洲数字单一市场战略，旨在建立商品、人员、服务、资本自由流

---

❶ Copyright, Designs and Patents Act 1988 of the United Kingdom [EB/OL]. [2021-12-22]: Sections 29-30. https://www.legislation.gov.uk/ukpga/1988/48/contents.

❷ SONG H. New Challenges in the Chinese Copyright Law in the Digital Age [M]. Alphen ann den Rijin: Routledge, 2011.

❸ Copyright Act of Canada [EB/OL]. [2021-12-22]: Sections 29-32.3. https://laws-lois.justice.gc.ca/eng/acts/C-42/.

❹ SENFTLEBEN M. Bridging the Difference between Copyright's Legal Traditions-the Emerging EC Fair Use Doctrine [J]. Journal of the Copyright Society of the USA, 2010, 57 (3): 521-552.

通和商业线上访问无障碍的数字单一市场。❶ 版权改革是数字单一市场战略中的重要组成部分。2015 年 7 月,欧盟议会通过决议的方式采纳盗版党成员 Julia Reda 负责提供的数字网络环境下欧盟版权改革的非立法性建议,致力于修改和完善 2001 年《欧盟信息社会版权指令》。2016 年 9 月,欧盟委员会公布了《数字化单一市场版权指令建议》。在此基础上,欧盟理事会、欧洲议会和委员会于 2019 年 2 月 13 日商定了《数字化单一市场版权指令》。该指令于 2019 年 3 月 26 日被欧洲议会批准,于 4 月 15 日被欧盟理事会批准,于 5 月 17 日在欧盟官方刊物上公布。欧盟《数字化单一市场版权指令》旨在为欧盟公民提供更多在线或跨境获取版权内容的选择和途径,为创作者传播作品提供更多途径,增加欧盟境内作品的可利用性,为出版商及网络平台创造公平合理的市场环境,为作者和表演者提供公平合理的报酬。该指令前序第 3 条提出指令已为数字和跨境环境下版权和相关权权利例外与限制提供了规则,同时也为促进包括绝版作品及其他作品传播以及按需平台提供线上视听作品在内的内容获取提供许可模式方案;❷ 前序第 5 条说明权利例外与限制涉及文本和数据挖掘、数字环境下的教学以及文化机构保存作品;前序第 6 条包含了三步检验标准;前序第 7 条提出对技术措施的使用和保护不能影响到权利例外与限制的运用。❸ 涉及文本和数据挖掘、数字和跨境环境下使用作品以及文化机构保存作品的例外规定在指令第 3 条至第 7 条。❹

作为我国《著作权法》主要吸收借鉴的权利限制与例外立法模式,德国在《著作权与相关权法》第六章"著作权限制"中明确列举了所有例外情形,这些例外情形不限于使用不经过授权也不用支付费用的合理使用,还包括要求向作者或权利所有人支付合理报酬的法定许可。这些免费使用作品的

---

❶ 彭桂兵,陈煜帆. 取道竞争法:我国新闻聚合平台的规制路径——欧盟《数字版权指令》争议条款的启示 [J]. 新闻与传播研究,2019, 26(4):62-84, 127.

❷ Directive (EU) 2019/790 of the European Parliament and of the Council of 17 April 2019 on Copyright and Related Rights in the Digital Single Market and Amending Directive 96/9/EC and 2001/29/EC [EB/OL]. [2021-12-22]:Recital (3). https://eur-lex.europa.eu/eli/dir/2019/790/oj.

❸ Directive (EU) 2019/790 of the European Parliament and of the Council of 17 April 2019 on Copyright and Related Rights in the Digital Single Market and Amending Directive 96/9/EC and 2001/29/EC [EB/OL]. [2021-12-22]:Recitals 5-7. http://eur-lex.europa.eu/eli/dir/2019/790/oj.

❹ Directive (EU) 2019/790 of the European Parliament and of the Council of 17 April 2019 on Copyright and Related Rights in the Digital Single Market and Amending Directive 96/9/EC and 2001/29/EC [EB/OL]. [2021-12-22]:Articles 3-7. http://eur-lex.europa.eu/eli/dir/2019/790/oj.

例外规定包括：司法和公共安全治理；公开演讲；报纸文章和广播评论；对当天事件的视觉和声音报道；引用；私人和其他个人用途的复制；附带性使用；目录插图；公共场所作品；以及肖像画。❶ 在谷歌关于缩略图的诉讼案中，德国联邦最高法院驳回了谷歌关于未经授权复制和缩小两位艺术家的作品用作搜索引擎缩略图的合理使用抗辩，法院不愿意扩大现有的权利限制与例外清单，认为第 45 条及以下的限制和例外条款一般应作狭义的解释，以使作者在其作品的经济利用中得到合理的份额，因此，不应过分限制其在作品利用方面应享有的专有权。❷

## 第二节　数字网络环境下权利限制与例外制度面临的挑战

### 一、数字网络技术引发作品使用和创作新变化

权利限制与例外是各国版权法的通行制度，也是版权实务与理论研究的一个最易引起争议而又难以为人理解的规则，虽然我国《著作权法》对权利限制与例外已有明文规定，但在司法实践中其标准又是最难掌握的，特别是在数字网络环境下原有权利限制与例外规定已经不适应情况的变化，亟须从理论研究和立法修订上积极跟进。数字网络技术发展为权利限制与例外制度带来的挑战主要体现为获取作品和文化创新两个方面。

一方面，数字网络技术为获取作品带来了新的手段和条件。数字网络技术的发展加快了网络服务提供者提供搜索引擎快照及缩略图服务的步伐，将他人美术或摄影作品复制并进行技术处理制作成搜索引擎快照和缩略图属于版权侵权还是权利限制与例外范畴成为亟须解决的问题。如果将其视为侵权，则会极大阻碍图片搜索引擎的发展；如果将大量复制全幅作品纳入权利限制与例外范畴，又亟须理论上的支撑和立法规定上的修改。从 2011 年起，美国两大巨头 HathiTrust 和谷歌公司启动数字图书馆计划，大规模地复制扫描图书馆藏书并提供在线检索和阅读的服务，引发政策制定者和学者关注大规模数

---

❶ Act on Copyright and Related Rights of Germany（2018）[EB/OL]. [2021-12-22]: Part 1 Division 6 Sections 44a-63a. https://www.gesetze-im-internet.de/englisch_urhg/englisch_urhg.html.

❷ Google thumbnail case, the German Federal Supreme Court case no. IZR 140/10 of 19 October 2011.

字化对版权权利限制与例外制度的冲击和拓展，以及为作者、出版者、技术公司和使用者所带来的风险和机遇。此外，利用版权权利限制与例外制度保障特殊群体利益方面也成为各国版权制度改革关注的焦点，数字技术的不断更新为制作可供残障者阅读的版本提供了便捷，世界知识产权组织于2013年通过了《关于为盲人、视力障碍者或其他印刷品阅读障碍者获得已出版作品提供便利的马拉喀什条约》（以下简称《马拉喀什条约》），该条约首次从国际法律框架层面为视力障碍者获取作品，尤其是在数字网络环境下获取作品作出了规定和保障。各国都正加紧商讨如何在国内法中贯彻和实施《马拉喀什条约》中的原则和规定。

另一方面，数字网络技术引发了作品使用者同时也是创作者的文化创作新现象。尽管同人作品和用户生成内容在非网络环境下早已存在，但数字网络技术的快速发展极大地促进了同人作品和用户生成内容向音乐、视频等新媒体形式的扩展。同人作品和用户生成内容多数是非商业性的，喜爱原作品的公众根据原作品中的人物、情节和场景创作新的内容，形式从批评、戏仿、讽刺到赞美不等，转换性使用原作品进行新创作更能增加原作品对网络用户的吸引力，传播用户对原作品的理解和态度。例如，J. K. 罗琳的《哈利·波特》系列从流行之初就在各类媒体上引起了无数戏仿，新创作作品的转换性依赖于从书籍、电影电视等传统媒介到包括在线电影、在线音频和网络漫画在内的数字网络媒体等多种形式。《哈利·波特》系列也被影迷们转换性创造出适应不同国家文化和社会的新故事、新情节、新语言和新场景。各种同人作品和用户生成内容也扩展到其他成功和受欢迎的版权作品，包括《犯罪现场调查》《星际迷航》等美国电视剧以及《圣斗士星矢》《灌篮高手》等日本动漫。

数字网络技术在促进用户生成内容的基础上进一步引发了重混创作（Remix）的概念，重混创作泛指对已有的文字、音乐、美术、视频等作品进行摘录、重新组合创作出新作品的行为。由于数字网络技术给重混创作带来了新的技术手段，重混创作是一种不可忽视的创作现象，是用户生成内容的网络模式之一，重混小说、重混音乐、重混漫画、重混音像等作品比比皆是，重混创作在文化创意产业发展中发挥着重要的作用。广泛的用户生成内容和重混创作依赖于对他人在先作品的借用以及版权权利限制与例外制度的修订更新。

## 二、美国针对新变化的政策性意见及修法尝试

美国商务部在2013年发布的《数字经济中的版权政策、创造力和创新》

第一章　数字网络时代版权权利限制与例外制度的建构

绿皮书中提出要修订更新版权权利限制及例外制度，以激发数字技术时代中的创新和创造力。2016年发布《重混、首次销售及法定赔偿》白皮书反映了重混创作理念，明确指出更清晰的法律规制将更有利于有价值的创新行为及为合法化重混行为扫清障碍。美国在这两份政策性文件中考虑需要修订的版权权利限制与例外包括为图书馆复制作品的例外，远程教育提供作品的例外，针对大规模数字化的例外，为视力障碍者及其他残障者提供作品的例外，鼓励重混创作的例外，以及规避技术保护措施的例外。其中涉及图书馆、大规模数字化、为残障者提供作品的例外与作品获取有关，鼓励重混创作的例外与文化创新有关。

就作品获取而言，《数字千年版权法案》修改的版权法第108条允许图书馆和档案馆利用数字技术进行文本保存，图书馆或档案馆可以数字和模拟格式制作不超过三份复制件或录音件，以便保存或存入另一图书馆或档案馆进行研究。但图书馆或档案馆认为应进一步用好数字技术更好体现其功能，包括能被第108条例外规定覆盖的作品范围，图书馆利用掌握新兴数字技术专业知识的外部承包商的能力，以及为存储目的捕获在线内容的能力。为使第108条例外规定不因新兴数字技术的发展而变得过时，应对图书馆和档案馆例外进行进一步修订，包括增加新的例外允许图书馆和档案馆为有损坏或灭失风险的文本制作复制件，允许图书馆和档案馆为保存或为用户个人学习、研究目的而获取和复制公开网站内容和其他在线内容，允许图书馆和档案馆为替换原件或保存的目的，在合理必要的情况下制作数量有限的复制件。❶ 为便捷视力障碍者及其他残障者获取作品，美国版权登记处已意识到其有关为视力障碍者提供作品的例外规定和法案已不符合数字技术的发展，应对其进行全面审查并在批准《马拉喀什条约》过程中发挥积极作用。美国遂于2018年制定并发布了《马拉喀什条约实施法案》，致力于将条约义务转化入国内版权法中。

大规模数字化现象以HathiTrust和谷歌图书馆计划为起始，可以定义为大规模地将纸质文本格式转化为数字格式的行为。在图书馆和档案馆中，许多以纸质文本格式存储的书籍可以通过数字扫描技术重新收集整理，这些项目有可能大大加强对尚未广泛传播作品的获取和访问，因此大规模数字化促进文化和社

---

❶ The Department of Commerce of the United States. Copyright Policy, Creativity, and Innovation in the Digital Economy（July 2013）：23-25［EB/OL］.［2021-12-22］. https://www.uspto.gov/sites/default/files/news/publications/copyrightgreenpaper.pdf.

会利益的同时，还带来重大的经济机会。[1] 但鉴于涉及的作品数量众多，其中许多作品受到版权保护，与每位版权权利人一对一谈判授权许可几乎不可能，需要新的权利限制与例外规定予以保障。大规模数字化涉及两个问题：一个是孤儿作品的利用，即对尽勤勉努力无法找到权利人的作品的利用；另一个是绝版作品的利用，即对已经绝版再无商业价值的作品的保存和利用。

就文化创新的例外而言，用户生成内容和重混创作已成为文化创新重要的途径和组成部分。在合理使用四要素平衡法判定下，部分用户生成内容和重混创作是复制或改变了在先作品的部分内容，增加了新的含义、信息或目的，具有转换性，符合合理使用。此种类型的新创作涉及评论、戏仿以及挪用艺术。判断是否属于合理使用的关键问题在于这类使用是否是商业性的，使用部分占原作品整体的比例，以及新作品是否与原作品有市场上的替代关系。因此在某些新作品会损害原作品现有或潜在市场的情况下，合理使用已无法支持新创作，需要依赖许可机制实现对原作品的利用。商业实践已产生两类许可模式：一类是 YouTube 的 Content ID 系统，允许原作品权利人就用户使用其作品重混创作新作品分享收益，权利人可选择从重混作品中分享收益也可选择删除或屏蔽重混作品；另一类是知识共享许可机制，原作品权利人可以根据某些限制条件授权对其作品进行重混创作。[2]

美国参议院司法知识产权委员会主席 Thom Tillis 于 2020 年 12 月 22 日发布改革《数字千年版权法案》的第一份立法讨论草案——《2021 年数字版权法案》(The Digital Copyright Act of 2021)，致力于更新《数字千年版权法案》以适应自该法案颁布以来不断出现的技术变革和不断变化的商业惯例，从而更好地激励版权作品的创作，同时保护合法使用版权作品和软件支持类产品的用户和消费者。[3]《2021 年数字版权法案》讨论草案通过知识产权委员会开展的主题为数字环境下版权法改革的六次听证会，两次工作人员简报以及四次版权局研究的众多建议发展而来，旨在结构性改革版权制度，使其为创作

---

[1] The Department of Commerce of the United States. Copyright Policy, Creativity, and Innovation in the Digital Economy (July 2013): 33 [EB/OL]. [2021-12-22]. https://www.uspto.gov/sites/default/files/news/publications/copyrightgreenpaper.pdf.

[2] The Department of Commerce of the United States. Copyright Policy, Creativity, and Innovation in the Digital Economy (July 2013): 28-29 [EB/OL]. [2021-12-22]. https://www.uspto.gov/sites/default/files/news/publications/copyrightgreenpaper.pdf.

[3] TILLIS T. Tillis Releases Landmark Discussion Draft to Reform the Digital Millennium Copyright Act [EB/OL]. (2020-12-22) [2022-01-11]. https://www.tillis.senate.gov/2020/12/tillis-releases-landmark-discussion-draft-to-reform-the-digital-millennium-copyright-act.

第一章　数字网络时代版权权利限制与例外制度的建构

者提供充分的激励，为在线服务提供者提供重要的确定性和指导，并为个人用户和消费者提供必要的保护。《2021年数字版权法案》讨论草案包括以下重要立法改革：（1）增加各联邦机构在制定法规方面的作用以更好地保护版权所有者和个人用户并增加在线服务提供者义务的确定性；（2）明确在线服务提供者注意义务要求，降低版权人在特定情况下必须识别侵权材料的明确性，并用通知禁止规则替代现有法律中的通知删除规则；（3）利用版权小额索赔法庭解决版权人与反通知发送人之间的纠纷；（4）对勤勉搜索后无法找到版权人并决定继续使用孤儿作品的善意用户设定责任限制；（5）在商务部内设立版权办公室作为行政分支机构，由总统指定的版权登记处领导；（6）更新为安全测试和加密研究目的规避技术保护措施的现有永久性例外，并增加新的永久性例外；（7）精简每三年制定一次的规避技术保护措施的行政规则；（8）扩大临时性例外的可能范围，以授权版权局根据预期用户的指示提供第三方协助，并采取临时性例外允许提供规避技术措施的工具以促进开展例外规定的规避行为；（9）当为隐藏作者归属信息而删除或改变数字或模拟复制件上的版权管理信息时，赋予版权作品作者诉讼权。❶《2021年数字版权法案》讨论草案中与权利限制与例外相关的重要立法改革主要集中在规避技术措施的例外以及为规避技术措施提供工具领域，这也是数字环境下保障权利例外得以落实的重要方面。

### 三、欧盟针对新变化的数字单一市场版权改革

欧盟在2015年启动数字单一市场版权改革时也考虑到数字网络技术对权利限制与例外适用提出的在内容获取和文化创新方面的挑战，提出版权制度尤其是其中的权利限制与例外制度应保障版权权利人和作品使用者之间及不同权利人之间的利益平衡。版权和相关权不仅构成了欧盟文化和创意产业的法律框架，而且也为教育和研究产业及其他从权利限制与例外制度获益的产业提供了法律支持和运作基础。对版权权利限制与例外的适用应当考虑到该制度设计的目的，特别是在非数字环境和数字环境下该制度设计的区别特征，并且维持版权权利人和公众之间的利益平衡。因此，欧盟议会应当审议是否有可能重新审视现有的一系列限制与例外，使其更好地适应数字环境，与此

---

❶ TILLIS T. Tillis Releases Landmark Discussion Draft to Reform the Digital Millennium Copyright Act ［EB/OL］. （2020-12-22）［2022-01-11］. https://www.tillis.senate.gov/2020/12/tillis-releases-landmark-discussion-draft-to-reform-the-digital-millennium-copyright-act.

同时，考虑到数字环境的不断发展及对于竞争的需求。

在重新审视现有权利限制与例外时，欧盟议会应当审查对于该制度最低标准的适用，并进一步保证在欧盟内部市场内作品使用者享有平等机会能够跨区域地获得多样性文化内容，以及促进法律的稳定性。如要在现有的欧盟版权法律体制中设立新的限制与例外规定，欧盟议会应当谨慎地进行合理及客观的经济及法律分析。在制定限制与例外时，应充分考虑技术的中立性和进步性，保证修订的限制与例外能适用于今后发展的技术，并能持续使作品在新的、创新的、有竞争性的环境中被公众访问和获取。将技术发展纳入新例外制定考量范围的同时，应注意保持新的例外规定与现有例外规定的近似和一致性，以增强法律的稳定性；同时，为新的限制与例外规定提供充分的灵活性，使其能够适应不同国家的国情和社会需求。当权利限制与例外会对版权权利人造成损害时，应当考虑在特定情况下给予权利人补偿。目前，一部分成员国在立法中采用了法定许可来保障给予权利人的补偿，如果法定许可既能保证对作品的获取和使用，又能兼顾权利人的利益，则该种法定许可应被保留。❶

就具体的权利限制与例外种类而言，欧盟数字单一市场版权改革方案建议应针对研究和教育及图书馆建设、帮助视力障碍者获取作品、转换性使用、讽刺模仿、私人复制规定限制与例外。第一，应为研究及教育目的设立例外，加强对图书馆等非营利性文化机构的建设，为实现公共利益的图书馆、博物馆、档案馆等机构提供更多的例外，以促进公众广泛接触访问文化遗产，尤其是通过网络平台了解文化遗产。应当认识到图书馆等机构在获取知识中所起的重要作用，制定例外规定允许公共和研究型图书馆为公众开放为个人使用而借阅电子形式存储的作品，这类借阅可通过因特网或图书馆内部网络进行，并限定在一段时间内，以使欧盟社会能有效且实时地完成传播知识的社会责任。第二，应在批准《马拉喀什条约》和实施其条约规定的基础上，考虑到还有更多的例外规定可以产生，为患有不同残疾的人群获取作品提供便利。第三，应当注意到在数字网络环境下技术的发展使得作品能以不同的形式被使用，尤其是转换性使用所产生的价值。在肯定转换性使用的同时，应研究能为创作者提供合理公平补偿的方案，以更好地促进对文化产品和知识的获取。应当为讽刺、滑稽模仿、拼贴性使用作品提供例外。第四，应当考虑到私人复制的例外，但鉴于这类复制可能损害版权权利人和创作者的利益，

---

❶ REDA J. EU Copyright Evaluation Report [EB/OL]. [2021-12-22]: paragraphs 33, 35, 38, 43, 44, 52, 56. https://juliareda.eu/copyright-evaluation-report/full/.

同时应当征收版税给予权利人和创作者补偿。❶

考虑美国、欧盟等发达国家及地区为应对数字网络技术所带来挑战的版权制度改革，及其对我国的启示，数字网络环境下权利限制与例外制度应通过立法明确规定以下内容：一是兼顾灵活性和确定性的原则性规定；二是以获取信息为目的的例外规定，包括便捷信息搜索的缩略图和网页快照例外，促进大规模数字化和数字图书馆构建的例外，为视力障碍者获取作品提供便利的例外；三是以文化创新为目的的例外规定，包括促进再创作文化、用户原创内容与重混创作的例外，网络迷因版权法律问题以及附带性使用。

## 第三节　数字网络时代权利限制与例外制度建构需兼顾灵活性和确定性

### 一、权利限制与例外制度建构应确保灵活性

版权权利限制与例外是版权中不可或缺的制度，美国斯坦福大学法学院教授 Paul Goldstein 认为版权权利限制与例外制度应该"一方面具有一定程度的抽象性，能够涵盖不同类型的使用，引导法官判断使用是否公平合理，另一方面又足够具体，能够预测个案的结果，即保持抽象理论与详细列举之间精妙的距离"。❷

四要素平衡法比三步检验标准更适合作为一般性的指导原则。首先，三步检验标准中的三个条件在判断合理使用时应被累积应用，合理使用必须满足三步检验标准中的所有三个条件。相比之下，基于四要素平衡法的合理使用判定更依赖于各要素的博弈和权衡，合理使用不需要符合所有四个要素，四个要素被作为一个整体进行衡量，法院不会仅仅因为一个要素不支持合理使用，例如使用是为商业目的，就否认使用是合理的，而是会综合考虑所有要素。其次，三步检验标准比四要素平衡法更原则和抽象。三步检验标准中，

---

❶ REDA J. EU Copyright Evaluation Report [EB/OL]. [2021-12-22]: paragraphs 36, 39, 40, 41, 42, 47, 49, 50, 51, 53, 54, 57, 58, 59. https://juliareda.eu/copyright-evaluation-report/full/.
❷ GOLDSTEIN P. Fair Use in Context [J]. Columbia Journal of Law and the Arts, 2008, 31 (4): 433-444.

对每个条件的解释和分析取决于具体事实情况和案件发生的背景环境。相比较而言，四要素平衡法中的每个要素比较详细，更容易理解，法官可以确定所使用的性质和目的是转换性的还是商业性的，受版权保护的作品是虚构的还是事实性的，所使用的部分是否为原作品的重要组成部分，基于原作品创作的新作品是否会取代原作品。

虽然四要素平衡法在判断合理使用中一直起着至关重要的作用，但许多学者对四要素平衡法中多种要素相互权衡的确定性存疑。美国法院并未提供指导意见说明如何权衡这四要素的比重，是否所有要素都需支撑合理使用，合理使用抗辩才成立，还是应侧重某些要素。如果将四个要素的权衡比重视为相同，那会增加合理使用结果预测的复杂性，也不利于作品使用者判断自己对他人作品的使用是否符合合理使用要求。美国法院面对合理使用抗辩的案例通常从整体印象层面综合分析四个要素，但越来越侧重于第一要素和第四要素，而放轻其他两要素的权衡比重，即更重视分析使用的性质和目的，以及使用对原作品市场的潜在影响。在美国索尼公司诉环球城市电影公司❶和Sega公司诉Accolade公司❷等有影响力的案件中，法院淡化了第二要素"受版权保护作品的性质"以及第三要素"使用的数量和质量"的重要性，因为越来越多具有独创性的作品被大量复制。美国纽约大学法学院教授Barton Beebe对合理使用案例的实证研究也证明了第二和第三要素重要性的降低。❸美国波士顿学院法学院教授Joseph Liu提出将四要素平衡法简化为只分析第一和第四要素的双要素平衡法，法院可以直接用一个要素和另一个要素相权衡，使合理使用判定更加准确。❹

至于第二个要素"受版权保护作品的性质"，大量合理使用案例表明，受版权保护的作品都是具有独创性和商业价值的，因为作品只有满足独创性要求才能受到版权保护。这一要素几乎都是不支持合理使用的，这使得分析第二要素已无足轻重。法院在分析第一要素时通常会顺带考虑到第二要素，对第二要素的考虑已包含进第一要素中。至于第三个因素"使用的数量和质量"，使用内容占原作品的比重越大，法院更有可能认定为侵权，而非合理使用。对第三要素的分析与第四要素紧密相连，对第三要素的考

---

❶ Sony Corp. of America v. Universal City Studios Inc., 464 U.S. 417 (1984).

❷ Sega Enterprises Ltd. v. Accolade, Inc., 997 F. 2d 1510 (9th Cir. 1992).

❸ BEEBE B. An Empirical Study of US Copyright Fair Use Opinions, 1978-2005 [J]. University of Pennsylvania Law Review, 2008, 156 (3): 549-624.

❹ LIU J. Two-factor Fair Use? [J]. Columbia Journal of Law and the Arts, 2008, 31 (4): 571-586.

虑包含于第四要素中,因为通常情况下,对原作品大量内容的使用会影响原作品的现有和潜在市场,但是随着数字网络技术的发展,也会出现复制原作品部分甚至全部内容却不会对原作品市场产生严重负面影响的情形,因此,分析第三要素也逐渐变为着重考量第四要素"使用对原作品潜在市场或价值的影响"。

通过比较这四个要素与合理使用抗辩的关联性,第一和第四要素具有直接和决定性的影响,相比较而言第二和第三要素与最终合理使用是否成立的相关性较小。至于第一和第四要素如何共同作用于合理使用判定,第一要素"使用的目的和性质"反映出作品使用者的主要目的,第四要素"使用对原作品潜在市场或价值的影响"反映出使用对原作者创造力的影响。侧重第一和第四要素进行四要素平衡法运用时,应首先考虑对原作品的使用是否具有转换性、非商业目的并且有积极的社会价值。其次应考虑这样的使用是否会对原作品现有和潜在市场产生负面影响,分析到底是使用的转换性和带来的积极社会价值更大,还是对原作品市场的负面影响更大,权衡第一和第四要素的过程中,兼顾考虑原作品的性质和使用的数量与质量。在第一和第四要素都支持或不支持合理使用的情况下,法院不难作出一致判决,因为使用的性质和目的及其对原作品市场的影响比其他两个要素更具决定性。然而,当第一和第四要素其中一个支持合理使用,而另一个否认合理使用时,法院更应细致平衡和判断两个要素。在某些情况下,使用尽管对原作品市场产生了一些影响,但法院可能会发现这种使用具有极大的积极社会价值,从而认定为合理使用;反之亦然。在侧重第一和第四要素的基础上,可以厘清每一要素内需要考虑哪些具体因素用以判定每一要素是如何支持或否定合理使用抗辩的。

随着数字网络技术发展所引发的用户生成内容、同人作品及重混创作增多,美国法院对合理使用的讨论越来越集中于如何确定使用的转换性和社会价值上,以及使用的转换价值与原作品潜在市场之间的关系。本书将在后续章节探讨美国司法实践发展出的转换性使用规则及其对获取新信息和文化创新的影响。

## 二、权利限制与例外制度建构应确保确定性

由于我国各地区、各部门之间存在差距,将版权权利限制与例外的立法模式调整为单一的四要素平衡法会降低司法判定和指导社会公众识别合理使

用的稳定性。一刀切的四要素平衡法不能完全保证权利限制和例外的确定性，因为诉讼结果取决于法官的自由裁量权，不同地区和层级法院针对同一案件事实可能出现不同判断，尤其在欠发达地区这是很难预测的。因此，有必要列出一系列具体的限制与例外规定，与四要素平衡法共同用于判定合理使用。原则性指导与细化规定相结合的立法模式一方面能保证合理使用判定的可预见性和稳定性，另一方面法院又不受限于法律已列举出的例外范围，可针对案件具体情形通过四要素平衡法判定超出列举范围的使用是否合理，同时兼顾了灵活性，更符合我国国情。

我国台湾地区的版权权利限制与例外规定已经采取兼顾灵活性和稳定性的混合立法模式。台湾地区"著作权法"第44~63条列举了权利限制与例外的具体情形，该法同时还包含了一项一般指导性规定，体现在第65条第2款中，适用于第44~63条所列举的例外情形和其他可能的合理使用情形。第65条第2款一般指导性规定包含了美国合理使用四要素平衡法中的四个要素："（1）利用之目的及性质，包括系为商业目的或非营利教育目的；（2）著作之性质；（3）所利用之质量及其在整个著作所占之比例；（4）利用结果对著作潜在市场与现在价值之影响。"❶

对英美法系和大陆法系典型法域有关合理使用、公平交易及权利限制与例外制度的比较研究表明，无论哪种立法模式，都包括某些复制和向公众传播作品的行为。常见的具体例外情形包括研究和个人学习；批评或评论；引用；包括公开演讲、对当天事件的视听报道以及对具有政治、经济或宗教性质事件的报刊报道和广播评论在内的时事报道。因此，将这些情形列入非穷尽式例外规定符合实际需要，并为作品使用者直接适用法条规定提供了指导，允许研究、批评和新闻报道的例外情形也有助于实现版权制度促进知识获取和教育的目的。此外，类似于台湾地区相关法规的混合模式既有详细的描述，又包含一般性的指导要素，可以兼顾权利限制与例外的灵活性和稳定性，给包括我国大陆地区在内的法域带来启示，通过引进既细化又有弹性的例外规定，推动权利限制与例外制度的构建。

### 三、我国需调整欠缺灵活性的权利限制与例外制度

我国2010年修正的《著作权法》第22条规定了十二种具体例外情形，

---

❶ 台湾地区"著作权法"[EB/OL].[2021-12-22]：第65条第2款. https://topic.tipo.gov.tw/copyright-tw/cp-441-856387-c4e41-301.html.

## 第一章 数字网络时代版权权利限制与例外制度的建构

《著作权法实施条例》第 21 条规定了三步检验标准,但三步检验标准是用来限制法律中已列举的例外情形的,而不能扩大适用至没有列举的情形。我国于 2011 年 7 月通过启动《著作权法》第三次修订试图将灵活性和确定性纳入版权权利限制与例外中。国家版权局已分别于 2012 年 3 月、7 月和 10 月发布了修订草案第一、二、三稿,国务院法制办公室于 2014 年 6 月公布了《著作权法(修订草案送审稿)》。《修订草案送审稿》在第 43 条规定了权利限制与例外情形,该条第二款纳入了三步检验标准,规定以第一款列举的方式使用作品,不得影响作品的正常使用,也不得不合理地损害著作权人的合法利益。❶ 虽然三步检验标准用于限制第一款已列出的具体情形,但送审稿在十二项具体情形之外增加了第十三项"其他情况"作为例外情形的兜底条款纳入限制与例外条款的第一款中,也就是说,三步检验标准不仅适用于已经列出的细化情形,而且适用于规定范围以外的潜在权利限制与例外情形。但是,在全国人民代表大会常务委员会于 2020 年 5 月和 8 月公布的《修正案(草案)》和《修正案(草案二次审议稿)》,以及于 2020 年 11 月 11 日公布的修正案中却并未采纳送审稿所建议的增强权利限制灵活性的方案。

新修正的《著作权法》第 24 条穷尽式列举了十三类权利例外情形,前十二类为具体情形,详尽列举了包括个人学习、适当引用、新闻报道、时事性文章转载、公众集会讲话刊登、课堂教学或科学研究、执行公务、保存版本需要复制、免费表演、非接触性复制公共场所艺术作品、将中文作品翻译成少数民族语言、向阅读障碍者提供无障碍版本十二种合理使用作品情形,第十三类为半开放性条款"法律、行政法规规定的其他情形"。目前规定有版权权利限制与例外条款的法律仅有《著作权法》一部,行政法规有《著作权法实施条例》《信息网络传播权保护条例》《计算机软件保护条例》三部与版权相关的法规,这三部法规涉及权利限制与例外的条款有限且不可能经常修订。此外,《著作权法》第 24 条将三步检验标准纳入条款,规定法律允许的合理使用情形不得影响该作品的正常使用,也不得不合理地损害著作权人的合法权益。但三步检验标准并未扩大权利限制与例外的适用范围,而是用于限制已穷尽列举出的所有权利限制与例外情形。因此,我国《著作权法》虽然历经三次修正,但权利限制与例外制度仍保留封闭式立法模式,并未赋予法院较大的自由裁量权。

我国版权权利限制与例外封闭式立法模式早已受到学者和司法实务者的

---

❶ 《中华人民共和国著作权法(修订草案送审稿)》第 43 条第 2 款。

质疑，认为现有穷尽式的限制与例外情形含有诸多条件，不足以应对科技发展带来的新问题。司法实践也在借鉴吸收域外经验的基础上不断对现有权利限制与例外情形进行突破。我国最高人民法院于2011年发布的《关于充分发挥知识产权审判职能作用推动社会主义文化大发展大繁荣和促进经济自主协调发展若干问题的意见》第8条已在借鉴美国判定合理使用的四要素分析法，该条提到法院在"妥当运用著作权的限制和例外规定，正确判定被诉侵权行为的合法性"时，可"考虑作品使用行为的性质和目的、被使用作品的性质、被使用部分的数量和质量、使用对作品潜在市场或价值的影响等因素，如果该使用行为既不与作品的正常使用相冲突，也不至于不合理地损害作者的正当利益，可以认定为合理使用"。但这一域外经验借鉴尚限于司法意见层面，并未被法律法规所吸收。

因此，我国第三次修正后的《著作权法》尚未完成对权利限制与例外制度的革新。在确保灵活性和稳定性的基础上，数字网络时代版权权利限制与例外制度的建构应充分考虑公众对信息获取的需求和国家鼓励文化创新的社会目的。以利益平衡原则、兼具灵活性和确定性的原则为指引，数字网络环境下权利限制与例外制度建构的主要内容应包括：

①以获取信息为目的的例外规定：信息搜索——缩略图和网页快照；大规模数字化和数字图书馆的构建；为视力障碍者获取作品提供便利。

②以文化创新为目的的例外规定：再创作文化与用户原创内容；转换性使用；网络迷因创作中的合理使用；附带性使用。

# 第二章
# 以获取信息为目的的限制与例外
## ——大规模数字化及数字图书馆构建

## 第一节 大规模数字化与数字图书馆构建

### 一、大规模数字化的产生与发展

数字网络技术的飞速发展加快了复制与传播版权作品的速度，催化了大规模数字化现象的产生。大规模数字化（mass digitization）是指将有形形式的版权作品，例如图书、期刊、照片、录音制品、影视作品等，大规模地转化为数字格式储存和传播。随着在线档案馆、数字图书馆、搜索引擎及数据聚合器等数字化资料和数据存储设备和机构的发展，将图书、照片、录音制品、影视作品等以有形形式存储的资料转化为数字格式并进行在线提供的需求越来越迫切。一系列营利和非营利机构开始着手对有形形式存储的作品进行大规模数字化。

互联网档案馆（Internet Archive）是第一家想要将全世界所有图书，包括公有领域的图书、录音制品、摄影作品及电影作品进行数字化的非营利性数字图书馆，它成立于1996年并启动了一系列项目将公有领域的图书以数字化可读和可下载的方式提供给公众，并允许公众浏览档案化的网页。❶ 于2001年启动的卡耐基梅隆百万图书项目（Carnegie Mellon Million Book）与互联网档案馆合作致力于长期将图书进行数字化，截至2021年，互联网档案馆已将2800万本图书和文本、1400万次录音、600万个视频、350万张图片进行了数字化处理和存储。❷

谷歌公司数字图书馆计划于2004年开始施行，谷歌公司倾力于将每一部

---

❶ BORGHI M, KARAPAPA S. Copyright and Mass Digitization [M]. Oxford: Oxford University Press, 2013: 3.

❷ About the Internet Archive [EB/OL]. [2021-12-20]. https://archive.org/about/.

面世的图书数字化储存,并通过网络向公众提供,其尽可能减少对图书的筛选,也没有和每一位作者或版权所有者达成许可协议。谷歌公司仅与几家世界最大的图书馆达成许可协议,将它们的藏书扫描转换为数字格式,其中已进入公有领域的图书和已经版权所有者许可授权的图书被全文数字化,而其余的图书则部分被数字化,形成篇章、片段或摘要,供公众浏览或搜索。截至 2012 年年初,可供公众搜索的图书已达 2000 万册,其中大约 400 万册为英文图书。2005 年,美国作家协会联合五家出版社向谷歌提起版权侵权诉讼,谷歌希望以 1250 万美元和解该案,并于 2008 年提出和解协议,但该和解协议最终于 2011 年被法院否决,因为该协议采用了"选择退出"机制去解决大规模授权的难题,在"选择退出"的机制下,如果版权所有者没有明确表示图书不能被复制,则该图书就能被谷歌数字化储存和向公众提供。法官认为"选择退出"机制会颠覆现有的许可授权概念和模式,不可被采纳,如采用"选择加入"机制则更符合现有的授权制度。但随后由于各方不能就"选择加入"机制达成一致意见,和解协议最终未被采纳。

与谷歌计划类似的还有 HathiTrust 数字图书馆计划,HathiTrust 是成立于 2008 年的 70 多家美国研究机构和图书馆的合作机构,致力于将各合作机构的存储内容数字化,截至 2012 年 11 月,HathiTrust 已拥有超过 1.1 亿册图书,其中 320 万册图书属于公有领域,HathiTrust 进行大规模数字化的图书中包含孤儿作品。[1] HathiTrust 大规模数字化的行为涉及将图书全文扫描及存储并提供在线关键词和片段检索,将图书转换为可供视力障碍者阅读的无障碍格式版,并将孤儿作品数字化版本提供给学生、教师及图书馆赞助者,美国作家协会联合两家国外作者团体和一部分作者因此起诉 HathiTrust 侵犯图书版权。美国联邦第二巡回上诉法院判定 HathiTrust 扫描图书并提供在线检索以及向视力障碍者提供无障碍格式版的行为属于合理使用,但提供孤儿作品数字化版本的行为尚不足以供法院进行判决,因为该计划已被 HathiTrust 放弃。[2]

欧盟委员会于 2006 年提出要联合所有欧洲文化机构推动与谷歌数字图书馆计划一致的欧洲数字图书馆计划。该计划 Europeana 于 2008 年启动,致力于联合所有欧洲文化机构创造可共享数字化文化资源的平台,不同于谷歌和 HathiTrust 数字图书馆计划,Europeana 只将其合作机构的资源进行数字化,

---

[1] BORGHI M, KARAPAPA S. Copyright and Mass Digitization [M]. Oxford: Oxford University Press, 2013: 5-6.

[2] Authors Guild, Inc. v. HathiTrust, 755 F. 3d 87 (2nd Cir. 2013).

第二章 以获取信息为目的的限制与例外——大规模数字化及数字图书馆构建

而不触及未经授权扫描受版权保护作品,因此其大规模数字化的作品要么属于公有领域,要么属于已授权作品。截至 2021 年 12 月,Europeana 已联合欧洲 3700 多家文化和科学机构向公众提供 5300 余万部作品。❶ 与谷歌计划类似的还有美国国会图书馆的数字化计划、史密森学会(Smithsonian Institution)的文字、图片及录音制品数字化计划、美国国家档案馆的政府历史资料数字化计划、法国国家图书馆的 Gallica 法国历史与文化数字化计划以及中国国家图书馆的中国文化遗产数字化计划等。

从以上数字图书馆计划可以看出,大规模数字化的产生发展与版权的关系涉及四种情形:第一,大规模数字化的作品都属于公有领域,不存在版权授权和争议;第二,大规模数字化的作品已经版权人授权使用,授权方式可能是版权人向相关机构直接授权,也可能是版权人进行公开授权,将这部分作品数字化也不存在版权争议;第三,大规模数字化的作品属于通过集体管理模式授权使用的作品,包括通过北欧的延伸集体管理模式进行许可授权,或是通过欧洲国家处理孤儿作品和绝版作品的推定集体管理模式进行许可授权;第四,大规模数字化的作品受版权保护且未通过版权人或相关集体管理组织进行授权,对这部分作品的数字化扫描是否合法只能通过权利限制与例外制度进行判定。❷ 互联网档案馆和 Europeana 数字图书馆计划主要涉及前两种情形,在采用集体管理模式获取作品授权的情况下,可能将大规模数字化作品延伸至第三种情形;谷歌和 HathiTrust 数字图书馆计划则落入第四种情形,需要通过美国合理使用四要素平衡法对大规模扫描图书并提供关键词和片段检索的行为性质进行判定。

## 二、大规模数字化的合法性有利于数字图书馆建设

### (一)大规模数字化的重要意义

大规模数字化不仅仅是大规模复制作品的行为,而是通过复制作品将作品信息数据化,增加公众对信息的获取路径,节省检索获取作品的时间。大规模数字化有三层重要意义:保存作品、检索和获取作品以及大数据分析。❸

---

❶ Europeana, About Us [EB/OL]. [2021-12-20]. https://www.europeana.eu/en/about-us.
❷ BORGHI M, KARAPAPA S. Copyright and Mass Digitization [M]. Oxford: Oxford University Press, 2013: 7.
❸ BORGHI M, KARAPAPA S. Copyright and Mass Digitization [M]. Oxford: Oxford University Press, 2013: 11.

大规模数字化的第一层重要意义为有利于保存作品和文化遗产。在互联网出现之前，图书馆、档案馆、博物馆一直扮演着保存作品和文化遗产的角色，各国的版权法也规定了为保存作品而不经版权人允许复制作品的例外，但仅靠图书馆、档案馆、博物馆复制一份保存件，也会因为原件和复制件同时损毁甚至丢失而造成无法弥补的损失。大规模数字化虽然同样无法避免复制件丢失带来的损失，但数字化复制件的易保存和云计算环境下的远程存储能力能更好地保存作品和文化遗产。

大规模数字化的第二层重要意义为便捷公众搜索和获取作品。大规模数字化中被复制的作品既有处于公有领域的作品，又有仍受版权保护的作品。对于公有领域作品，无须明确权利归属和权利内容，可免费进行数字化，便利公众获取作品；对于受版权保护的作品，通常需经过权利人授权才能进行复制，但也可以在合理使用的范畴内利用作品，例如HathiTrust和谷歌图书馆计划，因此应区分提供获取作品和提供获取作品的途径或帮助，诸如对作品全文数字化，但仅向公众提供片段或索引就属于后者。

大规模数字化的第三层重要意义为通过数字化作品形成大数据，产生大数据分析、计算和挖掘。数字化复制作品是形成大数据的前提条件，数字化不仅仅起到保存作品和便捷公众获取作品的作用，还能产生计算和数据挖掘的潜能，增强图书馆、档案馆、博物馆整理和管理藏书、档案的功能，同时便于这些机构了解读者信息，强化机构与读者间、读者与读者间的互动。

(二) 大规模数字化与图书馆功能的契合

从大规模数字化的三层重要意义即可看出大规模数字化有利于图书馆功能的增强和完善，图书馆最基本的两项功能即保存图书和向公众提供图书及教育资源。虽然在大规模数字化计划开始之前，图书馆就一直履行着这两项功能，但数字化复制提高了图书馆保存和提供图书及其他资源的效率，扩大了公众获取图书资源的途径，增强了图书馆进行资源管理的能力。大规模数字化优化资源、传播文化、为公众提供信息途径的功能也与图书馆的一贯功能契合。

在数字化和云计算时代，数字图书馆更多地扮演着信息高速公路和虚拟社区的角色，一方面信息能够产生经济价值，可被视为财产，另一方面信息的价值只有在被人类社会吸收和利用时才能真正产生。换言之，信息既被计

第二章 以获取信息为目的的限制与例外——大规模数字化及数字图书馆构建

量,又被希望是免费的。数字图书馆就在这两端间寻求平衡,调节权利人和社会公众之间的利益,促进数字网络环境下信息的共享和传播。

图书馆的发展历程经历了三个阶段:私人图书馆阶段、公共图书馆阶段以及当今信息社会中的商业图书馆阶段。❶虽然私人图书馆和公共图书馆目前仍然存在,但数字化力量带来的巨大商机已然推动图书馆向着商业化的阶段发展,诸如谷歌等营利性公司正积极参与到通过大规模数字化构建数字图书馆的行动中,促进着商业图书馆的形成和壮大。

(三) 私营力量介入对建设数字图书馆的推动

私营力量的介入有助于推动数字图书馆的建设。首先,相比较由政府财政支持的公共图书馆,私营力量有更多可自由支配的资金支撑大规模数字化计划,也能凭借商机接触到最新数字技术和信息。长久、稳定的资金支持是推动数字图书馆发展的最重要因素。公共图书馆则可能受制于政府财政的计划而无法充分推动图书馆自身的计划。

其次,私营力量经常激励创意的萌发,鼓励推陈出新。例如,将全世界范围内的图书数字化,建立全球化搜索数据库的主意就是由营利性公司谷歌首先提出的,既从大规模数字化中获得收入,又鼓励公众广泛地使用数字内容。

最后,政府应当鼓励文化自由发展,而不是将提供文化资源的能力垄断在由政府资助的公共图书馆手里,私营力量作为民主社会的参与者同样能够为改进全社会的信息服务、推动文化发展出一份力,❷因此应当鼓励私营力量发挥与教育、研究等公共机构相同的作用。

**三、现有版权制度对大规模数字化合法性的支撑**

(一) 权利限制与例外制度

版权权利例外制度或称合理使用制度一直是图书馆、档案馆、博物馆等文化机构存储和传播作品的重要版权制度。谷歌和 HathiTrust 数字图书馆版权侵权案中,谷歌和 HathiTrust 都主张其通过全文扫描图书向公众提供片段检索的行为属于合理使用。《美国版权法》第 108 条规定有专门针对图书馆和档案

---

❶ MURRELL M. Digital+Library: Mass Book Digitization as Collective Inquiry [J]. New York Law School Law Review, 2010/2011, 55 (1): 221-250.

❷ MURRELL M. Digital+Library: Mass Book Digitization as Collective Inquiry [J]. New York Law School Law Review, 2010/2011, 55 (1): 221-250.

馆复制作品的例外情形,其允许图书馆和档案馆利用数字技术进行文本保存,图书馆或档案馆可以数字和模拟格式制作不超过三份复制件或录音件,以便保存或存入另一图书馆或档案馆进行研究。但这一条规定有其严格的适用条件,必须是为文本保存的目的进行数字化复制且复制件不超过三份。这一例外规定并不适用于对作品进行大规模数字化。

《美国版权法》第107条为包含四要素平衡法的合理使用条款,法院可以根据该条款中的四要素更灵活地判定对作品的使用是否合理。就大规模数字化而言,法院需要考虑全文复制作品并提供作品片段供公众检索这一行为的目的和特点,被复制作品的性质,使用的量及实质性程度,以及使用对作品市场的影响。由于大量图书被全文复制,就复制行为而言,被复制作品的性质、使用的量及实质性程度以及使用对作品市场的影响这三要素都不利于将大规模数字化中的复制行为认定为合理使用,但谷歌及HathiTrust并未向公众提供受版权保护的作品全文,而只是提供了作品片段供检索,这一提供行为的目的和性质适合用美国司法判例从第一要素发展出的转换性使用规则进行判定,本章将在第二节具体探讨合理使用转换性使用规则对大规模数字化合法性的认定。因此,合理使用制度尤其是其中的转换性使用规则能够支撑大规模数字化合法性认定。

### (二) 许可制度

除合理使用制度外,许可制度是另一项能够支撑大规模数字化合法性的版权制度。许可制度包括版权人的直接授权许可、法定许可以及包括延伸性集体管理许可和推定集体管理许可在内的集体管理组织许可。从版权人处直接获取授权许可使用作品虽然是最不会引发版权争议的方法,但直接许可在大规模数字化环境下适用十分困难,因为直接许可要求数字图书馆计划方投入大量资金去核实版权人身份并与版权人谈判协商授权使用作品的条件。每部作品可能存在不止一位版权人,可能出现多位作者及作者继承人或独占被许可人,复制并在线提供作品或作品片段涉及复制权和向公众传播权等多项版权权利,确认谁拥有哪项权利可能极难实现,联系每位版权人并进行授权协商的成本将远远超过大规模数字化所带来的社会效益。❶

---

❶ United States Copyright Office. Legal Issues in Mass Digitization: A Preliminary Analysis and Discussion Document: 30-31 [EB/OL]. (2011-10) [2021-12-23]. https://www.copyright.gov/docs/mass-digitization/USCOMassDigitization_October2011.pdf.

第二章　以获取信息为目的的限制与例外——大规模数字化及数字图书馆构建

　　法定许可是指由法律直接规定特定情形下不经版权人授权也能使用作品，但需要向版权人支付使用费的许可方式。法定许可通常出现在许可方和被许可方无法在自愿基础上进行谈判协商的情形中。立法机构只有在真正出现市场失灵的情况下才会制定法定许可，法定许可是一项重要的政策性规定。在大规模数字化环境下，任何法定许可都必须严格制定，以解决特定市场中的特定失灵情况，而不干扰数字图书市场的其他运作，而且法定许可不一定能向版权人提供与其作品实际使用或使用价值相称的补偿。❶ 由于大规模数字化并未造成数字图书馆计划方向版权人协商获取授权的完全市场失灵，因此，通过法定许可解决大规模数字化缺乏市场和理论上的支撑。

　　就集体管理许可而言，谷歌于2008年提出的和解协议所采用的"选择退出"机制实则就是一种变相的集体管理许可，只不过组织方不再是政府机构承认的有代表性的非营利性集体管理组织，而是营利性的谷歌公司。在"选择退出"的机制下，如果版权所有者没有明确表示图书不能被复制，则该图书就能被谷歌数字化储存和向公众提供。但法院否认了谷歌所提出的"选择退出"机制，认为该机制提供给谷歌一个明显的竞争优势，鼓励其在未经版权人直接许可的情况下对版权作品进行大量复制。

　　大规模数字化的作品中涉及孤儿作品和绝版作品问题，欧盟委员会自2011年开始推动图书馆、出版商、作者和艺术创作者达成谅解备忘录，使欧洲图书馆和文化机构能够就绝版作品的数字化获取许可。❷ 欧盟委员会于2015年启动数字单一市场战略中的一项重要措施是制定能使欧盟公民广泛获取绝版作品的许可制度，提供解决绝版作品数字化存储和传播的授权许可机制。法国为解决绝版作品数字化问题所制定的推定集体管理许可模式一定程度上能为解决大规模数字化中对未经版权人直接授权对作品进行全文复制的版权争议问题提供借鉴和参考。

---

❶　United States Copyright Office. Legal Issues in Mass Digitization: A Preliminary Analysis and Discussion Document: 39 [EB/OL]. (2011-10) [2021-12-23]. https://www.copyright.gov/docs/mass-digitization/USCOMassDigitization_October2011.pdf.

❷　The Department of Commerce of the United States. Copyright Policy, Creativity, and Innovation in the Digital Economy (July 2013) [EB/OL]. [2021-12-22]. https://www.uspto.gov/sites/default/files/news/publications/copyrightgreenpaper.pdf.

## 第二节 合理使用中的目的转换性使用规则

### 一、转换性使用规则的产生与发展

（一）美国在版权法判例中最先采用转换性使用

转换性使用这一概念最早出现在美国版权法判例对合理使用四要素的判定分析中。《美国版权法》第107条规定，"虽有第106条及第106条之二的规定，为了批评、评论、新闻报道、教学（包括用于课堂的多件复制品）、学术或研究之目的而使用版权作品的，包括制作复制件、录音制品或以该条规定的其他方法使用作品，系合理使用，不视为侵犯版权的行为。任何特定案件中判断对作品的使用是否属于合理使用时，应予考虑的因素包括：（1）该使用的目的与性质（purpose and character），包括该使用是否具有商业性质，是否为了非营利的教学目的；（2）该版权作品的性质；（3）所使用部分的质与量与版权作品作为一个整体的关系；（4）该使用对版权作品之潜在市场或价值所产生的影响。作品未曾发表这一事实本身不应妨碍对合理使用的认定，如果该认定系考虑到上述所有因素而作出的"。

在美国索尼公司诉环球城市电影公司及 Harper & Row 出版公司诉 National Enterprises 案中，法院都强调了第四要素，将合理使用分析转移到使用是否公平的方向上，即版权作品的市场是否受到未经授权使用的影响。Pierre Leval 法官在1990年发表于《哈佛法律评论》的《论合理使用标准》一文中呼吁一个更加结构化和更可靠的方法检验合理使用，他建议在分析中优先考虑第一个要素，成功的合理使用抗辩主要取决于受到质疑的使用是否以及在何种程度上是转换性的。转换性使用必须添加新的东西，具有更进一步的用途或不同的性质，用新的表达、意义或信息改变原作品。❶

转换性使用由四要素中的第一要素"使用的目的和性质"延伸而来，美国联邦最高法院在 Campbell 诉 Acuff-Rose 音乐公司❷一案的分析和论述中采

---

❶ LEVAL P N. Toward A Fair Use Standard [J]. Harvard Law Review, 1990, 103 (5)：1105-1136.
❷ Campbell v. Acuff-Rose Music, 510 U.S. 569 (1994).

第二章　以获取信息为目的的限制与例外——大规模数字化及数字图书馆构建

用了 Leval 法官呼吁的转换性使用规则，该案中一流行音乐团体在未经授权的情况下将 Acuff-Rose 音乐公司享有版权的摇滚民谣《噢，漂亮女人》改编成滑稽模仿歌曲《漂亮女人》。在判定流行音乐团体的改编是否属于合理使用时，美国法院认为使用原作品创作新作品的目的和性质转换性越强，其他诸如商业性等不利于判定合理使用的考量因素的重要性就越弱。在谈及使用目的和性质的转换性时，法院着重考察新作品是否仅仅取代了原作品，还是基于进一步的目的或不同特征增加了新内容，改变原作品而采用了新的表达方式、含义和信息，也就是说，使用原作品创作新作品的目的和性质是否以及在何种程度上是转换性的。法院在 Campbell 案中将合理使用的第一要素从两方面进一步解释：法院应如何定义第一要素以及法院应如何分配四要素衡量的比重。法院扩大了第一要素的定义，以询问后续作品是否以及在何种程度上相对于原作品具有转换性。

在 Campbell 一案的引领下，美国法院在判定合理使用时越加侧重于考察创作新作品的目的和性质是否具有转换性，出现了诸多因为创作新作品具备转换性而被判定为合理使用的案例。美国加州大学洛杉矶分校法学院教授 Neil Weinstock Netanel 及纽约大学法学院教授 Barton Beebe 在其实证性研究中发现 1995—2000 年 73.9% 的合理使用判决采用了转换性使用规则，2006—2010 年 87.2% 有关合理使用的地区法院和联邦巡回上诉法院判决采用了转换性使用规则，除了两个发现有转换性使用的案例判决不是合理使用外，其余的都支持了合理使用。[1] 转换性使用对判定合理使用具有决定性作用，几乎所有认可后续使用具有转换性的案例都判定该后续使用属于合理使用。

(二) 大规模数字化前的转换性使用规则与逐字复制案例

在 Campbell 案后转换性使用规则逐渐运用到逐字复制（verbatim copying）的案例中。逐字复制是指不改动复制的内容，对原作品全部或部分内容一字不差地进行复制。美国地球物理联合会诉 Texaco 公司是逐字复制的典型案例。该案中，Texaco 公司雇用研究者对石油产业新产品和技术进行研发并订阅了多类科技期刊，公司的一名化学工程师复制了其中一本科技期刊

---

[1] NETANEL N W. Making Sense of Fair Use [J]. Lewis and Clark Law Review, 2011, 15 (3): 715-772.
BEEBE B. An Empirical Study of US Copyright Fair Use Opinions, 1978-2005 [J]. University of Pennsylvania Law Review, 2008, 156 (3): 549-624.

上发表的文章供自己后续使用。原告是科技期刊的出版商，提起版权侵权诉讼，被告提出合理使用抗辩。地区法院否认了合理使用抗辩，并得到联邦第二巡回上诉法院的支持，联邦第二巡回上诉法院认为被告员工复制期刊文章的目的与订阅者通常获取期刊原文的目的一致，都是为了保存文章以供后续阅读，复制文章替代了购买原文。虽然复制文章是为科学研究这一公共利益，但被告从未经许可复制中获取了不正当利益，其仅将纸质期刊文章转换成了电子文档形式，并未出于转换使用的目的。❶

在普林斯顿大学出版社诉密歇根文件服务公司案中，被告是一家商业复印公司，将密歇根大学教授指定学生阅读书目中的实质性内容进行复制并制作成课程包卖给学生。地区法院和联邦第六巡回上诉法院都认为被告复制图书的行为不符合合理使用，在考虑制作课程包的转换性使用性质时，联邦第六巡回上诉法院认为将一部316页书籍中的95页进行逐字复制并不具有转换性，❷ 因为制作课程包的目的与图书出版的目的一致，都是为了学生阅读书籍。

在 Infinity Broadcast 公司诉 Kirdwood 公司案中，被告设计了一款能使用户从电话中收听电台广播的系统，该系统将无线电接收器与电话线相连，使无线电接收器能将接收到的广播信号传输至电话线，让拨打电话的用户能收听电台节目。地区法院认为 Kirdwood 转接广播节目的行为属于合理使用，但被联邦第二巡回上诉法院否决，因为电话用户并非仅仅为接听信息的目的使用涉案系统，跟其他直接收听电台节目听众的目的一致，都能从收听节目中获取娱乐价值，重新传输节目信号并不具有转换性。❸

在 Nunez 诉加勒比国际新闻集团案中，被告使用了波多黎各环球小姐的模特照片并将照片与新闻和编辑评论结合，以讨论波多黎各环球小姐是否从事了不符合其职业身份的不正当行为。联邦第一巡回上诉法院判定对照片的使用具有转换性，因为原告拍摄照片的目的是展现波多黎各环球小姐的形象，而被告使用照片的目的是报道事件及进行评论，被告对照品的使用给原告拍摄照片的目的增加了新的信息和含义。❹

在 Bill Graham 档案馆诉 Dorling Kindersley 公司案中，被告复制了七张音

---

❶ American Geophysical Union v. Texaco, Inc., 60 F.3d 913 (2nd Cir.1994).
❷ Princeton University Press v. Michigan Document Services Inc., 99 F.3d 1381 (6th Cir.1996).
❸ Infinity Broadcast Corp. v. Kirdwood, 150 F.3d 104 (2nd Cir.1998).
❹ Nunez v. Caribbean International News Corp., 235 F.3d 18 (1st Cir.2000).

乐团体"感恩的死者"的音乐会海报用于创作该音乐团体的传记,传记包含了2000多幅图片。联邦第二巡回上诉法院认为被告的行为属于合理使用,因为被告使用音乐会海报是为了记录音乐会这一事件并展现音乐会现场,这与原告制作音乐会海报的最初艺术表达和宣传音乐会的目的不同。尽管被告的复制件与原海报完全相同,但在传记中使用这些图片足以达到合理使用的目的。法院进一步强调,无论图片和文字之间的联系多么不明显,都必须有附带的评论来实现转换图片使用的目的,以达到合理使用的要求。❶

然而并不是所有基于原作品的创作都被认定为合理使用,例如在苏斯博士企业诉企鹅图书出版社一案中,美国法院就不认为将苏斯博士的畅销儿童书《帽子里的猫》改编成有关辛普森谋杀案审判的故事《没在帽子里的猫》是一种转换性使用,因为新作品并未评论原作品,而是利用了原作品中的人物和情节构思评论社会事件。❷ 在另一案城堡滚石娱乐公司诉卡罗尔出版集团中,美国法院同样否决了被告合理使用的抗辩,认为将电视节目中的信息选摘制作成趣味题集不是转换性使用,因为制作电视节目和趣味题集的目的都是为了娱乐观众或读者,并未进行转换。❸

由此可见,美国法院在进行转换性使用判定时,更侧重于检视原作品和新作品在创作目的上的转换,而不是局限于两部作品内容上的不同。如果前后创作的目的有所不同,即使在新作品中完全复制了原作品也可能被认定为转换性使用;反之,即使新作品大幅度改变了原作的内容和风格,也可能因为两部作品创作目的一致而被判定为没有实现转换性的使用。

(三) 转换性使用规则与大规模数字化

转换性使用进一步在美国版权判决中得到运用是基于大规模数字化的兴起。大规模数字化不仅与数字图书馆计划紧密相关,而且体现在搜索引擎和论文抄袭检测系统的案例中。在 Perfect 10 诉亚马逊网站❹案中,谷歌与亚马逊达成协议,亚马逊将用户的搜索查询发送给谷歌,并将谷歌的回复发送给用户。原告是一家销售情色模特照片的公司,它授权第三方发布和销售供用户在手机上下载的模特照片。当一些网站未经原告许可重新转发模特照片时,

---

❶ Bill Graham Archives v. Dorling Kindersley, 448 F.3d 605(2nd Cir. 2006).
❷ Dr. Seuss Enterprises, L. P. v. Penguin Books USA, Inc., 109 F.3d 1394(9th Cir. 1997).
❸ Castle Rock Entertainment, Inc. v. Carol Publishing Group, Inc., 150 F.3d 132(2nd Cir. 1998).
❹ Perfect 10, Inc. v. Amazon.com, Inc., 508 F.3d 1146(9th Cir. 2007).

谷歌的搜索引擎开始对包含这些未经授权照片的网站进行搜索，并在谷歌图片搜索数据库中提供图片的缩略图。联邦第九巡回上诉法院在考虑谷歌提供缩略图用于搜索引擎的行为是否构成转换性使用时，参考了 Kelly 诉 Arriba 软件公司一案。[1] 该案中被告在其搜索引擎中提供了原告享有版权照片的缩略图，联邦第九巡回上诉法院在 Kelly 案中判定被告提供缩略图的行为构成转换性使用，因为将缩略图用于搜索引擎的目的不同于拍摄照片供公众欣赏内容的原目的。同样在 Perfect 10 一案中，法院也认为将照片调整为缩略图用于搜索引擎是转换性使用，因为创作照片的原意是艺术表达，而创作缩略图的目的则是方便网络用户进行搜索。

在 A. V. ex rel. Vanderhye 诉 iParadigms 有限责任公司[2]案中，原告是四名高中学生，被告复制了原告提交给学校的课程论文用以制作抄袭检测系统。被告制作的 Turnitin 抄袭检测系统能让高中和大学学生通过上传其写作的文章检测与现有文献的重复率，学生上传的文章遂被存储在系统中用于后续检测，高中和大学需要付费才能使用 Turnitin 系统检测其学生论文的原创性。联邦第四巡回上诉法院认为虽然被告的系统具有营利性质，但并不能说明被告制作抄袭检测系统的行为就不属于合理使用，还需要分析使用目的和性质中的其他因素，例如使用是否具有转换性。上诉法院认可了被告使用上传学生论文的转换性，因为被告使用论文的目的在于检测重复率，而不同于学生撰写论文表达观点的原目的。法院尤其强调转换性使用并不要求一定要改变原作品，即使没有改变原作品，只要使用的目的和功能具有转换性也符合转换性使用规则的要求。

转换性使用规则随后被用于 HathiTrust 和谷歌数字图书馆案中。在美国作家协会诉 HathiTrust 案中，包括密歇根大学、加州大学伯克利分校、康奈尔大学、印第安纳大学在内的大学将其图书馆的藏书大规模地进行数字化扫描并存储，自 2008 年起，13 所大学声明其创设了 HathiTrust 数字图书馆用于制作和存储数字版图书。HathiTrust 数字图书馆资源的使用有三种目的：方便公众进行图书检索，通过搜索特定词，公众可以得知这些特定词在书中出现的次数；方便阅读障碍者获取电子图书；以及制作图书替代品以防图书损毁或丢失，或无法以合理的价格获得。2011 年，美国作家协会和一些版权权利人起诉 HathiTrust 侵犯其版权，美国地区法院与联邦第二巡回上诉法院分别于 2012

---

[1] Kelly v. Arriba Soft Corp., 336 F.3d 811 (9th Cir. 2003).
[2] A. V. ex rel. Vanderhye v. iParadigms, LLC, 562 F.3d 630 (4th Cir. 2009).

第二章 以获取信息为目的的限制与例外——大规模数字化及数字图书馆构建

年和2013年认定将图书数字化方便公众检索以及为阅读障碍者提供作品构成合理使用。就方便公众检索而言，联邦第二巡回上诉法院认为HathiTrust数字图书馆必须要将所有图书全文数字化复制后才能使公众就特定词进行检索，而原作者创作作品的目的并不是创设便于文字检索的数据库，全文检索的功能增加了新的信息和含义，具有转换性。然而，向阅读障碍者提供作品并不具有转换性，因为向阅读障碍者提供作品的目的与原作品创作的目的一样，都是为了让公众阅读作品、知晓作品内容。但是基于使用对原作品市场影响等其他要素对向阅读障碍者提供无障碍格式版的支持，法院认可了向阅读障碍者提供作品的合理使用性质。[1]

谷歌公司早于HathiTrust对图书进行大规模数字化。谷歌图书计划在进行之初便遭到美国和非美国版权权利人的起诉，称谷歌未经权利人许可数字化了版权图书，使公众能看到图书片段，便于图书检索。2013年美国地区法院认为谷歌图书馆计划属于合理使用的范围，因为尽管谷歌图书馆计划具有营利性质，但其数字化图书的行为是转换性使用，能使图书馆和公众受益，谷歌图书馆计划不仅没有损害权利人利益，反而能增加图书销量。美国第二巡回上诉法院支持了地区法院的判决，遵循HathiTrust一案判决的思路，上诉法院认为将图书数字化提供片段供公众进行检索的行为在使用原作品的目的和性质上具有转换性。法院指出，转换性使用原作品的目的是评论、批评或提供有关原作品的信息，谷歌数字图书馆的搜索功能具有转换性的目的，即向用户提供有关原创作品的信息；此外，提供片段增加了数字图书馆目的的高度转换性，因为其通过提供足够的上下文让用户知道是否对某部作品感兴趣。基于谷歌大规模数字化作品的高度转换性，谷歌使用作品的商业性质并没有阻止法院作出合理使用判决。[2]

由以上涉及转换性使用规则的大规模数字化案例可见，美国法院在运用和发展转换性使用规则时，更强调使用作品的目的和功能不同于原作品创作的目的，增加了新的信息和含义，而非一定要求改变所使用的原作品的内容。如果对原作品的复制仅仅是将作品存储介质进行了转换，没有产生新的目的

---

[1] Authors Guild v. HathiTrust，755 F. 3d 87（2nd Cir. 2014）. DIAZ A S. Fair Use & Mass Digitization: The Future of Copy-Dependent Technologies after Authors Guild v. HathiTrust[J]. Berkeley Technology Law Journal，2013，28（Annual Review Issue）：683-714.

[2] Authors Guild v. Google，Inc.，804 F. 3d 202（2nd Cir. 2015）. MATULIONYTE R. 10 Years for Google Books and Europeana: Copyright Law Lessons that the EU Could Learn from the USA[J]. International Journal of Law and Information Technology，2016，24（1）：44-71.

和功能,哪怕使用有利于促进公共效益,也不被视为具有转换性。全文复制作品并提供缩略图、片段或特定词用于网络信息检索被视为增加了不同于原作品创作目的的新目的和新功能,具有高度转换性。

## 二、我国在立法和司法实践中借鉴转换性使用的可能性

### (一)我国著作权法中与图书馆有关的权利例外规定

我国《著作权法》第24条规定了十三种权利例外的情形,只有符合这十三种情形才能被认定为不侵犯他人著作权的合理使用行为,其中一项情形为"图书馆、档案馆、纪念馆、博物馆、美术馆、文化馆等为陈列或者保存版本的需要,复制本馆收藏的作品",本项规定将图书馆复制图书的条件限定为只能是为陈列或保存版本的目的才能进行复制,而且复制的仅为本馆收藏的作品,如果复制的是他馆收藏的作品或市场中流通的非本馆收藏的作品,都不被视为合理使用。此外,《著作权法》第24条第1款将三步检验标准的后两步标准纳入其中,规定"在下列情况下使用作品,可以不经著作权人许可,不向其支付报酬,但应当指明作者姓名或者名称、作品名称,并且不得影响该作品的正常使用,也不得不合理地损害著作权人的合法权益",但目前的三步检验标准仅用于限定著作权法已列举的十三种情形,而不是增加例外规定。

### (二)转换性使用与三步检验标准的博弈

我国《著作权法》采用的判定权利限制与例外的三步检验标准源自知识产权国际条约,三步标准分别是:(1)限于某些特殊情况;(2)不损害作品的正当利用;(3)不无理损害权利所有者的合法利益。在检验使用原作品是否构成权利限制与例外时,会叠加适用这三步标准。在欧洲共同体与美国版权法案争议一案中,世界贸易组织专家组报告对"三步检验标准"中的三个标准作出了具体说明:(1)"限于某些特殊情况"是指限制与例外情形必须在国内法中予以明确规定,但不必具体列明例外适用的所有可能情形,只要例外的范围是已知的和具体化的。(2)"不损害作品的正当利用"是指如果对于某种版权权利的使用是符合国内法中的限制与例外情形,但该使用会与权利人从运用该版权权利中正常获取经济利益相冲突,并因此剥夺了权利人重要或无形的商业利益,则该国内法中的限制与例外情形就损害了作品的正当利用。(3)"不无理损害权利所有者的合法利益"是指如果限制与例外造

第二章　以获取信息为目的的限制与例外——大规模数字化及数字图书馆构建

成或有可能造成版权所有者收入不合理或严重的损失，则损害权利所有者的合法利益就属于无理的范畴。❶

由于"不损害作品的正当利用"和"不无理损害权利所有者的合法利益"两步标准涉及是否剥夺权利人无形的商业利益或可能造成权利人收入损失，三步检验标准不仅考量使用对作品现有市场的影响，也考量使用对作品潜在市场的影响。而美国法院在判定合理使用时综合考虑四要素进行分析，尤其青睐转换性的使用，即便使用对原作品已有或潜在的市场有所损害，也不是必然被认定为是不合理或严重的从而构成版权侵权。其次，美国法院在考量市场损害时也没有把市场损害的范围无限扩大。例如在 HathiTrust 和谷歌数字图书馆案中，法院把市场损害分析的重点放在二次使用是否取代原作品的损害上，由于 HathiTrust 和谷歌数字图书馆创造出的搜索数据库不会替代公众对原作品的购买，HathiTrust 和谷歌的二次使用属于合理使用。美国法院并未将权利人潜在版权许可费的损失视为市场损害。尤其是在谷歌案中，法院平衡了权利人损失和社会公众利益之间的关系，认为谷歌大规模数字化的行为增加了图书的知名度，刺激了图书的销售。

因此，适当对三步检验标准中的后两步要素做缩小解释，能使转换性使用完全落入三步检验标准的范畴，达成一致性。例如在考虑使用对原作品已有和潜在损害时，仅分析使用是否对原作品构成替代，而不是计算原作品权利人的所有现实或可能的经济损失。在运用三步检验标准对使用性质进行判定时，可将"不损害作品的正当利用"和"不无理损害权利所有者的合法利益"两要素和使用原作品的目的和性质等相关因素结合起来分析，不要局限于分析权利人的损失，而应综合考量多种因素、多方利益，例如使用是否是转换性的，可否为社会公众创造利益。

我国最高人民法院于 2011 年 12 月 21 日发布的《关于充分发挥知识产权审判职能作用推动社会主义文化大发展大繁荣和促进经济自主协调发展若干问题的意见》第 8 条已有将美国合理使用中的四要素和三步检验标准结合运用的趋势，该条提到法院在"妥当运用著作权的限制和例外规定，正确判定被诉侵权行为的合法性"时，可"考虑作品使用行为的性质和目的、被使用作品的性质、被使用部分的数量和质量、使用对作品潜在市场或价值的影响

---

❶ United States-Section 110（5）of the US Copyright Act：Report of the Panel［EB/OL］.（2000-06-15）［2021-12-22］. https://docs.wto.org/dol2fe/Pages/SS/directdoc.aspx?filename=Q:/WT/DS/160R-00.pdf&Open=True.

等因素，如果该使用行为既不与作品的正常使用相冲突，也不至于不合理地损害作者的正当利益，可以认定为合理使用"。在三步检验标准中参考适用美国合理使用中的四要素是可行且合理的，因为不管是美国的合理使用制度还是国际知识产权条约中的三步检验标准，其制度设计的预期都在于平衡权利人的私权和公众使用者的公共利益。❶

（三）我国司法实践中首次提及转换性使用

我国尚未出现类似 HathiTrust 和谷歌的数字图书馆计划，但在 2011 年北京市第一中级人民法院针对谷歌公司未经著作权人许可，数字化我国作家王某的作品作出了判决。❷ 在该案中，法院区别对待了两被告北京谷翔信息技术有限公司、谷歌公司在网站上提供原告作品片段、全文电子化扫描原告作品的行为。

就北京谷翔在网站上提供作品片段的行为而言，法院认为仅提供片段不会对原告作品的市场销售起到替代作用，采取片段式的提供方式有利于网络用户方便快捷地进行图书信息检索，构成对原作品的转换性使用，不会不合理地损害原告的合法利益。

而就谷歌公司全文电子化扫描的行为，一审北京市第一中级人民法院否认了谷歌合理使用的抗辩，认为复制著作权人的作品需要向权利人支付许可费，许可费即是著作权人的经济利益，谷歌公司未经许可进行全文复制的行为会减少权利人的许可费，该行为与原告对作品的正常利用相冲突。谷歌公司虽未实施后续传播行为，但其全文复制行为会为未经许可对原告作品进行后续利用提供很大程度的便利，对原告的市场利益造成潜在危险。

二审北京市高级人民法院支持了一审判决，但作出了不同于一审判决的分析。二审法院认为谷歌公司的大规模全文复制行为并不属于我国《著作权法》第 22 条❸规定的合理使用行为，应当初步推定涉案复制行为构成侵权。但"考虑到人民法院已经在司法实践中认定《著作权法》第 22 条规定之外的特殊情形也可以构成合理使用，因此在谷歌公司主张并证明涉案复制行为属于合理使用的特殊情形时，该行为也可以被认定为合理使用。

---

❶ 张陈果. 解读"三步检验法"与"合理使用"——《著作权法（修订送审稿）》第 43 条研究 [J]. 环球法律评论，2016，38（5）：20.

❷ 王某诉北京谷翔信息技术有限公司、谷歌公司，(2011) 一中民初字第 1321 号。

❸ 此案为 2020 年《著作权法》修正案公布前判定的案子，当时的权利限制与例外条款为《著作权法》（2010 年）第 22 条。

## 第二章 以获取信息为目的的限制与例外——大规模数字化及数字图书馆构建

在判断涉案复制行为是否构成《著作权法》第 22 条规定之外的合理使用特殊情形时，应当严格掌握认定标准，综合考虑各种相关因素。判断是否构成合理使用的考量因素包括使用作品的目的和性质、受著作权保护作品的性质、所使用部分的性质及其在整个作品中的比例、使用行为是否影响了作品正常使用、使用行为是否不合理地损害著作权人的合法利益等。而且，使用人应当对上述考量因素中涉及的事实问题承担举证责任。虽然未经许可的复制原则上构成侵权，但在法律规定的合理使用的情形中，有些合理使用行为的实施需要以复制为前提。在这种情况下，专门为了合理使用行为而进行的复制，应当与后续使用行为结合起来作为一个整体看待，不应当与后续的合理使用行为割裂开来看。换言之，如果是专门为了后续的合理使用行为而未经许可复制他人作品，应当认定为合理使用行为的一部分，同样构成合理使用。例如，为个人学习、研究或者欣赏而复制已经发表的作品，或者国家机关为执行公务在合理范围内复制已经发表的作品，应当认定为合理使用行为的一个环节，并不构成侵权。在本案中，为了实现对谷歌中国网站对涉案作品的使用目的，需要同时对涉案作品全部文本内容和涉案图书全部页面进行复制，如果涉案信息网络传播行为构成合理使用，专为实现该行为而进行复制也可能构成合理使用"。[1] 不过谷歌并未提供足够证据证明其复制行为的合理性，因而需承担侵权责任。

我国法院在该案判决中首次提及了转换性使用，肯定了谷翔公司提供作品片段行为的转换性质，虽然一审法院否认了谷歌公司全文复制的转换性及掐断了全文复制和通过网络提供作品片段之间的联系，但二审法院发现了一审判决此不合理之处，及时予以纠正。美国法院在判定谷歌公司全文复制及通过网络提供作品的行为时，更多将复制视为提供作品的前提，在全文复制的基础上提供作品片段便捷公众检索图书转换了图书作者创作作品的目的，构成合理使用。虽然全文复制图书的确减少了图书版权权利人的许可费，但复制图书仅提供作品片段的行为没有替代原作品的市场，相对于权利人的经济损失而言，谷歌数字图书馆计划的转换性更突出，给社会公众创造的利益更多。因此，鉴于我国法院尚未真正运用转换性使用来对大规模数字化的性质进行准确判断，在我国司法实践中借鉴美国司法判例中发展出的转换性使用规则有助于大规模数字化计划的施行和数字图书馆的建设。

---

[1] 王某诉北京谷翔信息技术有限公司、谷歌公司，(2013) 高民终字第 1221 号。

### 三、适用转换性使用规则应注意的问题

（一）对转换性使用的认定应侧重在目的转换

在我国司法实践中适用转换性使用规则对合理使用进行判定应符合我国国情，而不是一味照搬美国目前对于转换性使用的发展。从美国版权判例看，转换性使用可分为三类：目的转换的使用、内容转换的使用以及目的和内容都有转换的使用。美国法院目前将三类转换都视为合理使用，但我国在适用转换性使用这一概念时应做区分，因为目的转换相较于内容转换更易识别，而内容转换得在多大程度上进行改变才产生新的表达、内容或信息却不易判定。大规模数字化及数字图书馆的建设更多地与目的转换相关，而较少涉及内容转换。因此，我国司法实践对转换性使用的认定应侧重在目的转换，并兼顾权利人和社会公众的利益。

转换性的目的意味着使用原作品进行第二次创作的目的不同于原作品创作的目的，如果原作品创作的目的是使公众看到作品的内容，丰富公众的精神世界，那么转换性的目的创作通常是利用原作品进行新闻报道、历史参考、评价或滑稽模仿原作品、便捷图书检索或通过上传全文并与数据库内已有文献进行对比检测抄袭。

创作目的不同可具体分为以下几种情况：第一类情况为原作品使用者对作品的比例大小、清晰程度进行调整，使公众即使能完全获取作品，也无法达到作品创作者所希望的能让公众欣赏作品的程度，这一类目的转换通常利用图片、照片进行新闻报道、阐述历史事件、便捷缩略图检索。第二类情况为使用者对作品内容进行大幅度调整，虽然使用目的也包括让公众阅读和欣赏第二次创作，但主要目的在于评价原作品，这一类转换性使用者通常创作出滑稽模仿作品。第三类情况为全文复制了原作品，但仅提供作品片段或关键信息供公众检索，公众无法获得作品全文，这一类转换性使用涉及大规模数字化计划与数字图书馆的建设。

前两类使用的目的虽然在提供原作品这一点上和原作品创作目的一致，但二次使用的主要目的在于新闻报道、历史参考、评价原作、数据库检索。这一主要目的明显超越了让公众获取原作品这一附带性的目的。因此，当创作新作品有多重目的，其中一层目的与原作品创作目的吻合时，不能简单地判定不存在转换性使用，而应分析多重目的中最主要的目的，看主要目的是否与原作品创作目的不同，如果不同，则视为使用目的有转换性，属于合理使用。

## （二）从普通理性人角度看待目的的不同

与侧重目的转换相关的一个问题是法院应从何人的视角判定前后作品创作的目的不同，是原作品创作者的视角，原作品使用者的视角，法官的视角，抑或是普通公众的视角？不管是从何人的视角出发进行判定，都带有该人的主观性。

原作品创作者和使用者虽然相对于法院和普通公众而言专业性更强，但在版权侵权和合理使用案件中自身利益牵扯过多，很难提供公正的意见。原作品创作者为了保护自身的版权权利，获得侵权赔偿，更倾向于提供证据表明被告使用目的和自己的创作目的一致。原作品使用者为了免除版权侵权责任，通常会提出合理使用的抗辩，证明使用目的不同于原作品创作目的，已具备转换性，属于合理使用的范畴。因此，单从创作者和使用者的角度看待创作和使用目的会有失偏颇。

法官具有法律知识的专业素养，在进行事实分析时更趋于客观公正，但作品尤其是文学艺术作品的创作有别于法律逻辑分析，更讲究美学价值上的探究，法官通常不具备文学艺术专业知识，即使从自身角度客观公正地对原创和使用目的进行判断，也和普通公众并无二致。因此，从普通理性人角度审视原作品创作和后续使用的目的更合适。再者，版权制度建立的根本目的是推动文化艺术的繁荣进步，丰富社会公众的精神生活，最终受益者是普通公众，从普通理性人角度判断转换性使用能真正实现版权制度建立的根本目的。

在司法实践中，法院可以考虑采纳调查统计的数据进行判断，如果相当数量、具有代表性的普通公众都认为使用目的具有转换性，则构成转换性使用的可能性更大，因为合适数量的统计数据具有说服力，是证明普通理性人认为使用目的不同的强有力证据。在从普通理性人角度看待转换性目的时，不排除参考专家证人，例如数据库程序设计师、艺术家等专业人士的看法综合进行判定。

## （三）综合相关因素兼顾权利人和社会公众利益进行判断

除了侧重目的转换和从普通理性人角度审视使用目的外，还应兼顾版权权利人和社会公众的利益综合考虑原创作品的性质、使用的性质和特征、权利人经济利益的损失、社会公众的获益等因素对是否构成转换性使用和合理使用进行判断。

即使在某些情况下使用原作品是为商业的目的，会减损版权权利人的许可费，但相较于权利人的经济损失，使用为社会公众创造的福利和公益效应更大，则不应仅因为使用对作品的潜在经济市场造成了损失而否认使用的转换性和合理性，除非对作品的使用完全取代了作品本身。

将转换性使用纳入我国《著作权法》权利限制与例外的考量体系和司法实践中有助于数字图书馆的建设，在判定对作品的使用是否具备转换性时，应侧重考量目的转换，兼顾权利人和社会公众的利益。美国 HathiTrust 和谷歌数字图书馆案例已为我国在版权侵权判定中提供了范例，虽然鉴于我国国情不必完全照搬美国法院的判决，但大规模数字化所带来的便捷和社会效益会使越来越多的企业投入商业数字图书馆建设的潮流中，与其全盘否认大规模数字扫描的合法性，不如找寻合适的制度设计为大规模数字化找到一条出路，推动商业化数字图书馆的发展。

值得注意的是，转换性使用的介入尚不能使数字图书馆完全实现传统图书馆的所有功能，转换性使用能够帮助将大规模数字扫描的图书用于信息检索、保存和数据分析，却不认可将大规模数字化的图书全文提供给公众的目的转换性。尽管如此，合理使用中的转换性使用规则已然为推动数字图书馆的建设奠定了基础。

## 第三节 孤儿作品与绝版作品大规模数字化问题

### 一、孤儿作品大规模数字化的版权方案

孤儿作品是指版权人身份不明或无法联系的作品，其产生原因源于作品版权保护不以登记为前提，版权保护期限长，可能导致年代久远的作品版权人信息难以查找，再加之作者可以匿名或假名发表作品，作者和版权人的住址及联系方式会发生变动，增加了查明版权人身份或联系方式的难度。孤儿作品问题发轫于大规模数字化和数字图书馆建设，因为孤儿作品权利人身份不明或无法联系给图书馆等机构寻找权利人授权扫描复制孤儿作品带来难度和风险，未经授权对孤儿作品的使用可能会因之后权利人的出现和身份查明

## 第二章　以获取信息为目的的限制与例外——大规模数字化及数字图书馆构建

而使图书馆等使用者承担侵权责任。

谷歌数字图书馆案中，谷歌大规模扫描的图书中也包含孤儿作品。美国纽约南区联邦地区法院否认了谷歌提出的和解协议，认为哪些机构应当被授予管理孤儿作品的权利，在什么条件下进行管理，以及采用哪些管理措施，这些问题都适合由国会来解决，而不是由谷歌一样的私人营利公司通过协议解决。❶ 在联邦第二巡回上诉法院的判决中，因谷歌放弃了孤儿作品数字化计划，法院认为尚不具备判定孤儿作品大规模数字化性质的成熟条件，未对此问题作出判决。

鉴于大规模数字化与构建数字图书馆所引发的孤儿作品问题，各国开始采用不同的制度设计尝试解决孤儿作品问题。英国和德国为图书馆和其他机构设立了版权权利例外；北欧国家采用延伸性集体管理许可模式；加拿大专门设立机构对孤儿作品进行准强制许可；美国采用了限制赔偿责任。❷ 在加拿大的准强制许可模式下，使用者向专门机构提出使用孤儿作品的申请以及尽力查找权利人无果的证据，申请获批准且提存使用费后可使用作品；在美国的限制赔偿责任模式下，使用者尽力查找孤儿作品权利人无果时，可不支付使用费而使用作品，权利人出现后可起诉使用者，法院认定使用者已尽到勤勉查找权利人义务，使用者只需承担有限的赔偿责任，向权利人支付基于许可费确定的合理赔偿金。❸ 这些模式尝试为文化机构提供法律确定性，降低授权成本，促进孤儿作品的跨境获取，规定勤勉查找义务，并同时在不增加额外负担、尽早识别潜在权利人等方面制定了制度设计和措施。我国华东政法大学教授王迁认为我国修订《著作权法》时可借鉴采用加拿大的准强制许可模式，允许提存使用费后使用孤儿作品，由版权行政管理部门指定的专门机构对需提存使用费的金额进行认定和保管。❹

欧盟于 2012 年 9 月以政府推进的方式通过了促进使用孤儿作品的专门指令《欧洲议会和理事会关于孤儿作品之特定许可使用指令》（以下简称《孤儿作品指令》）。《孤儿作品指令》序言指出，创设促进作品数字化和传播的法律框架，促进作者不明孤儿作品的数字化与向公众传播是欧盟 2020 年数字战略议程的重要内容之一。指令旨在顺应欧盟 2020 年数字战略议程，明确孤

---

❶ Authors Guild v. Google Inc., 770 F. Supp. 2d 666 (S. D. N. Y. 2011).
❷ MONTAGNANI M L, ZOBOLI L. The Making of an Orphan: Cultural Heritage Digitization in the EU [J]. International Journal of Law and Information Technology, 2017, 25 (3): 198.
❸ 王迁. "孤儿作品"制度设计简论 [J]. 中国版权, 2013 (1): 33.
❹ 王迁. "孤儿作品"制度设计简论 [J]. 中国版权, 2013 (1): 33.

儿作品法律地位确定的标准，孤儿作品特定许可使用主体与内容，促进孤儿作品数字化与向公众传播领域的公私合作，实现文化多样性保护、公众可及性、版权保护三者平衡。❶《孤儿作品指令》第 6 条为使用孤儿作品设立了限制与例外，要求各成员国为复制权与向公众传播权设立例外或限制，复制权与向公众传播权应与《信息社会版权指令》中第 2、3 条的规定一致。在这些例外或限制下，包括图书馆、教育机构、博物馆、档案馆、电影与音频保存机构、为公众提供服务的广播组织在内的文化机构可为数字化、向公众传播、索引、编目、保护或保存作品的目的复制作品及向公众传播作品。❷ 采用这些例外与限制的最终目的是让欧盟文化资源通过大规模数字化的方式便捷公众获取，这些例外与限制的采用能促进对孤儿作品大规模数字化的利用，实现欧洲数字文化遗产保存的目标。

但是，《孤儿作品指令》在两方面存在阻碍大规模数字化的可能。其一是投资规则。大规模数字化的资金来源有两类，一类是文化机构通过授权他人使用数字化孤儿作品得到的资金支持后续的数字化，也就是说文化机构可以就使用数字化孤儿作品收取费用，只要这些费用是为后续数字化目的，而非营利；❸ 另一类是通过与私营机构合作，由私营机构提供资金支持孤儿作品的复制和向公众传播。❹ 第二类投资方式容易引发大规模数字化资金来源问题，因为指令并未充分考虑私营机构参与大规模数字化计划的自身目的和利益，《孤儿作品指令》序言第 22 条要求文化机构与私营机构达成的协议不能给文化机构使用孤儿作品增加过多限制，私营机构不享有任何使用和控制使用孤儿作品的权利。❺ 私营机构愿意参与大规模数字化计划多是基于对数字化后的

---

❶ 赵力. 数字化孤儿作品法律问题研究［D/OL］. 武汉：武汉大学，2013：26.［2021-12-23］. https://t.cnki.net/kcms/detail?v=3uoqIhG8C447WN1SO36whLpCgh0R0Z-ifBI1L3ks338rpyhinzvy7PFqwE2d6rkCfF2oAuCJMxjuRnTcnAklKOmWp5YMK7JR&uniplatform=NZKPT.

❷ Directive 2012/28/EU of the European Parliament and of the Council of 25 October 2012 on Certain Permitted Uses of Orphan Works［EB/OL］.［2021-12-23］：Article 6. https://eur-lex.europa.eu/legal-content/EN/TXT/PDF/?uri=CELEX:32012L0028&from=EN.

❸ Directive 2012/28/EU of the European Parliament and of the Council of 25 October 2012 on Certain Permitted Uses of Orphan Works［EB/OL］.［2021-12-23］：Article 6, paragraph 2. https://eur-lex.europa.eu/legal-content/EN/TXT/PDF/?uri=CELEX:32012L0028&from=EN.

❹ Directive 2012/28/EU of the European Parliament and of the Council of 25 October 2012 on Certain Permitted Uses of Orphan Works［EB/OL］.［2021-12-23］：Article 6, paragraph 4. https://eur-lex.europa.eu/legal-content/EN/TXT/PDF/?uri=CELEX:32012L0028&from=EN.

❺ Directive 2012/28/EU of the European Parliament and of the Council of 25 October 2012 on Certain Permitted Uses of Orphan Works［EB/OL］.［2021-12-23］：Recital 22. https://eur-lex.europa.eu/legal-content/EN/TXT/PDF/?uri=CELEX:32012L0028&from=EN.

第二章 以获取信息为目的的限制与例外——大规模数字化及数字图书馆构建

资源进行利用，如 HathiTrust 和谷歌数字图书馆计划一样提供片段或特定词供公众检索，或进行文本和数据挖掘，但指令限制了私营机构对数字化资源的利用，会降低私营机构为数字化孤儿作品提供资金支持的意愿。其二是勤勉查找义务。《孤儿作品指令》第 3 条要求文化机构数字化孤儿作品前进行勤勉查找。勤勉查找义务要求对每部孤儿作品的使用都需查询欧洲知识产权局数据库，该数据库是一个单一的公共数据库，向公众提供与图书馆、教育机构、博物馆、档案馆、电影与音频保存机构、为公众提供服务的广播组织收藏孤儿作品有关的信息。❶ 勤勉查找义务给孤儿作品的潜在使用者带来了很大负担，使用者需要查找各种大量的信息，由于各种限制，获取这些信息并不容易，有的信息获取免费，有的信息获取则需付费。❷

我国在第三次修改《著作权法》时考虑到了孤儿作品的问题，《著作权法（修订草案送审稿）》第 51 条对使用孤儿作品作出了规定，"著作权保护期未届满的已发表作品，使用者尽力查找其权利人无果，符合下列条件之一的，可以在向国务院著作权行政管理部门指定的机构申请并提存使用费后以数字化形式使用：（一）著作权人身份不明的；（二）著作权人身份确定但无法联系的。具体实施办法，由国务院著作权行政管理部门另行规定"。由此条款可见，我国对待孤儿作品数字化问题借鉴拟采用加拿大准强制许可模式，但具体实施细节尚待另行规定。但是，最终出台的《著作权法》修正案并未采纳送审稿中有关孤儿作品的制度设计。鉴于我国学者已对孤儿作品使用问题进行了大量研究和考证，本节无意对孤儿作品大规模数字化问题进行更深入探讨，但考虑到欧盟《孤儿作品指令》在为复制和向公众传播孤儿作品制定限制与例外时，向使用者课以繁重的勤勉查找义务，且忽视了提供数字化资金支持的私营机构的利益，我国增加孤儿作品准强制许可制度时，应注意使用者尽力查找孤儿作品权利人无果的条件不应规定得过高，并且应鼓励私营机构和文化机构达成协议，为文化机构数字化复制孤儿作品提供资金支持，应设立文本和数据挖掘例外，允许参与孤儿作品数字化的私营机构为文本和数据挖掘目的使用孤儿作品的数字化版本。

---

❶ Directive 2012/28/EU of the European Parliament and of the Council of 25 October 2012 on Certain Permitted Uses of Orphan Works [EB/OL]. [2021-12-23]：Article 3. https://eur-lex.europa.eu/legal-content/EN/TXT/PDF/?uri=CELEX: 32012L0028&from=EN.

❷ MONTAGNANI M L, ZOBOLI L. The Making of an Orphan：Cultural Heritage Digitization in the EU [J]. International Journal of Law and Information Technology, 2017, 25 (3)：208.

## 二、绝版作品数字化的权利限制制度——推定集体管理许可

### （一）绝版作品数字化现象与司法实践的回应

1. 绝版作品产生的原因

绝版作品是指仍受版权保护，但在传统的商业渠道中不复流通的作品。❶ 之所以会出现绝版作品，主要原因有几点：

第一，让作品随时处于可供消费者获取状态需要成本，作品尤其是图书的印刷需要与市场需求挂钩，印刷数量难以确定，如果印刷数量太多，会造成库存积压，成本浪费；如果印刷数量过少，会由于先期投入复杂制版过程的成本太大，导致平均印刷成本的提高，图书定价过高，影响图书销售。❷ 因此，出版社通常将一次印刷的最低数量定为3000本，如果一次或几次印刷后，图书不再有市场需求，出版社会停止印刷该图书，导致该图书的绝版。

第二，出版业的利益驱使让一部分出版社重经济效益，而轻社会效益，只出版能使其获得经济效益的图书，甚至好几家出版社争抢出版同一部图书，而对无法盈利的图书，出版社甚少出版甚至完全不出版。❸ 后者主要包括一些冷僻的文学作品和受众面小的学术专著。❹ 此外，出版社因经营不善，破产倒闭也会导致图书的绝版。❺

第三，有调查研究认为，版权法对作品的保护也是造成作品绝版的原因之一。在版权法的保护下，出版作品涉及作者或版权人的复制权与发行权，需要作者或版权人进行授权才能对作品进行出版，作品的版权保护期一般为作者生前加死后50年，在美国和欧盟等国家和地区，版权保护期还延长了20年，使得遵守版权法规定的出版社和媒体不敢在无法获得授权情况下贸然出版作品。如果版权人无法及时发现作品的价值，积极促使作品的出版和再版，则可能使作品逐渐淡出公众视野，反而是已过版权保护期进入公有领域的作

---

❶ European Commission. Memorandum of Understanding of Key Principles on the Digitisation and Making Available of Out-Of-Commerce Works [EB/OL]. [2021-12-23]. https://www.jipitec.eu/issues/jipitec-2-3-2011/3180/mou.pdf.

❷ 郝峥嵘. 商务印书馆按需印刷让绝版书重现光彩 [N]. 中国计算机报, 2007-07-16 (B12).

❸ 匡生元. 先进技术无法解决图书绝版问题 [N]. 太原日报, 2014-07-14 (9).

❹ 方圆. 文著协、中印集团等签署合作协议 一批断版绝版学术图书将限量复制 [N]. 中国新闻出版报, 2011-02-28 (1).

❺ BLY R W. What to Do When Your Book Goes Out of Print [EB/OL]. [2018-03-24]. http://www.bly.com/Pages/documents/ART4H.htm.

品会被市场及时发现其价值和可盈利性,持续被出版。❶

2. 绝版作品数字化的重要性

绝版作品的特征及产生原因决定了获取绝版作品有难度,数字技术的发展恰巧能便捷绝版作品的保存与后续传播。自 2008 年起,美国一些非营利性机构创设了 HathiTrust 数字图书馆,大规模地将市场中现有图书制作成电子版,该图书馆资源使用的目的之一便是制作图书替代品以防图书损毁或丢失或无法以合理的价格获得。❷ 除 HathiTrust 数字图书馆计划外,谷歌公司作为一家营利性机构同样进行图书大规模数字化。谷歌图书计划在进行之初便遭到美国和非美国版权权利人的起诉,称谷歌未经权利人许可数字化了版权书,使公众能看到图书片段,便于图书检索。2009 年谷歌和起诉方达成和解协议,谷歌将出资 1.25 亿美元,对图书进行大规模数字化扫描,并建立非营利的图书版权注册中立机构,该机构登记尚处于版权保护期内但已绝版或找不到权利人的图书,并为图书版权人提供版权费。❸ 谷歌和解协议中涉及数字化的图书同时包括了孤儿作品和绝版作品,但该和解协议于 2011 年被美国地区法院认为不公平而无效,最终美国地区法院及联邦第二巡回上诉法院采用合理使用中的转换性使用规则判定谷歌数字化图书并提供图书片段的行为具有转换性,能使图书馆和公众受益,不仅没有损害权利人利益,反而能增加图书销量,从而判定谷歌大规模数字化图书计划属于合理使用。❹

由此可见,对绝版作品进行数字化扫描并在网络环境下提供绝版作品是传播绝版作品的重要途径之一,该途径的顺利实现不仅依赖于数字技术的完善,更依赖于版权法律制度的调整和激励。美国法院采用转换性使用规则解决了大规模数字化绝版作品的问题,但转换性使用规则的介入尚不能使谷歌大规模数字化计划完全实现提供图书的所有功能,转换性使用规则认可将大规模数字化图书用于信息检索、保存和数据分析的转换性,却不认可将大规

---

❶ 卢庆玲. 研究:版权法是造成许多书本绝版的"罪魁祸首" [EB/OL]. (2013-07-10) [2021-12-23]. http://tech.huanqiu.com/internet/2013/4113447.html.

❷ DIAZ A S. Fair Use & Mass Digitization: The Future of Copy-Dependent Technologies after Authors Guild v. HathiTrust [J]. Berkeley Technology Law Journal, 2013, 28 (Annual Review Issue): 683-714.

❸ 管育鹰. 欧美孤儿作品问题解决方案的反思与比较——兼论我国《著作权法》相关条款的修改 [J]. 河北法学, 2013, 31 (6): 136.

❹ Authors Guild v. Google, Inc., 804 F. 3d 202 (2nd Cir. 2015). MATULIONYTE R. 10 Years for Google Books and Europeana: Copyright Law Lessons that the EU Could Learn from the USA [J]. International Journal of Law and Information Technology, 2016, 24 (1): 44-71.

模数字化图书全文提供给公众的转换性。因此，有必要探索一条能够提供数字化绝版作品全文的法律途径，保障公众对绝版作品的获取。

3. 绝版作品有别于孤儿作品

在谷歌和解协议中，绝版作品与孤儿作品同时被囊括；在欧盟数字单一市场版权改革方案中也未严格区分绝版作品与孤儿作品。绝版作品是否因此能够等同于孤儿作品？其实不尽然，虽然绝版作品中的一部分作品由于创作年代久远而无法查证作者或版权人身份或住址，从而落入孤儿作品的范畴，但孤儿作品更强调作者或版权人不可知或无法被找到，从而使获取作者或版权人授权变得不可能。而绝版作品更多是指作品的作者或权利人身份可知，作品的使用者能够知道应该从何人处获取版权授权，只不过作品已不存在于商业流通领域，获取版权授权使用作品颇费周折。❶

解决孤儿作品版权问题的关键点在于确认孤儿作品的状态，即孤儿作品使用者在使用作品前有合理谨慎搜索以确认作者或版权人身份的义务，在使用孤儿作品的过程中，对于随时可能出现作者或版权人主张权利的情形，应如何解决使用费支付和作品后续使用的问题，对此我国学者已提出法定许可；❷ 使用者向专门机构提出使用孤儿作品申请，在申请获得批准并提存使用费后才能使用的"准强制许可+提存"等多种解决模式。❸ 而解决绝版作品版权问题的着力点在于如何使获取和使用绝版作品更便捷，单独向绝版作品的每一位作者或版权人争取授权不太现实，成本也高，如何使授权许可便捷化才是绝版作品数字化面临的难题。

（二）欧盟解决绝版作品数字化问题的版权方案

1. 欧盟解决绝版作品数字化的原有版权制度及不足

考虑到数字技术对版权制度带来的巨大挑战和机遇，欧盟委员会于2015年启动数字单一市场战略，力图革新欧盟版权制度以适应数字时代的技术发展。欧盟数字单一市场战略的版权革新致力于为欧盟公民提供更多在线或跨

---

❶ European Commission. Memorandum of Understanding of Key Principles on the Digitisation and Making Available of Out-of-Commerce Works [EB/OL]. [2021-12-23]. https://www.jipitec.eu/issues/jipitec-2-3-2011/3180/mou.pdf.

❷ 赵力. 孤儿作品法理问题研究——中国视野下的西方经验 [J]. 河北法学, 2012, 30 (5): 153-154.

❸ 王迁. "孤儿作品"制度设计简论 [J]. 中国版权, 2013 (1): 33.

第二章 以获取信息为目的的限制与例外——大规模数字化及数字图书馆构建

境获取版权内容的选择和途径，为创作者传播作品提供更多途径，增加欧盟境内作品的可利用性；使教学、研究、文化遗产保存领域的版权权利限制与例外制度更符合数字网络环境和跨境获取的需求。❶ 其中一项重要措施是制定能使欧盟公民广泛获取绝版作品的许可制度，提供解决绝版作品数字化存储和传播的授权许可机制。

欧盟原有版权制度中有关便捷使用作品的制度主要体现在欧盟《信息社会版权指令》规定的权利限制与例外中。欧盟《信息社会版权指令》第 5 条以穷尽式列举的方式指明了一系列不经作者或版权人授权而使用作品的情形，这些例外所针对的权利包括复制权和向公众传播权。其中与绝版作品数字化有关联的情形包括：将纸本或以相似介质保存的作品以摄影或其他产生类似效果的方式使用，但需向权利人支付合理的报酬；个人为非营利性的私人目的而复制作品，但需向权利人支付合理报酬；公共图书馆、教育机构、博物馆或档案馆为非营利目的复制作品；❷ 为研究或个人学习目的，通过专用终端网络将作品提供给公共图书馆、教育机构、博物馆或档案馆的个人会员。❸ 这些例外均得符合三步检验标准，即限于某些特殊情况；不损害作品的正当利用；不无理损害权利所有者的合法利益。❹ 但这些例外并未特别针对绝版作品的使用，而且都强调是为非营利性的公益目的使用作品。

考虑到绝版作品的特殊性，在欧盟委员会推动下，欧洲作家理事会、欧洲出版商联合会、欧洲研究图书馆协会等相关方于 2011 年 11 月 20 日达成了《关于绝版作品数字化及向公众传播的关键原则谅解备忘录》。❺ 该谅解备忘录提供了便捷绝版作品数字化使用的集体许可制度，即集体管理组织可以代表权利人和欧盟《信息社会版权指令》第 5 条规定的公共图书馆

---

❶ European Commission. Modernisation of EU Copyright Rules ［EB/OL］. ［2021-12-23］. http://aba-bva.be/IMG/pdf/slides_fossoul-andersson-delforge_30_01_2017-2.pdf.

❷ Directive 2001/29/EC of the European Parliament and of the Council of 22 May 2001 on the Harmonisation of Certain Aspects of Copyright and Related Rights in the Information Society ［EB/OL］. ［2021-12-23］: Article 5.2 (a) – (c). https://eur-lex.europa.eu/legal-content/EN/TXT/PDF/?uri=CELEX:32001L0029&from=EN.

❸ Directive 2001/29/EC of the European Parliament and of the Council of 22 May 2001 on the Harmonisation of Certain Aspects of Copyright and Related Rights in the Information Society ［EB/OL］. ［2021-12-23］: Article 5.3 (n). https://eur-lex.europa.eu/legal-content/EN/TXT/PDF/?uri=CELEX:32001L0029&from=EN.

❹ Directive 2001/29/EC of the European Parliament and of the Council of 22 May 2001 on the Harmonisation of Certain Aspects of Copyright and Related Rights in the Information Society ［EB/OL］. ［2021-12-23］: Article 5.5. https://eur-lex.europa.eu/legal-content/EN/TXT/PDF/?uri=CELEX:32001L0029&from=EN.

❺ 陈兵. 欧盟公共文化机构中的绝版作品数字化版权问题研究 ［J］. 图书馆建设，2018 (3): 42.

等公共文化机构达成协议,授权公共文化机构将绝版作品数字化复制并通过网络提供给用户,针对的绝版作品为第一次在授权协议达成之地出版的图书和期刊,这些图书和期刊在传统商业渠道已无法获取,确定商业获取性依赖于作品首次发表国的书目数据。[1] 谅解备忘录确定了三项原则:绝版作品的自愿协议原则,即是否达成授权公共文化机构就其馆藏绝版图书和期刊进行数字化和向公众提供的协议由各相关方自愿协商;集体协议的实际实施原则,即发放绝版作品许可得由代表实质性多数作者和出版商的集体管理机构发放;数字图书馆跨境获取原则,即如果协议涉及跨境传播或商业性使用绝版作品,则集体管理机构可以将许可发放限于其会员权利人。[2] 谅解备忘录中第二项原则提供的方案实为北欧国家实施的延伸性集体管理制度,即代表实质性多数权利人的集体管理组织可以代表非会员就其作品发放作品使用许可。但谅解备忘录中的原则并不是强制性的,仅用于促进绝版作品相关各方的自愿许可。

在谅解备忘录公布几年后,欧盟的八个成员国,即德国、爱沙尼亚、芬兰、法国、匈牙利、波兰、斯洛伐克、英国已经通过修改国内法将解决绝版作品数字化的延伸性集体管理制度吸收进版权制度中,此外北欧五国,丹麦、芬兰、冰岛、挪威和瑞典已经采用的延伸性集体管理制度同样可适用于绝版作品数字化问题。[3] 其中,以法国创设的推定集体管理制度最为独特,通过分析法国解决绝版作品数字化制度设计可为我国在具体制度设计上提供参考和借鉴。

2.《数字单一市场版权指令》提出的解决方案

欧盟数字单一市场版权制度改革的主要举措之一是制定使版权制度适应数字网络技术发展的一系列立法建议,包括调整数字网络环境下的版权权利限制与例外,增加欧盟网络版权内容的可利用性,以及促进版权市场的良好

---

[1] European Commission. Memorandum of Understanding of Key Principles on the Digitisation and Making Available of Out-Of-Commerce Works [EB/OL].[2021-12-23]: Recitals (1)-(2) and Definition. https://www.jipitec.eu/issues/jipitec-2-3-2011/3180/mou.pdf.

[2] European Commission. Memorandum of Understanding of Key Principles on the Digitisation and Making Available of Out-Of-Commerce Works [EB/OL].[2021-12-23]: Principles No.1-3. https://www.jipitec.eu/issues/jipitec-2-3-2011/3180/mou.pdf.

[3] European Commission. Cultural Heritage: Digitisation, Online Accessibility and Digital Preservation-Consolidated Progress Report on the Implementation of Commission Recommendation (2011/711/EU) 2015-2017 [EB/OL].[2021-12-23]. https://www.digitalmeetsculture.net/wp-content/uploads/2019/06/ReportonCulturalHeritageDigitisationOnlineAccessibilityandDigitalPreservation.pdf.

第二章　以获取信息为目的的限制与例外——大规模数字化及数字图书馆构建

运作。为此，欧盟理事会于 2019 年 4 月 15 日通过了《数字单一市场版权指令》。该指令指出，虽然数字技术的发展使跨境转移和获取作品更为便捷，但也伴随着很多问题，其中之一便是作品版权权利的归属和授权问题，这导致了文化机构如果想通过数字网络提供其馆藏中的绝版作品可能会面临版权侵权的风险。因此，《数字单一市场版权指令》力图从建立许可制度的角度为解决绝版作品利用问题提供合适的方案。

根据《数字单一市场版权指令》，欧盟成员国可以选择合适的授权许可方式提供绝版作品，例如可采用延伸性版权集体管理的方式，允许集体管理组织根据所属国的法律传统、操作方式或具体情形代表不是其会员的版权人就绝版作品发放许可。❶《数字单一市场版权指令》第 8 条提出，当一家集体管理组织能代表其会员向文化机构为非营利性目的就数字化复制、发行、向公众传播永久保存于该公共文化机构的绝版作品发放非独占性许可时，成员国也应当将该非独占许可延伸至该集体管理组织会员以外的其他版权人，只要该集体管理组织具有足够广泛的代表性，能保证平等对待会员和非会员以及所有版权人能随时反对集体管理组织授权许可文化机构使用其绝版作品。❷ 为保证许可安排顺利进行，应建立一套严格的、运作良好的集体管理体系，该体系应有关于治理、透明度和报告的规则，以及定期、勤勉、准确地给版权人分配和支付使用费的机制。❸ 文化机构应当公开已发放或将要发放授权许可的绝版作品的信息，以便版权人不愿公共文化机构今后继续提供绝版作品时排除适用授权许可机制。❹

授权许可机制应适用于多种类型的作品，包括摄影作品、录音制品以及视听作品等，为保证授权许可机制的有效实施，成员国可自行订立更细致的要求和程序，适当的时候，可以咨询版权人、作品使用者和集体管理

---

❶ Directive（EU）2019/790 of the European Parliament and of the Council on Copyright and Related Rights in the Digital Single Market and Amending Directive 96/9/EC and 2001/29/EC ［EB/OL］.［2021-12-23］：Recital (31). https://eur-lex.europa.eu/legal-content/EN/TXT/PDF/?uri=CELEX:32019L0790&from=EN.

❷ Directive（EU）2019/790 of the European Parliament and of the Council on Copyright and Related Rights in the Digital Single Market and Amending Directive 96/9/EC and 2001/29/EC ［EB/OL］.［2021-12-23］：Article 8.1. https://eur-lex.europa.eu/legal-content/EN/TXT/PDF/?uri=CELEX:32019L0790&from=EN.

❸ Directive（EU）2019/790 of the European Parliament and of the Council on Copyright and Related Rights in the Digital Single Market and Amending Directive 96/9/EC and 2001/29/EC ［EB/OL］.［2021-12-23］：Recital (34). https://eur-lex.europa.eu/legal-content/EN/TXT/PDF/?uri=CELEX:32019L0790&from=EN.

❹ Directive（EU）2019/790 of the European Parliament and of the Council on Copyright and Related Rights in the Digital Single Market and Amending Directive 96/9/EC and 2001/29/EC ［EB/OL］.［2021-12-23］：Recital (41). https://eur-lex.europa.eu/legal-content/EN/TXT/PDF/?uri=CELEX:32019L0790&from=EN.

组织。❶ 出于国际礼让的原因，此针对绝版作品的授权许可机制不适用于作品首次发行或广播发生于第三国，或就电影和视听作品而言，制片者总部或经常居住地位于第三国的情形。❷ 同时，针对绝版作品的授权许可机制还应囊括跨国境使用，在非独占许可下的绝版作品可被欧盟所有成员国的文化机构使用。❸

（三）法国针对绝版作品数字化问题的版权制度调整

1. 为解决绝版作品数字化而实施权利限制制度——"推定集体管理制度"

法国于 2012 年 3 月 1 日将解决绝版作品版权问题的制度设计纳入知识产权法典中。绝版作品被定义为 2001 年 1 月 1 日前在法国出版的图书，不在出版商的商业发行渠道中，也不再以纸质形式或电子形式发行，已过版权保护期处于公有领域的绝版作品不在此范围内。❹ 授权绝版作品数字化和通过网络提供的许可由指定的集体管理组织发放，❺ 这一由法国文化与通讯部指定的集体管理组织为法国作者利益协会（SOFIA）。❻ 法国作者利益协会在确定绝版作品书目后会将绝版作品列入一个名为 ReLIRE 的开放网络数据库中供公众知晓，该数据库会在每年 3 月 21 日时更新书目名单，ReLIRE 数据库中的多数信息由法国国家图书馆提供和管理，任何人有权请求法国国家图书馆将某本

---

❶ Directive (EU) 2019/790 of the European Parliament and of the Council on Copyright and Related Rights in the Digital Single Market and Amending Directive 96/9/EC and 2001/29/EC [EB/OL]. [2021-12-23]: Article 8.2. https://eur-lex.europa.eu/legal-content/EN/TXT/PDF/?uri=CELEX:32019L0790&from=EN.

❷ Directive (EU) 2019/790 of the European Parliament and of the Council on Copyright and Related Rights in the Digital Single Market and Amending Directive 96/9/EC and 2001/29/EC [EB/OL]. [2021-12-23]: Article 8.4. https://eur-lex.europa.eu/legal-content/EN/TXT/PDF/?uri=CELEX:32019L0790&from=EN.

❸ Directive (EU) 2019/790 of the European Parliament and of the Council on Copyright and Related Rights in the Digital Single Market and Amending Directive 96/9/EC and 2001/29/EC [EB/OL]. [2021-12-23]: Article 9. https://eur-lex.europa.eu/legal-content/EN/TXT/PDF/?uri=CELEX:32019L0790&from=EN.

❹ Articles L134-1 and R134-2 of the Intellectual Property Code of France. 转引自 BULAYENKO O. Permissibility of Non-Voluntary Collective Management of Copyright under EU Law: The Case of the French Law on Out-of-Commerce Books [J]. Journal of Intellectual Property Information Technology & Electronic Commerce Law, 2016, 7 (1): 51-68.

❺ Article L134-4 of the Intellectual Property Code of France.

❻ 法国作者利益协会的全称为 Societé Française des Intérêts des Authors de l'écrit，官网为 https://www.la-sofia.org/.

第二章 以获取信息为目的的限制与例外——大规模数字化及数字图书馆构建

图书作为绝版作品添加进数据库中或指出现有数据库中的错误。❶ 所有的绝版图书增添或错误修改建议将由一个由三名作者代表、三名出版商代表和一名国家图书馆代表组成的委员会决定。❷

该授权许可机制提供了三类授权模式。第一类为十年期的独占许可模式，在数字化复制和通过网络向公众提供绝版作品的权利进入集体管理后，法国作者利益协会将授予拥有纸质图书复制权的出版商十年的独占许可，该出版商必须在接受许可的三年内有效地使用作品并将有效使用作品的证据提供给作者利益协会。❸ 第二类为五年期的非独占许可模式，如果没有对图书纸质本享有复制权的出版商，或者拥有纸质图书复制权的出版商不愿接受十年的独占许可，再或者该出版商接受许可后不积极地行使权利，作者利益协会将授予任何一家出版商五年的非独占许可数字化复制和通过网络向公众提供绝版作品的权利。❹ 如果在十年独占许可或五年非独占许可期间，作品版权保护期到期，作品进入公有领域，则出版商实际享有的数字化绝版作品的时间会缩短。这两类许可模式对绝版作品的使用包括：出版商将数字化图书单本销售给公共或借阅图书馆；以捆绑或订阅服务形式数字化提供给图书馆。❺ 第三类为公共图书馆免费使用绝版图书模式，作者利益协会将授权公共图书馆可以为非营利目的将数字化形式的绝版图书提供给其用户。❻ 但这一模式在2015年2月修法时被废止，目前实际存在的只有第一和第二类授权模式。在前两类授权许可模式下，被许可方支付的版权使用费数额由作者利益协会会员大会投票制定，据2014年6月19日的会员大会记录显示，独占性许可的版权使用费为销售净额的15%；非独占许可的版权使用费为销售净额的20%。❼

该授权许可机制之所以被学者称为"推定集体管理"，是因为其提供了两

---

❶ Article R134-1, para. 1 and Article Annexe to Article R134-1 of the Intellectual Property Code of France.

❷ Article R134-1, para. 2 of the Intellectual Property Code of France.

❸ Article L134-5 of the Intellectual Property Code of France.

❹ Article L134-5, para. 6 and L134-3, para. 1, sub-para. 2 of the Intellectual Property Code of France.

❺ BULAYENKO O. Permissibility of Non-Voluntary Collective Management of Copyright under EU Law: The Case of the French Law on Out-of-Commerce Books [J]. Journal of Intellectual Property Information Technology & Electronic Commerce Law, 2016, 7 (1): 55.

❻ Former Article L134-8 of the Intellectual Property Code of France.

❼ BULAYENKO O. Permissibility of Non-Voluntary Collective Management of Copyright under EU Law: The Case of the French Law on Out-of-Commerce Books [J]. Journal of Intellectual Property Information Technology & Electronic Commerce Law, 2016, 7 (1): 55.

类退出机制，而并非完全强制性地使所有数据库书目中的绝版图书权利人被作者利益协会代表，其推定绝版图书权利人同意作者利益协会代表其行使权利，除非权利人明确退出。第一类退出机制为事先退出，绝版图书被列入 Re-LIRE 数据库的六个月内，作者包括作者的继承者以及拥有纸质图书复制权的出版商可以书面告知国家图书馆，其不愿参与作者利益协会代表其行使权利的授权许可计划。❶ 第二类为事后退出，如果作者或拥有纸质图书复制权的出版商没有事先退出，其还可以在权利进入集体管理后，选择事后退出。可以事后退出的情形包括：绝版图书的作者认为数字化复制或向公众提供图书会对其声誉有影响；❷ 绝版图书作者可以证明其是该作品数字化复制权和向公众提供权的唯一权利人；❸ 作者连同拥有纸质图书复制权的出版商一起退出，但出版商在提交退出通知后的 18 个月内使用绝版图书。❹ 在事后退出机制中，作者或出版商应向作者利益协会提交退出通知。❺

2. 法国推定集体管理制度有别于北欧延伸性集体管理制度

北欧延伸性集体管理制度基于集体管理组织代表与作品使用者就作品使用自愿协商达成的协议，当双方满意协议条件从而使作品使用协议生效时，延伸性集体管理制度也开始产生效力，该协议同样适用于不是集体管理组织会员的版权人。北欧延伸性集体管理制度有以下特点：集体管理组织与作品使用者在自愿协商的基础上达成协议；集体管理组织在它的领域有代表性；协议对集体管理组织非会员适用；作品使用者可以合法使用协议项下的所有作品；非会员有权从集体管理组织处获取版权使用费；非会员如果不同意集体管理组织代表其行使权利可以提出反对意见。❻ 对于集体管理组织在其领域有代表性，北欧不同国家版权法中的规定有差别，瑞典版权法规定集体管理组织必须代表重要的作者，挪威规定为代表实质性部分作者，芬兰规定为代表数量庞大的作者，丹麦规定为代表某类型作品的实质性数量的作者，这些国家并不要求集体管理组织代表某一领域的绝大多数权利人，只要其代表的

---

❶ Article L134-4, para. 1, sub-para. 1 of the Intellectual Property Code of France.
❷ Article L134-4, para. 1, sub-para. 3 of the Intellectual Property Code of France.
❸ Article L134-6, para. 2 of the Intellectual Property Code of France.
❹ Article L134-6, para. 1 of the Intellectual Property Code of France.
❺ Articles L134-4, R123-6, R134-7, R134-8 and R134-9 of the Intellectual Property Code of France.
❻ KOSKINEN-OLSSON T, SIGURDARDOTTIR V. Chapter 8 Collective Management in the Nordic Countries in GERVAIS D (ed.) Collective Management of Copyright and Related Rights (3rd Edition) [M]. Alphen aan den Rijn: Wolters Kluwer, 2015: 251.

第二章 以获取信息为目的的限制与例外——大规模数字化及数字图书馆构建

权利人具有广泛性即可。❶ 每个国家对政府机构是否应批准集体管理组织达成延伸性集体管理协议的规定不一，除瑞典规定不需政府机构批准外，丹麦、冰岛、挪威和芬兰都规定需文化部或教育部批准。❷

与北欧延伸性集体管理组织制度相比较，法国的推定集体管理制度有别于延伸性集体管理制度。首先，法国推定集体管理制度所针对的作品范围为绝版图书，这些绝版图书名录每年会在 ReLIRE 数据库中更新；北欧延伸性集体管理制度所涉及的作品范围相对较广，不限于绝版的文字作品，具体作品数量不固定。其次，实施法国推定集体管理制度的集体管理组织确定，是由法国文化与通讯部直接指定的作者利益协会；能够实施北欧延伸性集体管理制度的集体管理组织需要在特定领域具备足够的代表性，其与作品使用者达成的协议是否具有延伸性在丹麦、冰岛、挪威和芬兰 4 国需要经过政府机构批准，在瑞典无须批准。再次，就退出机制而言，法国推定集体管理制度提供了事先和事后两类退出机制；北欧延伸性集体管理制度只提供了事后退出一类机制。最后，法国推定集体管理制度是一种暂时性的制度，其主要解决的是绝版图书数字化的问题，将绝版图书定义为 2001 年 1 月 1 日前在法国出版的图书，这部分图书随着时间的推移会逐渐进入公有领域，当所有图书进入公有领域后，推定集体管理制度也不必存在；北欧延伸性集体管理制度是长久存在的制度，只要北欧国家版权法律制度不作调整，延伸性集体管理制度就可能一直存在下去。

由此可见，法国推定集体管理制度相较于北欧延伸性集体管理制度的范围更小，所涉及的作品和权利人范围更确定，集体管理组织在代表非会员行使权利时，相关权利人更可能及时知晓集体管理组织的延伸性代表，如不同意可及时提出退出，在同意集体管理组织代其行使权利的情况下更清楚权利的行使状态，能从集体管理组织处及时获取版权使用费，维护自己的权益。

（四）我国破解绝版作品数字化问题的建议

我国的《著作权法》并无解决绝版作品数字化问题的制度设计，也没提及绝版作品，唯一与绝版作品有关的制度设计体现在《信息网络传播权保护

---

❶ GUIBAULT L. Cultural Heritage Online: Settle It in the Country of Origin of the Work [J]. Journal of Intellectual Property Information Technology and Electronic Commerce Law, 2015, 6 (3): 178.

❷ OSKINEN-OLSSON T, SIGURDARDOTTIR V. Chapter 8 Collective Management in the Nordic Countries in GERVAIS D (ed.) Collective Management of Copyright and Related Rights (3rd Edition) [M]. Alphen aan den Rijn: Wolters Kluwer, 2015: 255.

条例》第 7 条所规定的图书馆、档案馆、纪念馆、博物馆、美术馆等通过信息网络向本馆馆舍内服务对象提供本馆收藏的合法出版的数字作品和依法为陈列或者保存版本的需要以数字化形式复制的作品的权利例外。为陈列或者保存版本需要以数字化形式复制的作品，应当是已经损毁或者濒临损毁、丢失或者失窃，或者其存储格式已经过时，并且在市场上无法购买或者只能以明显高于标定的价格购买的作品。其中"在市场上无法购买"表明作品已经绝版，但该绝版作品需同时满足"存储格式已经过时"的要求，何为存储格式过时，该条例并未做进一步解释，通常理解存储格式过时是指存储在磁带、软盘等介质中的电子文件在新介质下难以使用。因此，条例所针对的无法在市场上购买的作品范围应仅限于无法在新介质下使用的电子文件，不包括纸质图书期刊，所涉及作品范围一定程度上小于欧盟等国解决绝版作品数字化的方案。由于绝版作品在文化遗产保存和文化信息传播价值上的重要性，我国应探索解决绝版作品数字化的版权制度设计，主要考虑以下三点：绝版作品的范围界定，实施绝版作品数字化的主体，以及应采用何种制度设计。

1. 绝版作品范围

我国《著作权法》列举的作品类型包括文字、口述、音乐、戏剧、曲艺、舞蹈、杂技艺术、美术、建筑、摄影、视听、图形、模型、计算机软件等多种类型作品。❶ 其中视听、建筑、模型、计算机软件等以非纸质介质形式保存的作品投入创作的时间和财力大，保存方式特殊，较难成为绝版作品，即使部分视听作品因创作年代久远不在院线放映，但仍可通过播放、拷贝光盘等方式观看到该视听作品。因此，绝版作品应指纸质图书期刊，包括印制于纸质介质上的文字、口述、音乐、戏剧、曲艺、舞蹈、杂技艺术、美术、摄影、图形作品。

中文古籍一般是指 1911 年辛亥革命前产生的文献资料；民国时期，即 1912—1949 年出版的文献大多已过版权保护期，进入公有领域。1950—2002 年，我国出版图书约 170 万种，200 余万册，出版期刊 2 万余种，除部分作品进入公有领域外，多数作品仍处于版权保护期，作品的信息网络传播权一般为作者所有；2003 年之后，我国每年新出版图书为 10 万~13 万种，不少出版社在出版合同中包含有信息网络传播权由作者转让给出版社的条款，越来越多的出版社在出版纸质图书时同时销售电子书。❷ 因此，我国解决绝版图书期

---

❶ 《中华人民共和国著作权法》（2020 年修正）第 3 条。
❷ 赵继海. 绝版馆藏数字化的若干法律问题 [J]. 大学图书馆学报，2008（2）：42.

刊数字化问题的重点应放在1950—2002年出版的纸质作品上,可将绝版作品界定为2003年1月1日前以纸质媒介在我国出版的已不在传统商业领域流通的作品。

2. 绝版作品数字化的主体

欧盟及其主要国家解决绝版作品数字化的延伸性授权机制侧重于公益性和非商业性。能够得到集体管理组织授权行使的数字化复制和向公众传播权利的都是图书馆、博物馆、档案馆等公共文化机构。由政府财政支持的公共文化机构承担着保存和传播文化的社会公益职责,成为实施绝版作品数字化的主体无可厚非,实施数字化的绝版作品也不应仅限于公共文化机构本馆馆藏的作品,而应包括确定为绝版状态符合绝版作品定义范围内的作品。

在谷歌大规模数字化一案中,谷歌作为商业性机构已然开始承担文化保存和传播的功能,那么谷歌这一类商业机构能否成为实施绝版作品数字化的主体呢?如本章第一节所述,图书馆的发展历程经历了三个阶段:私人图书馆阶段、公共图书馆阶段以及当今信息社会中的商业图书馆阶段。❶ 私营力量推动的商业图书馆相比公共图书馆有更稳定长久的资金支持和创意激励,政府应当鼓励私营力量发挥与教育、研究等公共机构相同的作用,使商业机构同样成为实施绝版作品数字化的主体。

3. 绝版作品数字化的版权制度设计考量

我国应采用何种版权制度设计才有利于绝版作品的使用值得考量。权利例外制度因使用作品不需经过权利人授权并且不用向权利人付费,使用一般应是非商业性的,如果使用作品是为商业目的,则可能会损害作品的正当利用和权利所有者的合法利益,从而不符合国际条约中的三步检验标准。而如上所述,谷歌等商业图书馆在推动文化信息传播过程中正发挥积极的作用,可以弥补公共文化机构因政府财政限制等因素而无法充分实施绝版作品数字化的不足。因此,权利例外制度无法较好适用于商业图书馆将绝版作品数字化的情形。法定许可制度是我国《著作权法》现有的一类与权利例外接近的制度,它与权利例外制度的区别仅在于法定许可中对作品的使用需要向权利人付费,这一制度虽可解决商业图书馆数字化绝版作品不符合三步检验标准的问题,不过一旦许可产生,法定许可制度一般不允许作者或权利人随时退

---

❶ MURRELL M. Digital+Library: Mass Book Digitization as Collective Inquiry [J]. New York Law School Law Review, 2010/2011, 55 (1): 221-250.

出该机制，仍不是保护绝版作品作者和权利人的最佳方案。

那么是否需要借鉴欧盟等国解决绝版作品数字化问题的方案，采用延伸性集体管理制度，由我国集体管理组织代绝版作品版权人授权公共文化机构和商业图书馆使用作品呢？我国目前有五家集体管理组织：音乐著作权协会、音像著作权集体管理协会、文字著作权协会、摄影著作权协会、电影著作权协会。其中涉及纸质出版作品的管理组织包括音乐、文字和摄影著作权协会，他们可以就其会员作品向作品使用者发放许可，但是否能将其代表效力延伸至非会员，我国学界目前存在争议。反对者认为我国集体管理制度建立时间晚，对作品管理不利，包括对许可费的分配和发放不按时、管理费标准较高、分配标准不清、分配机制不透明等。❶ 支持者认为延伸性集体管理制度能够有效降低版权的交易成本、增强作品使用的合法确定性、使孤儿作品的合法使用成为可能、以较低的成本对版权许可合同的履行进行监督和维权，应当引入我国《著作权法》中。❷ 不过鉴于我国尚未形成北欧延伸性集体管理的制度和社会环境土壤，我国在第三次《著作权法》修订中仅尝试将延伸性集体管理制度适用于自助点歌系统向公众传播已经发表的音乐或者视听作品，❸ 未大范围适用于所有类型作品。因此，用北欧式延伸性集体管理制度解决绝版作品数字化尚存在难度。

法国的推定集体管理制度所涉及作品范围较延伸性集体管理制度更为确定，而且该制度与我国现有的一类准法定许可制度有相似之处，准法定许可制度为《信息网络传播权保护条例》第9条的规定，网络服务提供者可以通过信息网络向农村地区的公众免费提供中国公民、法人或者其他组织已经发表的种植养殖、防病治病、防灾减灾等与扶助贫困有关的作品和适应基本文化需求的作品。提供作品前应先履行公告程序，公告拟提供的作品、作者以及拟支付报酬的标准。这与法国推定集体管理制度中将绝版作品书目列入开放性数据库中供公众查阅的做法相似。准法定许可还提供了类似于法国推定集体管理制度的事先和事后退出机制，著作权人不同意提供的可以自公告之日起30日内提出异议；网络服务提供者提供著作权人的作品后，著作权人不同意提供的，网络服务提供者应当立即删除著作权人的作品，并按照公告的

---

❶ 窦新颖，蒋朔. 集体管理组织或成反垄断审查对象 [N]. 中国知识产权报，2012-08-24 (9).

❷ 林秀芹，李晶. 构建著作权人与作品使用人共赢的著作权延伸性集体管理制度——一个法经济学角度的审视 [J]. 政治与法律，2013 (11)：27-28.

❸ 《中华人民共和国著作权法（修订草案送审稿）》第63条。

标准向著作权人支付提供作品期间的报酬。之所以将该条款称为准法定许可，正因为其设定了权利人的事先和事后退出机制。该制度与法国推定集体管理制度不同的是，法国文化与通讯部指定了一家集体管理组织对绝版作品版权发放进行管理，而我国是直接通过法律规定网络服务提供者可以使用特定内容的作品。

我国可以考虑通过法律直接规定图书馆、博物馆、档案馆等公共文化机构以及商业图书馆就绝版作品使用直接向作者或权利人付费，也可通过指定音乐、文字和摄影著作权协会就绝版纸质词曲、文字和摄影作品的使用制定付费标准，代权利人向公共文化机构和商业图书馆发放使用绝版作品的许可，并向作者或权利人转付版权使用费。前一种方案可避免集体管理组织的政府失灵状态，但也难以就作品使用达成统一的付费标准；后一种方案可由集体管理组织制定并公布拟支付的版权使用费，但需要提高集体管理组织的透明度、许可费分配效率并提供配套服务机制才能更好地保障绝版作品权利人的权益和对绝版作品的利用。

# 第三章
# 以获取信息为目的的限制与例外
## ——为视力障碍者获取作品提供便利

## 第一节 《马拉喀什条约》的背景

### 一、视力障碍者获取版权作品困境

虽然数字网络技术加快了获取和传播信息及版权作品的速度，但对于视力障碍者而言获取和使用版权作品仍存在着困难。据世界卫生组织的统计，全球有大约2.85亿的视力障碍者，他们中有90%居住在低收入国家或地区。根据世界盲人联盟的报告，为这2.85亿的视力障碍者提供的特殊格式出版物占不到全球出版物的5%。❶ 据2006年世界知识产权组织的数据统计，该组织的186个成员国中，只有57个国家在国内法中制定了相关的规定，为保障视力障碍者获取版权作品提供特殊的例外。❷ 鉴于供视力障碍者阅读的版权作品稀缺，出现了全球范围内所谓的"书荒"。

"书荒"的产生主要源于技术、经济和法律上的原因。技术上的原因在于越来越多版权人采取技术保护措施，控制对其作品的获取和使用，导致视力障碍者难以获取受保护的作品。经济上的原因在于出版商并不认为视力障碍者的图书市场有利可图，不愿意出版可供视力障碍者获取的格式。法律上的原因在于现行的版权制度缺乏足够的权利限制和例外，作品使用者无法将作品改编和转换为可供视力障碍者获取的格式，也无法跨境传播转换后的作品。合同在国内法中压倒一切的影响进一步阻止了视力障碍者获取版权作品。

---

❶ World Intellectual Property Organization. Limitations and Exceptions：Access to Books for the Visually Impaired-Background Brief [EB/OL]. [2021-12-23]. http://www.wipo.int/pressroom/en/briefs/limitations.html.

❷ SULLIVAN J. Study on Copyright Limitations and Exceptions for the Visually Impaired（SCCR/15/7）[EB/OL]. [2021-12-23]. https://view.officeapps.live.com/op/view.aspx?src=https%3A%2F%2Fwww.wipo.int%2Fedocs%2Fmdocs%2Fcopyright%2Fen%2Fsccr_15%2Fsccr_15_7.doc&wdOrigin=BROWSELINK.

第三章　以获取信息为目的的限制与例外——为视力障碍者获取作品提供便利

### （一）技术保护措施和反规避技术措施规则的出现

数字技术不仅使以普通数字格式复制和传播作品成为可能，而且还扩大了视力障碍者无障碍格式版的范围，从传统的盲文、大号印刷品或音频格式，扩展到电子盲文格式。诸如 Benetech 等平台推出的 Bookshare 图书馆可以帮助阅读障碍者在线访问范围更广的被扫描图书。❶ 尽管有了新的图书形式，但技术进步提高了版权人防止未经授权获取和使用其作品的能力。技术保护措施被广泛运用于对未经授权获取和复制作品的控制。

在美国的推动下，世界知识产权组织于 2006 年通过了《世界知识产权组织版权条约》和《世界知识产权组织表演和录音制品条约》，其中要求成员国向版权人提供"充分的法律保护和有效的法律补救措施，以防止规避作者为行使其权利所采用的技术保护措施；以及限制未经作者授权使用作品的行为"。❷ 许多世界知识产权组织成员国将这些法律措施纳入其国内版权制度中，并加以实施，以防止未经授权规避技术措施及销售规避措施的技术或装置。❸ 然而，技术措施的出现及世界知识产权组织成员国对反规避规则的广泛采用反过来又减少了视力障碍者获取受版权保护作品的机会。尽管有些国家对规避技术措施规定了具体的例外情况，❹ 但如果用户没有相关或充分的知识或技能，规避技术措施就不可能实现，因为销售规避措施的技术和设备是被禁止的。此外，版权人不太可能自愿提供便利这些例外的措施。即使有关支持视力障碍者提供适当措施的权利限制与例外规定是强制性义务，允许受益人能合法地获取作品（例如在爱沙尼亚和立陶宛等国家），❺ 版权人通常决定放弃提供这些措施；因为这些强制性义务规定没有细化，而且没有针对不履行义务的补救方法。因此，版权人采取技术措施以及许多国家实施反规避规则加

---

❶ Bookshare. Who We Are [EB/OL]. [2021-12-23]. https://www.bookshare.org/cms/about.

❷ WIPO Copyright Treaty [EB/OL]. [2021-12-23]：Article 11. https://wipolex.wipo.int/en/text/295157.

❸ Copyright Law of the United States [EB/OL]. [2021-12-22]：Section 1201. https://www.copyright.gov/title17/title17.pdf.
《信息网络传播权保护条例》第4、26条。

❹ Copyright Law of the United States [EB/OL]. [2021-12-22]：Section 1201. https://www.copyright.gov/title17/title17.pdf.
《信息网络传播权保护条例》第12条。

❺ YUN C T H. Moving Towards a More Inclusive Copyright Regime for the Visually Impaired [J]. Singapore Academy of Law Journal, 2012, 24 (2): 433-469.

剧了视力障碍者获取作品的问题。

(二) 视力障碍者无障碍格式版制作的市场失灵

资金是影响作者和版权人出版和发行版权作品的一个重要因素。作者和版权人有兴趣在一个更有利可图的市场上出版和发行他们的作品。然而，在他们看来，为视力障碍者提供无障碍格式版的图书市场本身并不盈利，因为生产成本高于普通图书。❶ 如此高昂的成本将使出版业不愿为那些自身经济状况不佳的视力障碍者制作无障碍格式版。最终，相关无障碍格式版由非营利组织或政府机构出版，但由于资源有限，他们只能提供部分可供视力障碍者获取的无障碍格式版，这种市场失灵造成了书荒。

(三) 缺乏为视力障碍者制定的权利限制与例外

在《马拉喀什条约》之前，国际版权条约和公约没有特别规定针对视力障碍者或其他残障人士的权利限制与例外情况。大多数国际版权条约中有关权利限制与例外的主要条款是《TRIPS 协定》中的三步检验标准。三步检验标准概括了成员国为视力障碍者设立权利限制与例外的范围。

首先，三步检验标准中的条件是累积应用的，即合格的权利限制与例外必须满足所有三个条件。第一个方面规定"在某些特殊情况下"允许制作无障碍格式版作品，这就要求国内法律中的例外情况是已知的、具体的和范围狭窄的。第二个方面要求制作无障碍格式版"不得与对作品的正常利用相冲突"，这意味着制作无障碍格式版不得与权利人通常从作品中获取经济价值产生竞争力。❷ 第三个方面要求例外不应"不合理地损害权利人的合法利益"，如果例外造成或有可能给版权人造成不合理的收入损失，则会违反例外规定。❸

其次，在三步检验标准下检验为视力障碍者制定的权利限制与例外，很

---

❶ CALVO F J M. Technological Advances Benefiting Visually Impaired People [EB/OL]. (2003-11-03) [2021-12-23]. http://www.wipo.int/edocs/mdocs/mdocs/en/digvi_im_03/digvi_im_03_francisco_mart_nez_calvo.pdf.

❷ United States-Section 110 (5) of the US Copyright Act: Report of the Panel [EB/OL]. (2000-06-15) [2021-12-22]. https://docs.wto.org/dol2fe/Pages/SS/directdoc.aspx?filename=Q:/WT/DS/160R-00.pdf&Open=True.

❸ United States-Section 110 (5) of the US Copyright Act: Report of the Panel [EB/OL]. (2000-06-15) [2021-12-22]. https://docs.wto.org/dol2fe/Pages/SS/directdoc.aspx?filename=Q:/WT/DS/160R-00.pdf&Open=True.

难确保限制与例外满足所有三个条件。第一个方面不太可能构成障碍，因为例外的范围将很狭窄。然而，第二个和第三个方面存在问题，因为要求制作无障碍格式版既不能与常规出版存在潜在的竞争力，也不能对权利人的潜在收入造成损失。不能确定允许非营利组织或政府机构在不向视力障碍者收取费用的情况下制作无障碍格式版是否会给版权人造成潜在的经济损失。

因此，三步检验标准中的所有三个条件的累积应用不能充分解决为视力障碍者制定例外规定的情形。为了将版权作品转换成无障碍格式版，制作者需要从版权人那里获得改编作品的权利，既可以从版权人处获得授权许可，也可以根据法定权利限制与例外规定进行改编转换。但是，一方面，作者或版权人不可能自愿向第三人或制作者授权改编，这将导致无障碍格式版制作方面的市场失灵；另一方面，由于条约和国内立法中未充分规定限制与例外情形，非营利组织或政府机构在不侵犯版权的情况下将作品制作成无障碍格式版存在问题。❶

（四）合同的影响

在缺乏权利限制与例外规定的情形下，版权人可以自由使用合同条款，限制将其作品转换为可供视力障碍者获取的无障碍格式版。尤其在数字环境下，版权人主要采用数字权利管理系统来控制对其数字格式作品的使用。在数字权利管理系统中，只有遵守有约束力的合同条款的用户才能将作品改编成无障碍格式版。如果合同条款有凌驾于法定权利限制与例外的影响力，则版权人能阻止非营利组织或政府机构制作无障碍格式版，即使制作无障碍格式版落入法定权利限制与例外的范畴。❷

具有约束力的合同凌驾一切的影响力在很多国家是模棱两可的。在我国，虽然《民法典》第153条列举了合同被视为无效的情形，即违反法律、行政法规的强制性规定，但法律规定及司法判决并没有明确规定版权与合同法间的关系。强制性规定包括有效性规范和行政性规范。根据我国最高人民法院的解释，合同只有在违反有效性规范的情况下才会无效。❸ 由于我国法律法规中的版权权利限制与例外规定并不包含有效性规范，因此可推定我国具有约

---

❶ YUN C T H. Moving Towards a More Inclusive Copyright Regime for the Visually Impaired [J]. Singapore Academy of Law Journal, 2012, 24 (2): 433-469.

❷ YUN C T H. Moving Towards a More Inclusive Copyright Regime for the Visually Impaired [J]. Singapore Academy of Law Journal, 2012, 24 (2): 433-469.

❸ 最高人民法院《关于当前形势下审理民商事合同纠纷案件若干问题的指导意见》第15条。

束力的合同有凌驾于版权权利限制与例外的影响力。

合同凌驾于一切的影响力在数字环境中更为明显，因为许多作品已被数字化，并且可在在线数据库中获取，版权人可以采用拆封许可条款，对其作品潜在的使用制定有约束力的合同条款。因此，法律最初允许的例外情况通过拆封许可条款被排除在外。

## 二、知识产权改革发展中的"获取知识运动"

国际知识产权条约中的三步检验标准一定程度上限制了对版权作品的利用，加之技术的发展促使国际版权法律制度更偏向于维护发达国家因技术发展带来的新版权利益和创新，而忽略了强化版权保护对发展中国家带来的负面影响，例如使低收入人群或残疾人等困难人士更难获取和利用版权作品。因此，知识产权改革运动应运而生，呼吁知识产权法律制度更多地关注社会需求。

"获取知识运动"在知识产权改革运动中诞生，呼吁知识产权法律制度中的平衡性和灵活性，一些"获取知识运动"支持者曾一度希望重组知识产权法律制度，使知识产权保护制度成为获取知识的一种例外制度，而不是一味限制对于知识的获取。在2005年，"技术消费项目"曾向世界知识产权组织提出过"获取知识协议"，该协议中提到任何国家都应允许将作品制作成可供残疾人获取的形式并传播特殊格式的作品，对于作品的使用可通过授权的方式进行。❶虽然"获取知识协议"最终未被世界知识产权组织采纳，但该协议着重于更广层面上的知识交流，并且提供了一个高度兼容的规范支持为便捷残疾人获取作品的版权改革。

在此之后，世界知识产权组织发展议程开始积极地促使世界知识产权组织更好地关注社会发展问题，尤其是发展中国家的发展需求，而避免继续提高对知识产权的强化保护。世界知识产权组织于2007年正式采纳发展议程，包括六个建议集和45项发展议程建议，该发展议程的通过使世界知识产权组织在其历史上第一次将平衡性、灵活性和建立稳固的公有领域当作和知识产权保护同等重要的事项推进，并足以影响发展中国家的知识交流和获取。

## 三、为视力障碍者制定"条约建议草案"

在"获取知识运动"和世界知识产权组织发展议程制定的大背景下，小

---

❶ Treaty on Access to Knowledge [EB/OL]. (2005-05-09) [2021-12-23]. http://www.cptech.org/a2k/a2k_treaty_may9.pdf.

第三章　以获取信息为目的的限制与例外——为视力障碍者获取作品提供便利

范围的信息获取支持者开始推动为视力障碍者提供无障碍格式的版权作品。2006 年世界知识产权组织版权与相关权常设委员会提案认为，不管是市场还是技术都没有促进视力障碍者获取信息，使视力障碍者能够享受到和其他残疾人一样的社会、经济生活，而且版权法也未提供足够的法律框架来促进视力障碍者获取作品。❶ 从 2010 年开始，版权与相关权常设委员会开始将修订版权权利限制与例外制度逐步扩展到针对视力障碍者获取版权作品、图书馆与档案馆的建设以及为教育目的获取版权作品。在 2011 年版权与相关权常设委员会第 23 次会议上，会议讨论逐渐将重点从图书馆与档案馆例外规定转向为支持视力障碍者需求而制定例外规定上。在 2012—2013 年的第 24 次至 25 次会议上，常设委员会集中讨论了针对视力障碍者需求的例外规定，最终促成了 2013 年 6 月 27 日《马拉喀什条约》的通过。

《马拉喀什条约》经历过多次版本的修改，最初形成有关促进视力障碍者获取版权作品的建议性条约分别由拉丁美洲国家和世界盲人联盟、非洲集团、欧盟和美国在 2009—2010 年的版权与相关权常设委员会上提出。这四份建议性条约分别体现了发展中国家和发达国家在版权利益平衡和较量上的不同观点，发展中国家更倾向于较广范围内的改革，而发达国家仅争取小范围的改革，避免对视力障碍者获取作品权利的过分解读。2011 年，在整合这四份提案的基础上，拉丁美洲部分国家、欧盟、美国、加拿大、澳大利亚等国家和地区联合提供了一份《关于为阅读障碍者制定例外与限制国际文书的提案》。在此提案的基础上，2013 年 6 月 27 日通过了《马拉喀什条约》，力求在保护版权权利人对作品享有的合法权益及视力障碍者充分获取和利用作品之间达到合适的平衡。

## 第二节　《马拉喀什条约》条款分析

《马拉喀什条约》第一次从国际条约的层面对版权权利限制与例外做了具体的规定，并将版权法律制度和人权保护有序地结合起来，为视力障碍者获

---

❶ GARNETT N. Automated Rights Management Systems and Copyright Limitations and Exceptions (SC-CR/14/5) [EB/OL]. (2006-04-27) [2021-12-23]. http://www.wipo.int/edocs/mdocs/copyright/en/sccr_14/sccr_14_5.pdf.

取版权作品提供便利。在多次修订条约提案和草案的基础上，《马拉喀什条约》力求在保护版权权利人对作品享有的合法权益及视力障碍者充分获取和利用作品之间达到合适的平衡。著名匈牙利版权法学者 Mihaly J. Ficsor[❶] 和美国版权法专家 Jonathan Band[❷] 都对《马拉喀什条约》条款做了具体释义，以下对《马拉喀什条约》条款的分析以两位学者的释义为基础。Ficsor 在对《马拉喀什条约》作出释义时，提到了对条约条款释义的基本原则和方法，即《维也纳条约法公约》第 31 条规定的条约解释规则："条约应依其用语按其上下文并参照条约之目的及宗旨所具有之通常意义，善意解释之。"

《马拉喀什条约》序言提到了保护作者利益和更大的公共利益之间的平衡，认为缔约各方应强调版权保护对激励文学与艺术创作的重要性，同时应考虑到多数视力障碍或其他印刷品阅读障碍者生活在发展中国家和最不发达国家，需要在国内法中规定适当的限制与例外，以使视力障碍或其他印刷品阅读障碍者能够更有效、及时、无障碍地获得作品，并且无障碍格式版本能够在缔约各方之间跨境交换。值得注意的是，序言重申了缔约各方应认识到《伯尔尼公约》和其他国际文书中规定的有关限制与例外的三步检验标准的重要性和灵活性，也就是说缔约各方根据《马拉喀什条约》义务在国内法中规定的限制与例外应当符合三步检验标准，该要求在条约正文条款中也有所体现。

《马拉喀什条约》除序言外，共有 22 条，其中第 1~12 条是实质性条约内容，分别对"作品""无障碍格式版""被授权实体""受益人"进行了界定，规定了制作和提供无障碍格式版的国内法限制与例外、无障碍格式版的跨境交换以及有关技术措施的义务。条约第 13~22 条为程序性管理事项，涉及条约的签署、生效和文本等问题。

条约规定在用词上采用"应当"或"可以"，采用"应当"的规定是义务性的，缔约方必须在国内法中制定履行条约义务的条款，而采用"可以"的规定则是灵活性的，缔约方能够自行决定是否在国内法中制定相应的条款。

---

❶ FICSOR M. Commentary to the Marrakesh Treaty on Accessible Format Copies for the Visually Impaired [EB/OL]. [2021-12-23]. https://view.officeapps.live.com/op/view.aspx?src=http%3A%2F%2Fwww.copyrightseesaw.net%2Fuploads%2Ffajlok%2FM_Ficsor_Commentary%2520to%2520the%2520Marrakesh%2520Treaty%2520on%2520accessible%2520format%2520copies%2520for%2520the%2520visually%2520impaired.doc&wdOrigin=BROWSELINK.

❷ BAND J. A User Guide to the Marrakesh Treaty [EB/OL]. (2013-08-13) [2021-12-23]. https://www.llrx.com/2013/08/a-user-guide-to-the-marrakesh-treaty/.

第三章 以获取信息为目的的限制与例外——为视力障碍者获取作品提供便利

条约中义务性的规定包括：第 2 条（对"作品""无障碍格式版"和"被授权实体"的定义）、第 3 条（对"受益人"的定义）、第 4 条第 1 款第（一）项（针对复制权、发行权和向公众提供权的限制或例外）、第 5 条第 1 款和第 4 款（无障碍格式版的跨境交换）、第 6 条（无障碍格式版的进口）、第 7 条（关于技术措施的义务）、第 8 条（尊重隐私）、第 9 条（开展合作为跨境交换提供便利）、第 10 条（关于实施的一般原则）以及第 11 条（关于限制与例外的一般义务，即符合三步检验标准）。条约中灵活性的规定包括：第 4 条第 1 款第（二）项以及第 2~5 款（针对表演权和其他权利的限制与例外、商业可获得性要求、支付报酬）、第 5 条第 2 款和第 3 款（为执行无障碍格式版跨境交换提供的限制与例外）以及第 12 条（其他限制与例外，即发展条款）。

## 一、定义条款

《马拉喀什条约》第 2 条和第 3 条界定了"受益人""作品""无障碍格式版""被授权实体"四个概念。

### （一）"受益人"的界定

条约对于"受益人"的界定十分重要，如果界定范围过宽将可能导致条约规定不符合《伯尔尼公约》等国际版权条约中的三步检验标准，因为三步检验标准的第一步标准是只允许在某些特殊情况下才能复制或通过其他方式利用作品，受益人范围过宽将不属于特殊情况。拉丁美洲提案和非洲集团提案是倾向于将残疾人的范围扩展到除盲人和视力障碍者以外的其他残疾人或生理、心理、知觉或认知能力不健全的人，但在世界知识产权组织版权与相关权常设委员会 2010—2011 年的探讨决定将视力障碍者以外的包括有听力障碍的残疾人排除出受益人的范围，这主要是由于美国电影协会担心对于"视力障碍"的宽松界定可能会包括诵读困难或其他紊乱型残障，从而导致任何形式的残障者都可以自定义为条约规定的受益人，使得版权作品未经授权就被复制和传播。因此，美国提案和欧盟提案都在小范围地界定条约受益人，将听力障碍者排除出去。最终，世界知识产权组织决定在制定条约最后文本时将视力障碍者、诵读障碍者与其他类型的残疾人区分开来。

《马拉喀什条约》对"受益人"的最终定义与联合提案中的定义近似。条约第 3 条将"受益人"定义为："不论有无任何其他残疾的下列人：（一）盲人；（二）有视觉缺陷、知觉障碍或阅读障碍的人，无法改善到基本达到无此类缺陷或障碍者的视觉功能，因而无法以与无缺陷或无障碍者基本相同的程度阅读印刷作品；或者（三）在其他方面因身体残疾而不能持书或翻书，或者不能集中目光或移动目光进行正常阅读的人。"条约"关于第3条第（二）项的议定声明"指出，此处的措施不意味着"无法改善"必须使用所有可能的医学诊断程序和疗法。条约使用了诸如"盲人""有视觉缺陷、知觉障碍或阅读障碍的人""身体残疾"等通用术语，避免了用"诵读困难"等特殊残疾用语来指代。世界盲人联盟对此条款作出了肯定性的评价，认为对"受益人"作出了较为宽泛的定义，涉及了所有与无法有效阅读印刷品有关的残障情形。❶ 由于关于第3条的议定声明明确说明"无法改善"并不意味着必须使用所有可能的医学诊断程序和疗法，那么任何用矫正镜片无法改善的视力残障也被囊括于受益人的范围内，例如白内障。

但是，条约并未具体解释什么是"盲""有视觉缺陷"等通用术语，而是将具体释义留待缔约方的国内法解决。北美洲和大部分欧洲国家从医学的角度对"失明"进行解释，例如"失明"是指"在有最佳矫正存在的情况下，视力较佳的眼睛视力等于或低于 20/200（6/60）"❷ 或"拥有正常视力但是视野小于 20 度（正常为 180 度）"。❸ 这一定义不包括拥有正常视力，但是因为对光线敏感而无法睁眼的患者。Kenneth Jernigan 博士认为对光线敏感的这一类患者同样应被纳入"失明"范畴，认为最好应从功能或社会学的角度定义"失明"，而不是从生理或医学的角度进行定义。❹ 和 Jernigan 博士的观点类似，《残疾人权利国际公约》也支持从社会学的角度理解残疾，虽然公约并未对"失明"等具体的残疾作出定义，但公约第 1 条说明残疾人是指"包括肢体、精神、智力或感官有长期损伤的人，这些损伤与各种障碍相互作

---

❶ World Intellectual Property Organization. The Treaty of Marrakesh Explained [EB/OL]. [2021-12-23]. https://www.wipo.int/edocs/mdocs/africa/en/wipo_ipr_kla_15/wipo_ipr_kla_15_t_2_a.pdf.

❷ 20/200（6/60）分别为美国和英国定义的"法定盲"标准，"法定盲"是指如果患者的视力和（或者）视野范围低于一定的水平而被官方确认的盲。我国的"法定盲"为视力等于或低于 0.05；或视野等于或小于 10 度。

低视力学 1【眼科专业讨论版】[EB/OL]. [2021-12-20]. https://www.med66.com/html/ziliao/07/87/74c4ca058d59d2b807a3e4a6522e8632.htm.

❸ 失明 [EB/OL]. [2021-12-23]. https://cn.google-info.org/13406/1/%E5%A4%B1%E6%98%8E.html.

❹ JERNIGAN K. A Definition of Blindness [EB/OL]. [2021-12-23]. https://nfb.org//sites/default/files/images/nfb/publications/fr/fr19/fr05si03.htm.

用，可能阻碍残疾人在与他人平等的基础上充分和切实地参与社会"。因此，从社会学的角度理解残疾更多是从阻碍残疾人充分和切实参与社会方面进行判断，而不是仅看残疾本身。

（二）"作品"的界定

如何界定可以制作成无障碍格式的作品类型对于版权权利人而言至关重要。非洲集团提案从最广范围对"作品"进行界定，认为"作品"指"无论采用何种表现风格、方式或形式的艺术、文学、戏剧、音乐或科学类型的可受版权保护的原作或派生产品；即使其版权保护期届满，亦属作品范畴"。拉丁美洲提案也采取类似的广泛定义方式，认为"作品"指任何一种拥有版权的作品，包括"文学、戏剧、音乐和艺术作品、数据库和电影"。发展中国家提案试图将所有的版权作品都纳入可提供范围，使视力障碍者能够充分获取各类型的作品。但发达国家更注重版权权利人的利益，担心对作品范围的定义过广会损害权利人的合法权益，不利于作品的持续创作。

因此，在不断协商后，《马拉喀什条约》第2条最终将"作品"定义为《伯尔尼公约》第2条第1款所指的文学和艺术作品，形式为文字、符号和（或）相关图示，不论是已出版的作品，还是以其他方式通过任何媒介公开提供的作品。条约"关于第2条第（一）项的议定声明"进一步说明，"该定义包括有声形式的此种作品，例如有声读物"。条约没有采纳前述五份提案中任何一份对作品的定义，而是在此基础上对作品在较狭窄的范围内进行了界定。

《伯尔尼公约》中的文学和艺术作品包括文学、科学和艺术领域内的一切成果，不论其表现形式或方式如何。但《马拉喀什条约》并未完全采用《伯尔尼公约》中对于文学和艺术作品的定义，而是将作品的形式限定为文字、符号和（或）相关图示，作品应当是已经公开发表或提供的作品，因为如果允许将未发表的作品制作成特殊格式版本并提供给视力和阅读障碍者将严重损害版权权利人的利益。《马拉喀什条约》对于作品的定义包括了一切文字作品，符号通常也属于文字，是文字作品。相关图示对于理解文字作品有着积极意义，尤其是在科学领域，通常需要配以图示才能让阅读者更好地理解作品的内容。而对于视力和阅读障碍者而言，可以将图示制作成受益人易理解的方式，例如插入说明和机读标识等描述性元信息。根据条约关于第2条议定声明的解释，有声形式的文字、符号和（或）相关图示同样属于条约规定的作品范畴。

在条约制定过程中,电影是被讨论得最激烈的一种作品类型。美国和欧盟主张将电影排除出限制与例外适用的作品范围,以免电影作品权利人的合法权益受到损害。但发展中国家主张限制与例外适用的作品范围应尽可能多地包括各种类型,因为随着数字技术的发展,更多的作品将通过数字形式进行传播,而不是以印刷在纸质媒介上的文字、符号和(或)图示方式传播。中国代表团就曾建议删除"形式为文字、符号和(或)相关图示"的限定,将版权权利限制与例外扩展到所有作品类型,包括电影作品。

对于电影作品,视力障碍者虽然能够通过声音感知电影中的内容,但由于视觉上的残障和缺陷,并不能观看到电影中通过视觉才能感知到的画面、人物形象、特效镜头等内容。因此,要让视力障碍者更好地、全面地理解电影作品,需要在电影中加入对人物动作、显示影像等视觉内容的解释,配合电影原声,才能将电影作品所呈现出来的全部内容尽可能多地传递给视力障碍者。

因此,在我国等发展中国家反对的声音下,美国提出了妥协方案,建议在条约中加入"发展条款",允许缔约方在条约规定的版权权利限制与例外范围之外,自行规定新的限制与例外。"发展条款"最终成为《马拉喀什条约》第12条"其他限制与例外",该条规定,"缔约方可以依照该缔约方的国际权利和义务,根据该缔约方的经济情况与社会和文化需求,对于最不发达国家,还应考虑其特殊需求、其特定的国际权利和义务及这些权利和义务的灵活性,在其国内法中为受益人实施本条约未规定的其他版权限制与例外"。根据"发展条款"的规定,我国等发展中国家可以在国内法中规定版权权利限制与例外适用于电影等作品。

(三)"无障碍格式版"的界定

对"无障碍格式版"的界定并没有在条约商讨过程中引起太多的争议。拉丁美洲提案和非洲集团提案都建议供视力障碍者使用的无障碍格式版应包括"按需要采用所有可用不同字体和字号制作的大号字体印刷品、盲文、录音制品、与屏幕阅读器或点字❶显示器兼容的数字复制件和带有声音说明的视听作品"。美国提案中也提及无障碍格式版指"专供阅读障碍者使用的盲文、有声读物或数字文本"。

---

❶ 点字即盲文。

第三章　以获取信息为目的的限制与例外——为视力障碍者获取作品提供便利

《马拉喀什条约》第 2 条将"无障碍格式版"定义为"采用替代方式或形式，让受益人能够使用作品，包括让受益人能够与无视力障碍或其他印刷品阅读障碍者一样切实可行、舒适地使用作品的作品版本"。定义还提到"无障碍格式版为受益人专用，必须尊重原作的完整性，但要适当考虑将作品制成替代性无障碍格式所需要的修改和受益人的无障碍需求"。

Ficsor 在条约释义中提到，一部分无障碍格式版由于其载体的特性，既可能被视力和阅读障碍者获取和使用，又能被普通公众使用；而另一部分无障碍格式版由于其特殊性，只能被视力和阅读障碍者使用。根据 Ficsor 的释义，大号字体印刷品、录音制品、带有声音说明的视听作品都可能属于前一部分无障碍格式版，因为这些特殊形式的作品是为视力和阅读障碍者制作的，便利残疾人使用作品的，但普通人同样能阅读大号字体印刷品、收听录音制品和观看带有声音说明的视听作品。而盲文、与屏幕阅读器或点字显示器兼容的数字文本则在一般情况下只能被视力和阅读障碍者使用，除非普通人学习过盲文。Ficsor 认为条约中规定的无障碍格式版应当只包括后者，即只有视力和阅读障碍者才能使用的特殊格式版本。❶

但是，Band 认为条约规定无障碍格式版为受益人专用的意思并不是指特殊格式版本仅能被视力和阅读障碍者使用，而是应同时包括前述两部分的特殊格式版本，虽然前一部分的格式版本能同时被视力障碍者和普通公众获取，但制作这些特殊格式版本主要是为了满足视力和阅读障碍者的需求，而不是供普通公众使用。如果无障碍格式版排除这一部分特殊格式制品将极大缩小可供视力和阅读障碍者获取的作品复制品类型。❷

鉴于拉丁美洲、非洲集团及美国提案中都将大号字体印刷品、录音制品、数字文本等作为可供残障者获取作品的特殊格式版本，Band 的释义相对于 Ficsor 的解释来说更具合理性，因为看待什么样的特殊格式能够作为无障碍格式版应当从实际使用者的角度去理解，而不是看谁有能力去使用这些版本。

---

❶ FICSOR M. Commentary to the Marrakesh Treaty on Accessible Format Copies for the Visually Impaired [EB/OL]. [2021-12-23]. https://view.officeapps.live.com/op/view.aspx?src=http%3A%2F%2Fwww.copyrightseesaw.net%2Fuploads%2Ffajlok%2FM_Ficsor_Commentary%2520to%2520the%2520Marrakesh%2520Treaty%2520on%2520accessible%2520format%2520copies%2520for%2520the%2520visually%2520impaired.doc&wdOrigin=BROWSELINK.

❷ BAND J. A User Guide to the Marrakesh Treaty [EB/OL]. (2013-08-13) [2021-12-23]. https://www.llrx.com/2013/08/a-user-guide-to-the-marrakesh-treaty/.

## （四）"被授权实体"的界定

欧盟和美国提案都建议只有具有公信力的中间机构才能制作和向视力障碍者提供无障碍格式版，并认为具有公信力的中间机构应该是非营利性的并满足一定条件。如果需要将无障碍格式版跨境转移到其他成员国，也只能通过具有公信力的中间机构进行。拉丁美洲和非洲集团提案则建议不那么严格和正式地规定能够向视力和阅读障碍者提供无障碍格式版的机构的资格，认为非营利性机构都应被允许制作和提供无障碍格式版，并向境外的受益人传播制作成无障碍格式版的作品复制件。

《马拉喀什条约》折中采纳了发达国家和发展中国家的提案，将"被授权实体"定义为"得到政府授权或承认，以非营利方式向受益人提供教育、指导培训、适应性阅读或信息渠道的实体。被授权实体也包括其主要活动或机构义务之一是向受益人提供相同服务的政府机构或非营利组织"。条约"关于第2条第（三）项的议定声明"进一步提到，"'得到政府承认的实体'可以包括接受政府财政支持，以非营利方式向受益人提供教育、指导培训、适应性阅读或信息渠道的实体"。

因此，根据条约的定义，被授权实体应满足三个基本条件：（1）得到政府授权或承认；（2）以非营利的方式运作；（3）向受益人提供教育、指导培训、适应性阅读或信息渠道。"得到政府授权或承认"这一条件可以使版权权利人放心其作品不会被无限制或不受控制地使用。在一些国家，例如马来西亚、拉脱维亚等国，政府并没有正式的授权程序允许一些主要是为视力障碍者提供协助的组织制作和提供无障碍格式版。所以条约引入了议定声明，将接受政府财政支持的实体也纳入政府承认的实体的范围。这对于一些发展中国家而言尤为重要，因为这些国家可能没有足够的财力成立专门的被授权实体，但却可以通过政府财政支持使一些为视力障碍者提供协助的组织成为被授权实体。

此外，定义中的第二句话指明，被授权实体除得到政府授权或承认的实体以外，还包括其主要活动或机构义务之一是向受益人提供相同服务的政府机构或非营利组织。因此，一个专门为盲人提供特殊服务的机构和一个主旨计划是便利视力残障者获取作品的公共图书馆都能成为条约规定的"被授权实体"。

除定义外，条约还规定被授权实体在以下方面制定并遵循自己的做法：（1）确定其服务的人为受益人；（2）将无障碍格式版的发行和提供限于受益人和（或）被授权实体；（3）劝阻复制、发行和提供未授权复制件的行为；（4）对作品复制件的处理保持应有注意并设置记录，同时根据第8条尊重受益人的隐私。[1] 根据条约规定，无障碍格式版既可被提供给受益人，又可被提供给其他被授权实体。如果被授权实体在为受益人提供服务的过程中发现了制作、发行和提供未经授权的无障碍格式版的行为，应采取积极的措施阻止侵权行为，而不是仅通知与侵权行为有关的利害关系人。被授权实体对作品复制件的处理有注意义务，这要求被授权实体一方面将特殊格式的作品复制件提供给受益人，另一方面限制并预防发生侵权行为。

Ficsor 认为条约规定的被授权实体必须满足以上四条应该遵循的做法，才能是合格的被授权实体。Band 则不认为这四条需要遵循的做法是必需的，这些做法只是为缔约方成立被授权实体提供了参考，重要的是被授权实体能够建立起自己的做法。[2] 由于条约第 2 条第（三）项在定义"被授权实体"时并未将四条应遵循的做法纳入定义中，可以理解为这四条做法是条约建议缔约方建立被授权实体时应考虑到的被授权实体规则，而不是对被授权实体的定义。如果被授权实体没能制定并遵循这四项做法，则被授权实体没能履行条约的义务，有被撤销或不被承认的风险。

### 二、国内法中的限制与例外

《马拉喀什条约》第 4 条规定了关于无障碍格式版的国内法限制与例外，这一条主要涉及版权权利限制与例外涵盖哪些版权权利，以及限制与例外需要满足哪些条件。

（一）强制性条款

第 4 条第 1 款第（一）项规定："缔约各方应在其国内版权法中规定对复制权、发行权和《世界知识产权组织版权条约》规定的向公众提供权的限制或例外，以便于向受益人提供无障碍格式版的作品。国内法规定的限制或例外应当允许将作品制成替代性无障碍格式所需要的修改。"由此可见，缔约方国内法中所规定的限制与例外必须覆盖复制权、发行权和向公众提供权三项

---

[1] Marrakesh Treaty to Facilitate Access to Published Works for Persons Who Are Blind, Visually Impaired or Otherwise Print Disabled (Marrakesh Treaty) [EB/OL]. [2021-12-27]: Article 2 (c) (i) - (iv). https://wipolex.wipo.int/en/treaties/textdetails/13169.

[2] BAND J. A User Guide to the Marrakesh Treaty [EB/OL]. (2013-08-13) [2021-12-23]. https://www.llrx.com/2013/08/a-user-guide-to-the-marrakesh-treaty/.

权利，对公开表演权的限制与例外是否设立由缔约方自行决定。

"复制权"被《伯尔尼公约》第9条第1款定义为"授权以任何方式和采取任何形式复制作品的专有权利"，《世界知识产权组织版权条约》将复制权延伸至数字网络环境，因此《马拉喀什条约》所规定的复制权也适用于数字网络环境。

"发行权"被《世界知识产权组织版权条约》第6条定义为"授权通过销售或其他所有权转让形式向公众提供其作品原件或复制品的专有权"，发行权只涉及向公众提供作品原件或复制件的有形版本，不包括在网络环境下的电子版本传播。

"向公众提供权"（making available to the public）是《世界知识产权组织版权条约》第8条"向公众传播权"（right of communication to the public）的一项子权利，指版权权利人"授权将其作品以有线或无线方式向公众提供，使公众中的成员在其个人选定的地点和时间可获得这些作品"，"向公众提供权"指的是"向公众传播权"中的交互式传播，也就是我国《著作权法》中的信息网络传播权。在向公众提供权的例外规定下，被授权实体能够不经版权权利人许可，将数字化无障碍格式版上传至网络，供受益人在其个人选定的地点和时间下载这些特殊格式版本。

（二）灵活性条款

第4条第1款第（二）项规定缔约方为便于受益人获得作品，还可以选择规定对公开表演权的限制或例外。根据《伯尔尼公约》第11条、第14条和第14条之二的规定，公开表演权适用于音乐作品、戏剧作品、音乐戏剧作品、文学艺术作品和电影作品。《马拉喀什条约》所界定的作品范围只包括形式为文字、符号和（或）图示的文学艺术作品。"发展条款"的引入使缔约方可以在国内法中规定被限制与例外覆盖的更多类型的作品。

在文字、符号和（或）图示三种形式中，图示是无法进行公开表演的，只能将其转化为特殊的格式，供视力和阅读障碍者触摸。可以公开表演的形式为文字、符号的文学艺术作品，包括可以公开朗诵的文字作品，例如散文、诗词等。音乐作品、戏剧作品和音乐戏剧作品通常会将音符、剧情的编排、场景、服饰等构成要素以文字或特殊的符号记录下来，因此，音乐作品、戏剧作品和音乐戏剧作品是能以文字、符号形式表现出来的艺术作品。但如果只是将文字和符号转化成特殊的格式供视力和阅读障碍者获取，则只涉及复制权、发行权

第三章　以获取信息为目的的限制与例外——为视力障碍者获取作品提供便利

和向公众提供权。而公开表演分为现场表演和机械表演，前者是通过舞台表演的方式演出文学艺术作品，后者是通过机械设备录制的方式在公开场合播放作品。如果视力和阅读障碍者欣赏的是现场表演，将很难从技术层面上把现场表演转化为特殊格式专供视力和阅读障碍者欣赏。因此，条约中所提到的公开表演权更多应涉及机械表演，在录制表演时，加入对舞台场景、人物形象等视觉要素的解释，制作成特殊格式的录音制品，供视力和阅读障碍者在其经常聚集的公开场合，例如残疾人团体筹办的晚会上，欣赏录制的表演。

（三）细化规定

第 4 条第 1 款只是规定缔约方必须提供复制权、发行权和向公众提供权的例外，但是没有具体规定由谁来执行这些例外规定。[1] 第 4 条第 2 款规定"缔约方为执行第 4 条第 1 款关于该款所述各项权利的规定，可以在其国内版权法中规定限制或例外，以便……"，"可以在其国内版权法中规定"的用语说明该款只是提供了落实条约基本义务的示范规定。该款第（一）项规定在国内法的版权限制与例外规则下，被授权实体和受益人能够复制、发行和向公众提供无障碍格式版的要求。第 2 款第（一）项是对被授权实体的要求，被授权实体可以在未经版权权利人授权的情况下制作作品的无障碍格式版，从另一被授权实体获得无障碍格式版，并以任何方式将这些无障碍格式版提供给受益人，制作和提供无障碍格式版需满足以下条件："（1）希望进行上述活动的被授权实体依法有权使用作品或该作品的复制件；（2）作品被转为无障碍格式版，其中可以包括浏览无障碍格式的信息所需要的任何手段，但除了使作品对受益人无障碍所需要的修改之外，未进行其他修改；（3）这种无障碍格式版供受益人专用；并且（4）进行的活动属于非营利性。"这四个条件有可能减少滥用限制与例外带来的风险。

第 2 款第（二）项规定了受益人利用无障碍格式版的情形，首先，受益人可以依法使用作品或作品的复制件；其次，受益人或代表其行事的人，包括主要看护人或照顾者可以制作作品的无障碍格式版供受益人个人使用，也可以通过其他方式帮助受益人制作和使用无障碍格式版。在该项条件下，受益人首先得依法有权使用作品或作品的复制件，受益人或代表其行事的人制

---

[1] BEZBOZHNA O. The Marrakesh Treaty for Persons with Visual Impairments: The Intersection between Copyright and Human Rights [D/OL]. Lund: Lund University, 2014: 31 [2021-12-23]. https://lup.lub.lu.se/student-papers/search/publication/4388852.

作的无障碍格式版一定是供受益人个人使用。不同于被授权的实体，条约只赋予了受益人享有复制权的例外，即可以为了个人使用而制作无障碍格式版，但受益人不能发行或向公众提供其制作的无障碍格式版，即受益人不能制作一份大号字体印刷品并将该印刷品分发给朋友或录制一份数字音频文件并将该文件通过网络发送给朋友。

（四）其他例外

1. "其他例外"的含义

除了条约提供的示范规定外，条约还允许缔约方自行规定版权的限制与例外，以满足条约第 4 条第 1 款的要求。条约第 4 条第 3 款规定缔约方为执行第 4 条第 1 款的规定，可以在其国内版权法中规定其他限制或例外。但这种限制或例外应依据条约第 10 条和第 11 条的规定制定。条约第 10 条是关于实施《马拉喀什条约》的一般原则，第 11 条是关于限制与例外的一般义务，即《伯尔尼公约》《TRIPS 协定》与《世界知识产权组织版权条约》中规定的三步检验标准，即这些权利限制与例外应当符合三步检验标准。

关于第 4 条第 3 款，有两点需要注意：（1）由于该款明确指出是为执行第 4 条第 1 款的规定，所以成员国根据该款提供的例外只能包括复制权、发行权和向公众传播权；（2）其他限制与例外，目的是确保条约的有效适用，并符合三步检验标准。

2. 为翻译权和改编权提供限制与例外

在《马拉喀什条约》的协商进程中，发展中国家和发达国家还就翻译权和改编权是否纳入权利限制与例外中有过争议。以印度等多民族语言为代表的发展中国家支持将翻译权吸收进条约规定中，应当允许将通用语言的作品翻译成民族语言，供该民族的视力和阅读障碍者使用。❶ 尼日利亚、墨西哥和我国提出，基于教育水平的差距，应当允许将作品改编为阅读缩写版的特殊格式，供受教育程度较低的视力和阅读障碍者使用。❷ 但发达国家认为在限制

---

❶ 世界知识产权组织版权与相关权常设委员会. 第二十四届会议报告草案（SCCR/24/12），Paragraphs 420，424，425［EB/OL］.（2012-07-27）［2021-12-23］. http://www.wipo.int/edocs/mdocs/copyright/zh/sccr_24/sccr_24_12_prov.pdf.

❷ 世界知识产权组织版权与相关权常设委员会. 第二十四届会议报告草案（SCCR/24/12），Paragraph 424［EB/OL］.（2012-07-27）［2021-12-23］. http://www.wipo.int/edocs/mdocs/copyright/zh/sccr_24/sccr_24_12_prov.pdf.

第三章 以获取信息为目的的限制与例外——为视力障碍者获取作品提供便利

与例外中增加翻译权，将导致拥有正常视力的普通人和残疾人之间的差别待遇，因为普通人并不享有为了获取本国语言的作品，可以不经权利人允许将外国语言作品翻译成本国语言的权利。因此，《马拉喀什条约》在通过最后文本时，并未将翻译权和改编权列入缔约方必须强制提供限制与例外的范围内。

但是，《马拉喀什条约》"关于第4条第3款的议定声明"提到，"各方达成共识，对于视力障碍或其他印刷品阅读障碍者而言，在翻译权方面，本款既不缩小也不扩大《伯尔尼公约》所允许的限制与例外的适用范围"。《伯尔尼公约》第8条规定了翻译权，"受本公约保护的文学艺术作品的作者，在对原作享有权利的整个保护期内，享有翻译和授权翻译其作品的专有权利"。同时，《伯尔尼公约》附件第2条第2款a项为翻译权规定了强制许可的条款，"如果一部作品自首次出版算起三年或根据该国本国法律规定更长的时间期满而翻译权所有者或在其授权下尚未以该国通用语文出版译本，该国任何国民都可得到用该国通用语文翻译该作品并以印刷形式或其他任何类似的复制形式出版该译本的许可证"。但该公约附件第1条声明明确：例外适用的条件为"根据联合国大会惯例被视为发展中国家的任何国家，凡已批准或已加入由本附件作为其组成部分的此公约文本，但由于其经济情况及社会或文化需要而又不能在当前作出安排以确保对此公约文本规定的全部权利进行保护者，可在其交存批准书或加入书的同时，或在不违反附件第5条第1款c项的条件下，在以后任何日期，在向总干事提交的通知中声明，它将援用附件第2条所规定的权利或第3条所规定的权利，或这两项所规定的权利"。由此可见，能够适用翻译权例外的是由于经济情况及社会或文化需要而又不能作出安排确保对翻译权进行保护的发展中国家。除此之外，《伯尔尼公约》中还有涉及翻译权的"默示许可"条款，如《伯尔尼公约》第2条之二第2款，第9条第2款、第10条第1款和第2款以及第10条之二第1款和第2款等都涉及翻译权默示许可。

由于第4条第3款的议定声明明确指出"本款"既不扩大也不缩小《伯尔尼公约》允许的翻译权限制与例外的适用范围，所以缔约方为确保第4条第1款的基本义务规定的有效适用，可以在《伯尔尼公约》允许的翻译权限制与例外范围内，规定翻译权的限制与例外。

（五）商业可获得性要求

一些国家在其国内版权法中将版权限制与例外局限于商业可获得性要求，

即只有当某一特定无障碍格式作品版本在相关市场中不存在时，才能利用限制与例外规定制作和提供相应的作品版本。这样做的目的是激励权利人主动地提供无障碍格式版，而不是通过权利限制和例外制作。❶ 南非出版商协会（Publishers Association of South Africa）认为只有权利人可以迅速和有效地以与正常人同等的时间和条件向受益人提供书籍。因此在权利人已经这样做的情况下，没有必要规定限制和例外。在《马拉喀什条约》的商定过程中，一些视力障碍者组织反对将商业可获得性要求纳入条约规定中，因为他们认为如果该种无障碍格式版已经在市场中存在，这样会阻碍类似于图书馆的被授权实体为了视力和阅读障碍者的利益去复制和传播版权作品的无障碍格式版。但同时，版权权利人希望增加商业可获得性要求，以确保权利限制与例外局限于一定范围，自己的利益不被损害。

最终《马拉喀什条约》在第 4 条第 4 款中采用了灵活性的折中规定，"缔约方可以将本条规定的限制或例外限于无法从商业渠道以合理条件为该市场中的受益人获得特定无障碍格式的作品"。在将商业可获得性要求吸收进条约规定时，该条款用了"可以"一词，即将是否在国内版权法中规定商业可获得性要求，用于限制版权限制与例外交由缔约方自行决定。但是，为防止商业可获得性要求成为三步检验法的预判标准，条约关于第 4 条第 4 款的议定声明明确规定：不得以商业可获得性要求为以本条规定的限制或例外是否符合三步检验标准进行预先判定。

（六）支付报酬

在《世界知识产权组织（WIPO）管理的版权及相关权条约指南以及版权及相关权术语汇编》中，权利的限制与例外有不同的含义。"限制"是指对作品的使用可以不经权利人许可，但需向权利人支付报酬；"例外"是指对作品的使用可以不经权利人许可也不向权利人支付报酬。❷ 因此，缔约方在国内版权法中规定针对视力和阅读障碍者获取作品的限制与例外时，既可以采用合

---

❶ FICSOR M. Commentary to the Marrakesh Treaty on Accessible Format Copies for the Visually Impaired [EB/OL]．[2021-12-23]: 27. https://view.officeapps.live.com/op/view.aspx?src=http%3A%2F%2Fwww.copyrightseesaw.net%2Fuploads%2Ffajlok%2FM_Ficsor_Commentary%2520to%2520the%2520Marrakesh%2520Treaty%2520on%2520accessible%2520format%2520copies%2520for%2520the%2520visually%2520impaired.doc&wdOrigin=BROWSELINK.

❷ 世界知识产权组织（WIPO）管理的版权及相关权条约指南以及版权及相关权术语汇编[EB/OL]．[2022-01-20]. https://www.wipo.int/edocs/pubdocs/zh/copyright/891/wipo_pub_891.pdf.

理使用的方式，即免费使用版权作品，也可以采用法定许可的方式，即规定使用作品不需要权利人事先许可，但是需向权利人支付报酬。

《马拉喀什条约》第4条第5款明确规定，"本条规定的限制或例外是否需要支付报酬，由国内法决定"。这一条款的规定明显有利于激励版权权利人为受益人制作和发行无障碍格式版。视力障碍者组织认为就制作无障碍格式版向权利人支付报酬也有利于视力和阅读障碍者，因为人人都希望处于一个有创作力和责任感的制度里，向权利人支付报酬有助于产生更多的无障碍格式版供残疾人获取和使用。但支付多少报酬合适，则需根据缔约方国内市场情况而定。

虽然这一灵活性的条款有助于从整体上增加无障碍格式版的数量，但它预留了许多问题有待缔约方国内法解决。例如，被授权实体需出于非营利目的才能制作、发行和向公众提供无障碍格式版本，那么应由谁向版权权利人支付报酬，是由政府、被授权实体还是受益人？此外，报酬的支付途径是通过集体管理组织收取再向权利人支付，还是直接由相关支付主体向权利人支付？再者，在涉及无障碍格式版跨境交换的情况下，如果缔约一方在国内法中规定了支付报酬，而缔约另一方未在国内法中规定支付报酬，则未规定支付报酬的一方是否还需就引进的无障碍格式版向他国版权权利人支付报酬？

### 三、跨境交换无障碍格式版义务

除了在一国境内为视力和阅读障碍者制作和提供作品的复制件外，《马拉喀什条约》力图解决的另一问题就是无障碍格式版的跨境交换。只有在跨境交换实现的情况下，才有利于各缔约方之间资源共享，在已有一种语言的无障碍格式版存在的前提下，只需将已存在的无障碍格式版输出到其他使用同一语言的国家便可解决他国视力和阅读障碍者获取作品的问题，而不必使他国受益人或被授权实体劳力伤财，重新制作无障碍格式版。例如，美国制作的英文作品的无障碍格式版可出口到加拿大、英国、澳大利亚、我国香港等说英语地区，我国制作的中文作品无障碍格式版可出口到美国、澳大利亚等有大量华人居住的地区，供有视力和阅读障碍的海外华人使用中文作品。

#### （一）无障碍格式版的出口

《马拉喀什条约》第5条所涉及的便是无障碍格式版跨境交换中的出口问题。依第1款规定，缔约方的被授权实体可以将根据限制或例外或者依法制作的无障碍格式版向另一缔约方的受益人或被授权实体发行或提供。"依法制作"可以从广义和狭义进行理解，广义的解释是指所有合法制作的无障碍格式版复制件，包括依版权人许可制作的；狭义的解释是排除版权人许可制作的无障碍格式版复制件。有观点认为，条约的用语应当采用狭义的解释，因为如果权利人在许可制作无障碍格式版时不愿意向其他国家提供作品，其不应承担在一个国家许可制作无障碍格式版而导致其作品向其他国家出口的结果。❶ Ficsor 进一步认为，由于条约的用语是"限制或例外"或者"依法制作"，因此"依法制作"的含义不应包括"限制与例外"的内容，而是仅指根据《伯尔尼公约》第 2 条的规定，尽管其构成作品，但是成员国可以立法排除版权保护。❷ 本书也认为应当就"依法制作"进行从严解释，排除根据权利人许可制作的无障碍格式版向境外出口，除了上述理由外，本书认为对版权的限制应当考虑对权利人利益的平衡，在无障碍格式版是根据权利人许可制作的情况下，应当尊重权利人的意愿。如果其他国家确实需要，可以寻求权利人的许可甚至依据其版权法中的限制与例外自行制作无障碍格式版。

另外，需要注意的是，依照该规定，只有被授权实体有资格将其制作的无障碍格式版出口至境外，受益人无权将其制作的无障碍格式版出口。接收他国出口的无障碍格式版的既可以是进口国的被授权实体也可以是受益人。在出口条款的最早商议阶段，提案只建议允许进口国的被授权实体接收无障碍格式版，之后才将允许受益人直接接收无障碍格式版纳入条约条款中，这样能更好地使进口国的受益人享用到无障碍格式版，尤其是在没有政府授权或承认的实体存在的国家。

与第 4 条一样，第 5 条第 2 款提供了缔约方实施该义务的细化规定。为了保证无障碍格式版在跨境交换时不被滥用，条约第 5 条第 2 款规定，缔约方可以在国内法中规定适用于跨境交换无障碍格式版的限制与例外条件，即在

---

❶ TRIMBLE M. The Marrakesh Puzzle [J]. IIC - International Review of Intellectual Property and Competition Law, 2014, 45 (7): 780.

❷ FICSOR M. Commentary to the Marrakesh Treaty on Accessible Format Copies for the Visually Impaired [EB/OL]. [2021-12-23]: 29. https://view.officeapps.live.com/op/view.aspx?src=http%3A%2F%2Fwww.copyrightseesaw.net%2Fuploads%2Ffajlok%2FM_Ficsor_Commentary%2520to%2520the%2520Marrakesh%2520Treaty%2520on%2520accessible%2520format%2520copies%2520for%2520the%2520visually%2520impaired.doc&wdOrigin=BROWSELINK. 该情况主要指《伯尔尼公约》第 2 条第 4 款：本同盟各成员国对立法、行政或司法性质的官方文件以及这些文件的正式译本的保护由其国内立法确定；以及第 2 条之二第 1 款政治演说和诉讼过程中发表的言论是否全部或部分地排除于上条提供的保护之外，属于本同盟各成员国内立法的范围。

发行或提供无障碍格式版之前，作为来源方的被授权实体不知道或者没有合理理由知道无障碍格式版将被用于受益人以外的目的。"关于第 5 条第 2 款的议定声明"进一步强调，在直接向另一缔约方的受益人发行或提供无障碍格式版时，被授权实体采取进一步措施，确认其正在服务的是受益人，并按第 2 条第（三）项，即被授权实体制定并遵循的做法，可能是适当的。"可能是适当的"用语说明确认受益人的措施是被授权实体可以选择采用的，被授权实体不采用这些措施并不当然构成有合理理由知道无障碍格式版将被用于受益人以外的目的。❶

（二）为无障碍格式版出口提供其他限制与例外

和条约第 4 条第 3 款类似，第 5 条第 3 款为缔约方实施跨境交换无障碍格式版的义务提供了自由，允许缔约方根据第 5 条第 4 款、第 10 条和第 11 条在其国内版权法中规定其他限制或例外。也就是说，缔约方在国内法中规定的关于跨境交换无障碍格式版的限制或例外可以不限于第 2 款中规定的情形，但必须符合三步检验标准。

（三）已出口无障碍格式版的转出口问题

条约第 5 条第 4 款针对解决的是"伯尔尼差距"，即如何在不承担《伯尔尼公约》《TRIPS 协定》及《世界知识产权组织版权条约》中"三步检验法"义务的成员境内保护无障碍格式版不被滥用。第 4 款第（一）项规定，如果接收无障碍格式版的缔约方不承担《伯尔尼公约》三步检验标准义务的，那么该缔约方应根据自身的法律制度和做法，确保无障碍格式版仅为其自身管辖范围内的受益人复制、发行或提供，即该缔约方被授权实体不得将获得的无障碍格式版再出口至他国。第 4 款第（二）项针对的是某些不承担《伯尔尼公约》义务，但是是《世界知识产权组织版权条约》成员或实际上在国内法中运用三步检验标准于发行权和向公众提供权的国家，只有这些国家在获取无障碍格式版时，可以再将无障碍格式版出口至其他缔约方。目前，埃塞俄比亚还不是《伯尔尼公约》《TRIPS 协定》及《世界知识产权组织版权条约》的成员国，如果是该国的被授权实体接收进口的无障碍格式版，就存在着不得将无障碍格式版转出口的问题。

---

❶ BAND J. A User Guide to the Marrakesh Treaty［EB/OL］.（2013-08-13）［2021-12-23］: 10. https://www.llrx.com/2013/08/a-user-guide-to-the-marrakesh-treaty/.

### (四) 其他与出口相关的问题

此外,《马拉喀什条约》避免去解决有争议的问题,比如权利用尽问题。条约第5条第5款说明,"本条约的任何内容均不得用于处理权利用尽问题"。因为权利用尽问题通常是一国管辖范围内的问题,而且学界还存在着国内权利用尽和国际权利用尽之争,很难通过国际条约来解决权利用尽问题。

不过第5条规定并没有像第4条关于国内法权利限制与例外那样,为缔约方在国内法中制定版权限制与例外提供那么多的灵活性。根据第4条规定,缔约方可以在国内法中增加商业可获得性要求,如果市场中已经存在同一类型的无障碍格式版,则限制被授权实体或受益人制作无障碍格式版。如果成员国采用了第4条第4款的商业可获得性标准,则被授权实体不应将市场上可以合理条件获得的无障碍格式版作品出口,因为这些无障碍格式版不是依照限制或例外制作的。❶

### (五) 进口无障碍格式版

与第5条出口无障碍格式版相对应,条约第6条所涉及的是进口无障碍格式版。第6条规定,只要按条约第4条规定,缔约方的国内法为受益人、代表受益人行事的人或被授权实体制作无障碍格式作品制定了限制与例外,则该缔约方的国内法同样应该允许为了受益人的利益而进口无障碍格式版。

条约"关于第6条的议定声明"进一步规定,缔约各方在履行其依第6条承担的义务时,享有第4条所规定的相同灵活性。在第4条的规定下,缔约各方有权自行决定是否将限制与例外延伸至公开表演权;是否将限制与例外局限于商业可获得性要求;是否要求向版权权利人支付报酬。同样地,这些灵活决定权也适用于缔约各方进口无障碍格式版的情形。例如,缔约方可以在国内法中规定,如果其市场上存在某一类型的无障碍格式版,将不允许再进口同一作品的同一类型无障碍格式版;也可以规定进口无障碍格式版需要向作品的版权权利人支付报酬。

此外,条约第9条还提供了为跨境交换无障碍格式版提供便利的建议。

---

❶ FICSOR M. Commentary to the Marrakesh Treaty on Accessible Format Copies for the Visually Impaired [EB/OL]. [2021-12-23]: 29. https://view.officeapps.live.com/op/view.aspx?src=http%3A%2F%2Fwww.copyrightseesaw.net%2Fuploads%2Ffajlok%2FM_Ficsor_Commentary%2520to%2520the%2520Marrakesh%2520Treaty%2520on%2520accessible%2520format%2520copies%2520for%2520the%2520visually%2520impaired.doc&wdOrigin=BROWSELINK.

第三章 以获取信息为目的的限制与例外——为视力障碍者获取作品提供便利

例如，缔约各方应鼓励自愿共享信息，帮助被授权实体互相确认，努力促进无障碍格式版的跨境交换。同时，缔约各方可酌情向有关各方和公众提供与无障碍格式版的跨境交换有关的政策和做法的信息。世界知识产权组织国际局可以为此建立信息联络点，共享与本条约发挥作用有关的信息。

### 四、关于规避技术措施的例外

技术措施是被版权权利人用作阻止未经许可访问和复制作品的技术性措施。国际版权条约中对于技术措施的保护最早出现在《世界知识产权组织版权条约》第 11 条，该条规定，"缔约各方应规定适当的法律保护和有效的法律补救办法，制止规避由作者为行使本条约或《伯尔尼公约》所规定的权利而使用的、对就其作品进行未经该有关作者许可或未由法律准许的行为加以约束的有效技术措施"。

由于作品的无障碍格式版可通过例如电子盲文、屏幕阅读器、文本到语音合成等数字技术方式提供，如果在这些数字方式提供的版本中加入技术措施对其进行保护，将不便于视力和阅读障碍者查阅作品。针对这一情况，拉丁美洲和非洲集团提案都提出应使受益人享有例外，在必要时为查阅作品而享有规避技术措施的权利。但是，美国代表团在协商过程中，一度认为应当采取立法和行政上的透明措施，去检验受益人有可信的证据证明其规避技术措施是合理的。

《马拉喀什条约》最终未采纳美国代表团的提案，而是在第 7 条中规定，"缔约各方应在必要时采取适当措施，确保在其为制止规避有效的技术措施规定适当的法律保护和有效的法律救济时，这种法律保护不妨碍受益人享受本条约规定的限制与例外"。因此，一方面，条约是允许版权权利限制与例外适用于为便捷视力和阅读障碍者获取作品而规避技术措施；另一方面，条约"关于第 7 条的议定声明"说明条约并不妨碍被授权实体在很多情况下选择在无障碍格式版的制作、发行和提供中采用技术措施。

总而言之，条约第 7 条强制那些已在国内法中规定了反规避技术措施规则的缔约方为受益人提供限制与例外，允许在版权限制与例外的范围内为便捷受益人获取作品而规避技术措施。但条约又未强制缔约方采取何种具体的例外来规避技术措施，而是将自由选择权留给缔约方自行决定。缔约方可以自行决定规避技术措施是否需要经过一定程序、谁可以规避技术措施、哪些作品的技术措施可以被规避、规避方法和技术是否能被传播等一系列具体的例外问题。

**五、实施条款与发展条款**

《马拉喀什条约》第10条和第11条就条约的实施问题做出了规定，第10条除了规定缔约方应当履行条约规定的义务之外，还明确赋予缔约方实施方式的自由，而第11条则强调这些自由受到缔约方国际义务，尤其是三步检验标准的限制。条约的第12条规定了其他限制与例外，在草案中被称为"发展条款"。

（一）缔约方的实施自由

第10条第1款规定了条约义务必须遵守，第2款和第3款为缔约方如何实施条约规定的义务提供了自由。第2款规定缔约方可以根据自身的法律制度和做法规定适当的办法来履行义务。第3款规定缔约方在履行义务时既可以专为受益人规定限制或例外，也可以规定其他限制或例外，还可以采用二者结合的方式。第3款的规定表明，只要限制或例外是为了受益人的利益规定的，无论是否同时可能为其他人的利益带来好处，都是符合本条约规定的。

（二）邻接权的限制与例外

邻接权是与版权相关的权利，主要保护三类传播者，即表演者、录音制品制作者和广播组织，邻接权是这三类传播者对传播作品和自身付出劳动所享有的一系列权利。《马拉喀什条约》并未在条约正文中明确说明权利限制与例外同样适用于邻接权，而是在"关于第10条第2款的议定声明"中指出"当作品属于第二条规定的作品，包括有声形式的此种作品时，出于制作、发行和向受益人提供无障碍格式版的需要，本条约规定的限制与例外比照适用于相关权❶"。也就是说，针对文字、符号、图示和有声读物的制作和提供，权利限制与例外同样适用于邻接权。像有声书这样的录音制品在有些国家是通过邻接权而不是狭义版权加以保护的，这一议定声明指出了这些国家在涉及制作有声书这样的无障碍格式版时，除了提供狭义版权的限制与例外，也需要就相应的邻接权规定限制与例外。❷

---

❶ 相关权和邻接权是同义词。

❷ BAND J. A User Guide to the Marrakesh Treaty [EB/OL]. (2013-08-13) [2021-12-23]: 17. https://www.llrx.com/2013/08/a-user-guide-to-the-marrakesh-treaty/.

第三章　以获取信息为目的的限制与例外——为视力障碍者获取作品提供便利

但是，该议定声明并未详细说明限制与例外适用于哪些具体的权利，也未指明对于邻接权的限制与例外是否比照第4条关于国内法中限制与例外的规定制定，即缔约方是否有权规定适用于邻接权的限制与例外要局限于商业可获得性要求，以及是否就传播作品复制件向有权传播者支付报酬。

（三）限制与例外的一般义务

为了防止缔约方实施的版权限制与例外导致严重地损害权利人的利益，《马拉喀什条约》第11条"关于限制与例外的一般义务"规定，缔约方在采取必要措施确保条约的适用时，可以行使该缔约方依照《伯尔尼公约》《TRIPS协定》和《世界知识产权组织版权条约》，包括它们的各项解释性协议，所享有的权利，并应遵守其依照这些条约承担的义务，因此：

（1）依照《伯尔尼公约》第9条第2款，缔约方可以允许在某些特殊情况下复制作品，只要这种复制不与作品的正常利用相抵触，也不致不合理地损害作者的合法利益。

（2）依照《TRIPS协定》第13条，缔约方应将对专有权的限制或例外限于某些不与作品的正常利用相抵触，也不致不合理地损害权利人合法利益的特殊情况。

（3）依照《世界知识产权组织版权条约》第10条第1款，缔约方在某些不与作品的正常利用相抵触，也不致不合理地损害作者合法利益的特殊情况下，可以对依《世界知识产权组织版权条约》授予作者的权利规定限制或例外。

（4）依照《世界知识产权组织版权条约》第10条第2款，缔约方在适用《伯尔尼公约》时，应将对权利的任何限制或例外限于某些不与作品的正常利用相抵触，也不致不合理地损害作者合法利益的特殊情况。

《维也纳条约法公约》第31条第2款和第3款规定："二、就解释条约而言，上下文除指连同弁言及附件在内之约文外，并应包括：（甲）全体当事国间因缔结条约所订与条约有关之任何协定；（乙）一个以上当事国因缔结条约所订并经其他当事国接受为条约有关文书之任何文书。三、应与上下文一并考虑者尚有：（甲）当事国嗣后所订关于条约之解释或其规定之适用之任何协定；（乙）嗣后在条约适用方面确定各当事国对条约解释之协定之任何惯例。"

就条约第11条所提到的三个公约而言，并没有属于《维也纳条约法公约》第2款（乙）项规定的文书，也没有第3款（甲）项规定的后续协定，抑或是属于第3款（乙）项规定的解释惯例。只有《世界知识产权组织版权条约》有一项符合第2款（甲）项规定的缔结条约有关的协定，即《世界知识产权组织版权条约》关于第10条的议定声明，该声明指出："不言而喻，第10条的规定允许缔约各方将其国内法中依《伯尔尼公约》被认为可接受的限制与例外继续适用并适当地延伸到数字环境中。同样，这些规定应被理解为允许缔约方制定对数字网络环境适宜的新的例外与限制。另外，不言而喻，第10条第2款既不缩小也不延伸由《伯尔尼公约》所允许的限制与例外的可适用性范围。"因此，《马拉喀什条约》第11条中所指的解释性协议仅包括这一议定声明。❶

（四）发展条款

就最高限度的权利限制与例外而言，《马拉喀什条约》允许缔约方在国内法中规定其他权利的限制与例外。《马拉喀什条约》第12条规定："一、缔约各方承认，缔约方可以依照该缔约方的国际权利和义务，根据该缔约方的经济情况与社会和文化需求，对于最不发达国家，还应考虑其特殊需求、其特定的国际权利和义务及这些权利和义务的灵活性，在其国内法中为受益人实施本条约未规定的其他版权限制与例外。二、本条约不损害国内法为残疾人规定的其他限制与例外。"

该条款在谈判时被称作"发展条款"，允许缔约方在国内法中规定条约未规定的其他版权限制与例外，如何理解该条的规定，涉及缔约方是否能够规定视听作品例外，以及翻译权和改编权例外的问题。

缔约方是否可以依据第12条的规定为受益人提供翻译权的限制和例外。在我国学术界有不同认识：有观点认为第12条作为协商的妥协，允许缔约方自行规定《马拉喀什条约》未做规定的其他版权限制与例外；❷也有观点从《马拉喀什条约》第4条第3款既不缩小也不扩大《伯尔尼公约》所允许的对翻译权限制与例外的适用范围的议定声明出发，认为不能根据第12条规定翻译权的限制与例外，仅可以按照《伯尔尼公约》附件规定强

---

❶ FICSOR M. Commentary to the Marrakesh Treaty on Accessible Format Copies for the Visually Impaired [EB/OL]. [2021-12-23]: 52. https://view.officeapps.live.com/op/view.aspx?src=http%3A%2F%2Fwww.copyrightseesaw.net%2Fuploads%2Ffajlok%2FM_Ficsor_Commentary%2520to%2520the%2520Marrakesh%2520Treaty%2520on%2520accessible%2520format%2520copies%2520for%2520the%2520visually%2520impaired.doc&wdOrigin=BROWSELINK.

❷ 王迁. 论《马拉喀什条约》及对我国著作权立法的影响 [J]. 法学, 2013 (10): 58.

## 第三章 以获取信息为目的的限制与例外——为视力障碍者获取作品提供便利

制许可。[1]

第 4 条第 3 款关于翻译权的议定声明，最初出现在"SCCR/25/2 Rev."文件的附件中，是由尼日利亚和瑞士提出的，原文为"允许为了受益人的利益译为官方语言或者受宪法保护的国家语言。但谅解是本条既不缩小也不扩大依据《伯尔尼公约》所允许的限制和例外的可适用范围"。直到条约通过的前一版（VIP/DC/3 Rev.）中，翻译权还是和公开表演权并列，属于缔约方可以规定的权利限制与例外。但在正式通过的条约正文中，去掉了翻译权，该议定声明也变成了"在翻译权方面，本款既不缩小也不扩大《伯尔尼公约》所允许的限制与例外的适用范围"。

由于缺少相关的文件记录，只能从字面上对该议定声明的含义加以解释。该议定声明涉及的是为有效实施复制权、发行权和向公众提供权三项权利的限制或例外，行使这三项权利的限制或例外会涉及翻译的问题。《伯尔尼公约》中涉及翻译权除了强制许可外条款，还涉及翻译权的"默示许可"条款。在斯德哥尔摩会议上，各国代表对《伯尔尼公约》的翻译权默示许可条款进行了讨论。各方普遍认为《伯尔尼公约》第 2 条之二第 2 款，第 9 条第 2 款、第 10 条第 1 款和第 2 款以及第 10 条之二第 1 款和第 2 款涉及默示许可；但对第 11 条之二和第 13 条规定的合法使用是否涉及默示许可存在不同意见。有些代表团认为，第 11 条之二和第 13 条的规定也可以适用于翻译的作品；包括比利时、法国和意大利在内的其他代表团则认为，第 11 条之二和第 13 条的措辞不允许对其作出如下解释：未经作者同意而使用某一作品，也包括未经作者同意而翻译该作品。[2] 尽管有争论，但对《伯尔尼公约》有翻译权的默示许可条款没有争议。基于以上的理解，本书认为，议定声明所说的"既不缩小也不扩大依据《伯尔尼公约》所允许的限制与例外的可适用范围"，应当认为是指为实施第 4 条第 1 款规定的权利的限制与例外，可以延伸到《伯尔尼公约》中对翻译权的强制许可和涉及默示许可的条款规定的适用范围，也就是说，可以在适用范围内对翻译权作出限制或例外。

那么，该议定声明有关翻译权的规定，是否属于第 12 条所说的"本条约未规定的其他版权限制与例外"？显然，从该议定声明的用语分析，答案应该是否

---

[1] 严永和. 也论我国残疾人版权限制与例外制度的构建——与王迁教授商榷 [J]. 中南民族大学学报（人文社会科学版），2014，34（5）：104.

[2] 米哈依·菲彻尔. 版权法与因特网 [M]. 郭寿康，万勇，相靖，译. 北京：中国大百科全书出版社，2009：429-430.

定的。也正是在这一意义上，可以说《马拉喀什条约》最终还是承认，缔约方可以按照《伯尔尼公约》规定的范围，自行决定是否以及在何种程度上对翻译权进行限制。❶ 实际上，有了该议定声明，再强调可依据第 12 条制定翻译权限制或例外没什么实际意义；反过来，也可以说有了第 12 条规定，该议定声明也就失去了实质意义。在讨论这一问题时，尤其要看到，议定声明的规定实质上与《TRIPS 协定》和《世界知识产权组织版权条约》的相关规定是一脉相承的。1996 年世界知识产权组织国际局发表的《TRIPS 协定对 WIPO 管理的条约的影响》指出，《伯尔尼公约》对复制权和其他专有权规定了许多例外或限制，通常以及正常的情况下，就有关专有权的例外与限制的规定而言，《伯尔尼公约》与《TRIPS 协定》之间没有任何冲突；❷ 就《伯尔尼公约》有关例外与限制的规定而言，《TRIPS 协定》第 13 条只是一种解释工具，它并没有扩大《伯尔尼公约》有关规定的适用范围。❸《世界知识产权组织版权条约》第 10 条第 2 款规定了限制与例外适用于《伯尔尼公约》所规定的所有权利，同时关于该条的议定声明还指出"不言而喻，第 10 条第 2 款既不缩小也不延伸由《伯尔尼公约》所允许的限制与例外的可适用性范围"。

由于条约并未规定视听作品与改编权，因此这二者属于条约中未规定的其他版权限制与例外，成员国可以自行规定，对此不再具体论述。

## 第三节　各国和地区根据《马拉喀什条约》进行立法的情况

《马拉喀什条约》第 18 条规定，条约应在二十个缔约方交存批准书或加入书三个月之后生效。截至 2021 年 12 月，已有 84 个缔约方交存了批准书或

---

❶ HILTY R M, KOKLU K, KUR A, et al. Position Paper of the Max Planck Institute for Innovation and Competition [J]. IIC-International Review of Intellectual Property and Competition Law, 2015, 46 (6): Paragraph 18.

❷ World Intellectual Property Organization. Implications of the TRIPS Agreements on Treaties Administered by WIPO [EB/OL]. [2021-12-23]: 22-23. https://www.wipo.int/edocs/pubdocs/en/intproperty/464/wipo_pub_464.pdf.
米哈依·菲彻尔. 版权法与因特网 [M]. 郭寿康, 万勇, 相靖, 译. 北京：中国大百科全书出版社, 2009：439.

❸ 米哈依·菲彻尔. 版权法与因特网 [M]. 郭寿康, 万勇, 相靖, 译. 北京：中国大百科全书出版社, 2009：440.

第三章 以获取信息为目的的限制与例外——为视力障碍者获取作品提供便利

加入书,包括印度、阿拉伯联合酋长国、乌拉圭、新加坡、阿根廷、墨西哥、蒙古、韩国、澳大利亚、巴西、秘鲁、朝鲜、以色列、加拿大、俄罗斯、欧盟、美国等国家和地区。❶还有一些缔约方正在积极征求意见、修改立法,为批准《马拉喀什条约》做好准备。我国全国人民代表大会常务委员会已于 2021 年 10 月 23 日批准《马拉喀什条约》❷。该条约于 2022 年 5 月 5 日在我国正式生效。以下就印度、欧盟、美国、澳大利亚、新西兰、新加坡及南非的版权法情况做简单介绍,以供为《马拉喀什条约》在我国落地制定细节规则提供借鉴和参考。

### 一、印度《2012 年版权修订法案》

在 2012 年《马拉喀什条约》还在讨论和商定过程中,印度便积极修订版权法,将为视力障碍者提供可供查阅的特殊格式版本纳入新修订的版权法中,使修订后的版权法规定与《马拉喀什条约》一致,从而使得印度成为《马拉喀什条约》通过后第一个批准条约的国家。

印度《2012 年版权修订法案》引入第 52 条（1）（zb）,允许将任何作品改编成无障碍格式版本并且复制、发行或向公众提供无障碍格式版本,这些行为既可以由任何为了帮助残疾人获取作品的个人实施,包括为了个人使用、教育或研究的目的与残疾人分享无障碍格式版;如果作品的常规格式阻碍残疾人享用作品的话,也可以由任何为残疾人利益工作的机构实施。❸

此外,印度还在版权修订法案中增加了第 31B 条,为营利目的制作无障碍格式版提供强制许可。该条规定,任何为残疾人利益工作的个人都可以向版权局申请强制许可去发行供残疾人阅读的作品版本,当第 52 条（1）（zb）不适用时,版权局应当立即处理申请并尽可能在收到申请后的两个月内处理完毕。版权局在收到申请后,可以就申请人的资信以及申请是否善意进行询问。如果版权局在进行询问并给予版权权利人合理的机会聆听询问后,对询问的结果满意,则版权局应当指示版权登记处批准发行作品特殊版本的强制许可申请。在本条款批准下的强制许可应当列明发行的版本和方式,强

---

❶ WIPO-Administered Treaties [EB/OL]. [2021-12-21]. https://wipolex.wipo.int/en/treaties/ShowResults?search_what=N&treaty_id=843.

❷ 北京青年报. 中国加入《马拉喀什条约》 视障人士将不再"书荒"[EB/OL]. (2021-11-08) [2021-12-21]. https://view.inews.qq.com/wxn2/20211108A007KR00?refer=wx_hot.

❸ The Copyright (Amendment) Act, 2012 of India [EB/OL]. [2021-12-30]. https://iprlawindia.org/wp-content/uploads/2020/10/Copyright-Amendment-Act-2012.pdf.

制许可实施的时间期限，作品无障碍格式版的发行数量以及版税。❶

印度在相当广的范围内为残疾人获取作品提供了便捷。首先，版权修订法案对于残疾人的界定并未局限于视力和阅读障碍者，而是包括了所有类型的残疾。其次，法案也未对可以制作和提供无障碍格式版的机构和个人进行界定，任何为残疾人利益工作的个人和组织都可以改编、复制、发行和向公众提供无障碍格式版。再者，法案并未限定可提供的作品类型，任何作品都属于版权限制与例外的范畴。最后，法案将改编权纳入国内版权法中，允许对作品进行改编再提供给残疾人。此外，版权修订法案为营利的目的制作无障碍格式版提供了强制许可。

### 二、欧盟《2017/1564 指令》与《2017/1563 条例》

欧盟于 2014 年 4 月 30 日签署《马拉喀什条约》。2014 年 10 月 21 日，欧盟议会向理事会提交了一份关于代表欧盟缔结《马拉喀什条约》的提案，知识产权工作会议分别于 2014 年 11 月、2015 年 1—2 月审议了提案，全体代表都支持《马拉喀什条约》的宗旨以及希望条约能尽快实施，促进视力和阅读障碍者获得教育和参与文化生活。欧盟于 2018 年 10 月 1 日正式批准《马拉喀什条约》。在条约批准前，欧盟已于 2017 年 9 月 20 日公布为盲人、视力障碍者或其他阅读障碍者的利益而允许使用受版权和相关权保护的某些作品和其他客体的指令（《2017/1564 指令》）和条例（《2017/1563 条例》），并要求成员国在 2018 年 10 月 11 日前将指令内化为国内法。❷

《2017/1564 指令》旨在以协调一致的方式通过纳入强制性版权权利例外保证某些作品能被允许使用，以履行欧盟在《马拉喀什条约》下必须履行的义务。被权利例外涵盖的权利包括复制权、向公众传播权、发行权、出租权、数据库特殊权利以及相关权。❸ 指令涉及的受益人包括：盲人；视力障碍者且

---

❶ The Copyright (Amendment) Act, 2012 of India [EB/OL]. [2021-12-30]. https://iprlawindia.org/wp-content/uploads/2020/10/Copyright-Amendment-Act-2012.pdf.

❷ Implementation of the Marrakesh Treaty in EU Law [EB/OL]. [2022-01-06]. https://digital-strategy.ec.europa.eu/en/policies/marrakesh-treaty.

❸ Directive (EU) 2017/1564 of the European Parliament and of the Council of 13 September 2017 on certain permitted uses of certain works and other subject matter protected by copyright and related rights for the benefit of persons who are blind, visually impaired or otherwise print-disabled and amending Directive 2001/29/EC on the harmonisation of certain aspects of copyright and related rights in the information society (thereafter "2017/1564 Directive") [EB/OL]. [2022-01-06]: Recital (6). https://eur-lex.europa.eu/legal-content/EN/TXT/PDF/?uri=CELEX:32017L1564.

### 第三章 以获取信息为目的的限制与例外——为视力障碍者获取作品提供便利

无法改善以使其视力功能实质上等同于无视力受损的人,并因此无法与无视力受损的人实质相同程度阅读印刷品;知觉或阅读障碍者,并因此无法与无障碍者实质相同程度阅读印刷品;以及由于身体残疾而无法持有或翻动书籍或将眼睛聚焦或移动到正常阅读可接受程度的人。❶ 指令旨在促进受益人能够获取包括电子书、期刊、报纸、杂志和其他类型以文字、符号或音频形式存储的材料,无论这些材料是数字还是模拟格式,是线上还是线下格式。无障碍格式版包括盲文、大字号印刷品、经改编的电子书、有声读物和广播。❷ 指令中对版权作品或其他客体的被允许的使用包括由受益人或服务于受益人需求的被授权实体制作无障碍格式版,无论这些被授权实体是公共或私人机构,尤其是将为阅读障碍者服务作为其主要活动、机构义务或公共利益使命一部分的图书馆、教育机构和其他非营利组织。除受益人和被授权实体外,代表受益人或协助受益人制作无障碍格式版的自然人也可以制作无障碍格式版。供使用制作无障碍格式版的版权作品或其他客体只能是受益人或被授权实体合法获取的作品。❸ 指令应确保任何成员国被授权实体制作的无障碍格式版可在整个欧盟范围内由受益人和被授权实体分发和访问,指令鼓励欧盟内成立的被授权实体自愿通过网络等方式分享其名称和联系方式。❹ 指令不允许成员国为权利例外的适用增加额外要求,诸如无障碍格式版商业可获得性的事先验证是不被允许的;成员国仅能就被授权实体使用版权作品或其他客体制作无障碍格式版制定经济补偿。❺

《2017/1563 条例》旨在履行《马拉喀什条约》规定的无障碍格式版进出口义务,即欧盟与作为《马拉喀什条约》缔约方的第三国之间为受益人非营利目的而作出的无障碍格式版进出口安排。❻ 条例应确保无障碍格式版能被发行、向公众传播或提供至作为《马拉喀什条约》缔约方的第三国的受益人或被授权实体,此种发行、向公众传播或提供无障碍格式版只能由成员国成立

---

❶ 2017/1564 Directive, Article 2 (2).
❷ 2017/1564 Directive, Recital (7).
❸ 2017/1564 Directive, Recital (9).
❹ 2017/1564 Directive, Recital (11).
❺ 2017/1564 Directive, Recital (14).
❻ Regulation (EU) 2017/1563 of the European Parliament and of the Council of 13 September 2017 on the cross-border exchange between the Union and third countries of accessible format copies of certain works and other subject matter protected by copyright and related rights for the benefit of persons who are blind, visually impaired or otherwise print-disabled (thereafter "2017/1563 Regulation") [EB/OL]. [2022-01-06]: Recital (5). https://eur-lex.europa.eu/legal-content/EN/TXT/PDF/?uri=CELEX:32017R1563.

的被授权实体在非营利基础上进行。❶ 条例还允许欧盟境内受益人和成员国成立的被授权实体出于非营利目的为受益人利益从第三国进口和获取根据《马拉喀什条约》实施制作的无障碍格式版，这些无障碍格式版能够与在欧盟境内制作的无障碍格式版相同条件下在欧盟内部市场流通。❷

### 三、美国《2018 年马拉喀什条约实施法案》

美国于 2019 年 2 月 8 日正式加入《马拉喀什条约》。为将条约义务转化为国内法，美国制定了《2018 年马拉喀什条约实施法案》，在现有版权法的基础上扩展了第 121 条的范围并增加了第 121A 条。❸ 第 121 条是为盲人或其他残疾人复制作品的权利例外。该条款规定被授权实体在美国复制或发行已发表的文字作品或以符号形式呈现的音乐作品的无障碍格式版不视为版权侵权，只要该无障碍格式版专供合资格人士使用。❹ 作品的复制件不能以专供合资格人士使用的无障碍格式版以外的形式被复制或发行；应注明以无障碍格式版以外形式复制或发行复制件构成版权侵权；应注明版权所有者和作品原始出版日期。❺ 合资格人士被定义为无论是否有其他任何残疾的以下人士：盲人；有视力障碍或知觉或阅读障碍，无法改善至能提供实质上等同于无此种障碍或残疾的人的视觉功能，因此不能以与无此种障碍或残疾的人实质相同的程度阅读印刷品；由于身体残疾，无法持有或翻动书籍，或无法在通常可接受的阅读范围内聚焦或移动眼睛。❻ 无障碍格式版是指能让合资格人士与无障碍或残疾人士一样获取作品的替代形式，该版本仅供合资格人士使用。❼ 被授权实体是指其主要任务是提供与盲人或其他残疾人的培训、教育或适应性阅读或信息获取需求相关的专门服务的非营利组织或政府机构。❽

第 121A 条是为《马拉喀什条约》缔约方盲人或其他残疾人复制作品的权

---

❶ 2017/1563 Regulation，Recital（6）.

❷ 2017/1563 Regulation，Recital（7）.

❸ MAZUMDAR A. The Marrakesh Treaty in Action：Exciting Progress in Access to Published Works for the Blind and Print-Disabled Communities [EB/OL]. (2021-02-22) [2022-01-06]. https://blogs.loc.gov/copyright/2021/02/the-marrakesh-treaty-in-action-exciting-progress-in-access-to-published-works-for-the-blind-and-print-disabled-communities/.

❹ United States Copyright Office. Marrakesh Treaty Implementation Act [EB/OL]. (2018-02) [2022-01-06]：Section 121 (a). https://www.copyright.gov/legislation/2018_marrakesh_amendments.pdf.

❺ United States Marrakesh Treaty Implementation Act，Section 121（b）.

❻ United States Marrakesh Treaty Implementation Act，Section 121（d）（3）.

❼ United States Marrakesh Treaty Implementation Act，Section 121（d）（1）.

❽ United States Marrakesh Treaty Implementation Act，Section 121（d）（2）.

利例外，以履行条约规定的无障碍格式版进出口义务。被授权实体将已发表的文字作品或以符号形式呈现的音乐作品的无障碍格式版出口至位于《马拉喀什条约》缔约方的被授权实体或者《马拉喀什条约》缔约方的合资格人士不被视为版权侵权，只要在出口此类无障碍格式版前，从事出口的被授权实体不知道或没有合理理由知道该无障碍格式版会被合资格人士以外的人使用。❶ 被授权实体、合资格人士或代表合资格人士行事的人进口已发表的文字作品或以符号形式呈现的音乐作品的无障碍格式版不被视为版权侵权。❷ 为施行进出口活动，被授权实体应根据实际情况制定和遵循一定行事准则，采用以下做法：确定被授权实体是为合资格人士服务；仅限于向合资格人士和被授权实体发行无障碍格式版；不鼓励复制和发行未经授权的作品复制件；在被授权实体处理作品复制件时保持应有的注意义务和记录，同时在与其他人平等的基础上尊重合资格人士的隐私；通过向公众提供被授权实体拥有无障碍格式版的作品名称、具体的无障碍格式以及关于被授权实体转移无障碍格式版的政策、操作方法和被授权实体合作者信息促进无障碍格式版的有效跨境转移。❸

### 四、澳大利亚《2017年版权修订（残疾人士访问及其他措施）条例草案》

澳大利亚现有版权法为《1968年版权法案》，该法案已于2019年进行最新修订。澳大利亚于2015年12月10日交存《马拉喀什条约》批准书，并于2017年颁布《2017年版权修订（残疾人士访问及其他措施）条例草案》以修订《1968年版权法案》使其符合《马拉喀什条约》要求。修订后的版权法在第10条定义解释中增加了"版权材料""协助残疾人的组织""残疾人"三个术语的定义，并在"不侵犯版权的作品使用"部分增加了由残疾人使用或为残疾人利益使用作品的情形。"版权材料"是指享有版权保护的任何东西。"协助残疾人的组织"是指教育机构以及主要职能为向残疾人提供协助的非营利组织（无论该组织是否具有其他主要职能）。"残疾人"是指在阅读、观看、聆听或理解特定形式版权材料上由于残疾而具有困难的人。❹

---

❶ United States Marrakesh Treaty Implementation Act, Section 121A (a).
❷ United States Marrakesh Treaty Implementation Act, Section 121A (b).
❸ United States Marrakesh Treaty Implementation Act, Section 121A (c).
❹ Copyright Act 1968 of Australia (last amended in 2019) [EB/OL]. [2022-01-06]: Section 10. https://www.legislation.gov.au/Details/C2019C00042.

版权法案第113E条和第113F条为专门增加的由残疾人使用或为残疾人利益使用作品的权利例外情形。第113E条规定有为残疾人获取作品的合理使用情形。根据该条规定，如果合理使用版权作品是为了一名或多名有权获得版权作品的残疾人（无论该使用是由其中任何一人还是由另一人进行），则该使用并不侵犯该作品的版权。[1] 在决定使用是否合理时，应考虑以下四个要素：使用的目的和性质；被使用版权材料的性质；使用对版权材料潜在市场或价值的影响；以及如果只是作品的部分被使用，则相对于整部作品的使用部分的数量和实质性。[2] 这四个要素与美国合理使用四要素平衡法中的四个要素一致。

第113F条规定有协助残疾人的组织使用版权材料的权利例外。根据该条款的规定，协助残疾人的组织或者代表该组织行事的个人在以下情况中使用版权材料不视为侵犯该材料的版权：该使用仅用于协助一名或多名残疾人获取其因残疾而需要的无障碍格式版（无论该版权材料获取是由协助残疾人的组织或代表该组织的个人提供的，还是由其他机构或个人提供的）；以及该组织或代表该组织的个人认为无法在合理时间内以普通商业价格获得该材料（或该材料的相关部分）的无障碍格式版。[3] 澳大利亚在版权权利限制与例外中保留商业可获得性要求，也就是说《马拉喀什条约》规定中的被授权实体在依赖条约第4条所规定的限制与例外之前，必须先通过商业途径从市场中获取无障碍格式版。

澳大利亚并未对跨境交换无障碍格式版增加条款规定，因为其不希望《马拉喀什条约》的实施影响到已有版权法中关于跨境交换无障碍格式版的规定。在已有版权法案下，跨境交换无障碍格式版不会侵犯版权，只要跨境交换行为没有损害权利人的合法权益。进口无障碍格式版必须基于非营利的目的，包括为非营利图书馆出租无障碍格式版而进口。[4] 例如，一家澳大利亚视力障碍者机构无法在合理的时间内购买所需的作品，则可以从一家国际被授权实体处进口不侵权的无障碍格式版。

---

[1] Copyright Act 1968 of Australia（last amended in 2019），Section 113E（1）.
[2] Copyright Act 1968 of Australia（last amended in 2019），Section 113E（2）.
[3] Copyright Act 1968 of Australia（last amended in 2019），Section 113F.
[4] National Interest Analysis［2015］ATNIA 9 with attachment on consultation（Australia）［EB/OL］.［2022-01-07］. http://www.aph.gov.au/~/media/02%20Parliamentary%20Business/24%20Committees/244%20Joint%20Committees/JSCT/2015/16Jun2015/2015%20ATNIA%20209%20%20Marrakesh%20Treaty%20to%20Facilitate%20Access%20to%20Published%20Work.pdf?la=en.

第三章 以获取信息为目的的限制与例外——为视力障碍者获取作品提供便利

## 五、新西兰《2019 年版权（马拉喀什条约实施）修正法案》

新西兰于 2019 年 10 月 4 日向世界知识产权组织交存了《马拉喀什条约》加入书，条约于 2020 年 1 月 4 日在新西兰生效。为履行《马拉喀什条约》中的义务，新西兰制定了《2019 年版权（马拉喀什条约实施）修正法案》，对 1994 年《版权法》和 1995 年《版权（一般事项）条例》进行了修订，该修正法案于 2020 年 1 月 4 日生效。❶ 修正法案在版权法第 2 条定义解释中增加了"无障碍格式版""被授权实体""《马拉喀什条约》国""阅读障碍"四个概念的定义。"无障碍格式版"是指已发表文字、戏剧、音乐、美术作品或该作品的一部分的替代形式，以供阅读障碍者获取该作品。"被授权实体"是指教育机构；教育资源提供者；指定图书馆；❷ 目的是向阅读障碍者提供无障碍格式版的慈善实体；以及就与向新西兰进口或从新西兰出口无障碍格式版而言，相关《马拉喀什条约》国政府授权或认可为本条约授权实体的实体。❸ "《马拉喀什条约》国"是指条约缔约方。"阅读障碍"是指阻碍某人以与无障碍人士同等程度享受印刷版权作品的障碍，但排除可改善的视觉功能损害，该损害可通过使用矫正镜片改善至正常可接受的没有特殊光线情况下阅读的水平。❹

被授权实体如果满足以下条件制作无障碍格式版，则该行为不侵犯作品版权：被授权实体已采取一切合理步骤通知作品版权所有人其制作无障碍格式版的意图；制作的无障碍格式版仅向阅读障碍者、代表阅读障碍者行事的人以及其他被授权实体提供；确保无障碍格式版尽可能尊重原作品的完整性并考虑制作无障碍格式版所需的修改。❺ 满足以上条件的新西兰被授权实体 A 可从另一《马拉喀什条约》国的被授权实体 B 处进口无障碍格式版。❻ 被授权实体可将无障碍格式版从新西兰出口至另一《马拉喀什条约》国的被授权

---

❶ Ministry of Business, Innovation and Employment of New Zealand. The Marrakesh Treaty [EB/OL]. [2022-01-07]. https://www.mbie.govt.nz/business-and-employment/business/intellectual-property/copyright/the-marrakesh-treaty/.

❷ 指定图书馆包括国家图书馆；议会图书馆；由新西兰律师协会提供和维护的每个法律图书馆；由教育机构、政府部门或地方当局维护的图书馆；或者根据版权法案规定的任何其他类别的非营利图书馆。

❸ Copyright (Marrakesh Treaty Implementation) Amendment Act 2019 of New Zealand [EB/OL]. [2022-01-07]: Sections 2 and 69 (1). https://www.legislation.govt.nz/act/public/2019/0043/latest/whole.html.

❹ Copyright (Marrakesh Treaty Implementation) Amendment Act 2019 of New Zealand, Section 2.

❺ Copyright (Marrakesh Treaty Implementation) Amendment Act 2019 of New Zealand, Section 69A (2).

❻ Copyright (Marrakesh Treaty Implementation) Amendment Act 2019 of New Zealand, Section 69A (3).

实体或阅读障碍者。❶ 除被授权实体外，阅读障碍者或代表阅读障碍者行事的个人制作无障碍格式版以仅供阅读障碍者使用不会侵犯版权，他们可制作无障碍格式版，只需尽可能尊重原作品的完整性并考虑制作无障碍格式版所需的修改；从另一《马拉喀什条约》国的被授权实体处进口无障碍格式版；向被授权实体提供其制作或进口的无障碍格式版。❷

新西兰采用了提供无障碍格式版的经济补偿计划，规定被授权实体可就向个人提供无障碍格式版收取费用，但该费用不得高于该实体制作、提供、复制、进口或出口无障碍格式版的成本及该实体一般费用的合理分摊额之和。❸ 新西兰商业、创新与就业部必须在网站上公布符合要求的被授权实体名单。❹

### 六、新加坡《2021年版权法》

新加坡于2015年3月30日加入《马拉喀什条约》，该条约于2016年9月30日在新加坡生效。新加坡于2021年9月对《版权法》做出了最新修订，修订后的《版权法》在第五部分"版权作品和受保护表演的合法使用"中专门规定了第四分部"阅读障碍者"合法使用作品的情形。

在第四分部"阅读障碍者"合法使用作品情形规定中，可以被制作成无障碍格式版的相关材料类型包括已发表的文字、戏剧、美术作品，已发表的录音制品，录音广播，已发表的受保护表演的音像制品，但不包括仅有以下一项或多项的录音制品、录音广播或受保护表演的音像制品：音乐作品的表演；以歌词演唱的音乐作品；歌词相较于音乐是附带性的音乐作品。❺《版权法》将"无障碍格式"和"无障碍格式版"分别进行定义，"无障碍格式"是指能被阅读障碍者获取的格式，包括大号字体印刷品、电子书、录音制品以及数字无障碍信息系统格式；或是经特别设计能满足阅读障碍者需求的格式，包括盲文和摄影版。❻"无障碍格式版"是指以无障碍格式呈现的作品的复制件，无论该复制件是电子或物理形式。❼《版权法》将"阅读障碍者"定义为五类人：（1）盲

---

❶ Copyright（Marrakesh Treaty Implementation）Amendment Act 2019 of New Zealand，Section 69A (4)(a).

❷ Copyright（Marrakesh Treaty Implementation）Amendment Act 2019 of New Zealand，Section 69B.

❸ Copyright（Marrakesh Treaty Implementation）Amendment Act 2019 of New Zealand，Section 69C (2).

❹ Copyright（Marrakesh Treaty Implementation）Amendment Act 2019 of New Zealand，Section 69D.

❺ Copyright Act 2021 of Singapore [EB/OL]. [2022-01-07]: Section 206. https://sso.agc.gov.sg/Act/CA2021.

❻ Copyright Act 2021 of Singapore, Section 207 (1).

❼ Copyright Act 2021 of Singapore, Section 208.

第三章 以获取信息为目的的限制与例外——为视力障碍者获取作品提供便利

人;(2) 视力严重受损的人;(3) 不能持书或翻书的人;(4) 不能集中目光或移动目光的人;或者(5) 有知觉障碍的人。❶ "协助阅读障碍者的机构"是指满足以下三个条件的机构: (1) 主要功能是为阅读障碍者提供相关资料;(2) 在新加坡形成、注册或成立;并且(3) 依法按规定申报为协助阅读障碍者的机构。❷ 如果一家协助阅读障碍者的机构是在新加坡以外的地区形成、注册或成立的,则被称为"协助阅读障碍者的外国机构"。❸

为便利阅读障碍者获取和使用相关材料,《版权法》为协助阅读障碍者的机构和教育机构创设了权利限制与例外允许其使用已出版作品,这些使用包括:(1) 制作、发行或向公众提供无障碍格式版供新加坡阅读障碍居民为了研究或学习,或指导自己的目的而使用。(2) 制作物质载体形式的无障碍格式版并出口或通过网络提供电子无障碍格式版给协助阅读障碍者的外国机构或外国阅读障碍者。(3) 当从协助阅读障碍者的外国机构接收无障碍格式版时,作为技术程序的一部分,制作电子无障碍格式版的临时复制件;从协助阅读障碍者的外国机构进口物质载体形式的无障碍格式版;或者以非营利方式发行该无障碍格式版供新加坡阅读障碍居民为研究或学习,或指导自己的目的而使用。(4) 由新加坡阅读障碍居民或代表其行事的人制作无障碍格式版供阅读障碍者为研究或学习,或指导自己的目的而进行个人使用。❹ 新加坡版权法保留了商业可获得性要求,只有无障碍格式版无法以正常的商业价格在合理的时间内获得,协助阅读障碍者的机构或教育机构才能制作、发行和通过网络向公众提供无障碍格式版,阅读障碍者或代表其行事的人才能制作无障碍格式版。除法定允许使用相关材料的情形外,版权所有人可视情况而定向协助阅读障碍者机构或教育机构的管理机构授权制作、向公众提供或发行相关材料的无障碍格式版。❺

新加坡修订后的《版权法》基本与《马拉喀什条约》的规定一致,但在界定"阅读障碍者"和"作品"时相较于《马拉喀什条约》的范围更广,《版权法》没有将作品的形式限定于文字、符号和(或)图示,"阅读障碍者"除了盲人、视力受损者和不能持书、翻书或集中、移动目光的残障者外,还包括知觉障碍者。此外,《版权法》还在第五部分第五分部"智力障碍者"

---

❶ Copyright Act 2021 of Singapore, Section 85.
❷ Copyright Act 2021 of Singapore, Section 86.
❸ Copyright Act 2021 of Singapore, Section 88.
❹ Copyright Act 2021 of Singapore, Sections 211-214.
❺ Copyright Act 2021 of Singapore, Section 216.

中允许协助智力障碍者的机构仅为智力障碍者需求复制作品和受保护的表演。❶"协助智力障碍者的机构"是指其主要功能为协助智力障碍者以及被指定为协助智力障碍者的教育机构或非营利组织。❷

**七、南非实施《马拉喀什条约》指南与《2017年版权修正案》**

南非尚未批准《马拉喀什条约》，但国内正在积极商讨如何实施条约规定。南非开普敦大学知识产权中心于2015年5月发布了在南非实施《马拉喀什条约》的指南，供南非立法者参考，尽快在南非实施条约规定。❸ 指南在分析《马拉喀什条约》各条款的基础上，作出了以下建议。

第一，增加"无障碍格式版""被授权实体""阅读障碍者"的定义。"无障碍格式版"被定义为"形式为文字、符号和（或）相关图示的文学和艺术作品，不论是已出版的作品，还是以其他方式通过任何媒介公开提供的作品的复制件，该复制件可被阅读障碍者获取。这包括允许阅读障碍者像无视力障碍或阅读障碍的人一样方便舒适地浏览或访问作品。无障碍格式版只供阅读障碍者使用，必须尊重原作的完整性，但要适当考虑将作品制成替代性无障碍格式所需的修改和受益人的无障碍需求"。从"无障碍格式版"的定义可以看出，南非学者在建议增加相关定义时，几乎完全参照《马拉喀什条约》的用语，只是在具体语言表达上进行了调整和整合，使其更能融入现有版权法。对于"被授权实体"和"阅读障碍者"的定义也采用了与定义"无障碍格式版"类似的方法，只是在"阅读障碍者"定义最后加了一句"但不包括能通过使用矫正镜片改善视力功能障碍的人，在使用矫正镜片的情况下，该人无须使用特殊类型的光线就能正常阅读，无论该视力功能障碍是由于什么残疾引起"。第二，增加使用无障碍格式版的例外和限制。指南的建议性用语同样是整合及调整的《马拉喀什条约》中的用语，只是指南明确建议不要增加商业可获得性要求，例外和限制应当适用于所有制作和传播无障碍格式版的情形，不管作品是否可以从商业途径在合理的条件下获得。第三，增加跨境交换无障碍格式版的条款，指南建议的条款用语与《马拉喀什条约》一致，以及在南非《2002年第25号电子通信与交易法案》中增加可以为了便

---

❶ Copyright Act 2021 of Singapore, Sections 217-218.
❷ Copyright Act 2021 of Singapore, Section 89.
❸ University of Cape Town Intellectual Property Unit. Marrakesh Treaty Implementation Guide South Africa [EB/OL]. （2015-05）[2022-01-07]. http://ip-unit.org/wp-content/uploads/2015/05/IPUnit_MarrakeshGuideSA1.pdf.

第三章　以获取信息为目的的限制与例外——为视力障碍者获取作品提供便利

利阅读障碍者获取作品而规避技术措施的规定。

南非在其总统于 2020 年发回议会的《2017 年版权修正案》中并未为实施《马拉喀什条约》所规定的获取作品目的扩大合理使用的定义，但其在第 19D 条中引入了为残疾人利益的一般性版权权利例外。❶《2017 年版权修正案》规定，任何指定为残疾人服务的人可不经版权人授权，为残疾人利益制作无障碍格式版并通过任何方式向残疾人提供该无障碍格式版，包括通过非商业性出租或有线或无线数字通信方式，并在满足以下条件的情形下采取任何中间步骤来实现这些目标：作品或作品复制件为指定为残疾人服务的人合法获取的版本；将版权作品转换为无障碍格式版时可包括任何可实现该目标的必要方法，但不得进行除为残疾人获取作品必需之外的改动；制作无障碍格式版必须以非营利方式进行。❷ 通过以上有线或无线数字通信方式获得无障碍格式版的残疾人或为残疾人服务的人可不经版权人授权为个人使用目的复制该作品的无障碍格式版。❸ 残疾人或为残疾人服务的人可不经版权人授权向另一国家出口或从另一国家进口前述作品无障碍格式版的合法复制件，只要该进出口活动是非营利的。❹ 上述规定的无障碍格式版应尽可能注明作品来源和作者姓名。❺

## 第四节　《马拉喀什条约》对我国权利限制与例外制度的影响

### 一、我国第三次《著作权法》修订权利限制与例外条款弥补与条约规定的差距

在 2020 年 11 月第三次《著作权法》修订完成前，我国《著作权法》中的权利限制与例外条款尚未达到《马拉喀什条约》规定的最低标准。第一，

---

❶ CASSELLS L. The Impact of the Marrakesh Treaty on South Africa Publishers [J/OL]. Publishing Research Quarterly, 2021, 37: 41-52. (2020-11-23) [2022-01-07]. https://link.springer.com/article/10.1007/s12109-020-09775-5.

❷ 2017 Copyright Amendment Bill of Republic of South Africa [EB/OL]. [2022-01-09]: Section 19D (1). https://www.gov.za/sites/default/files/gcis_document/201811/copyright-amendment-bill-b13b-2017.pdf.

❸ 2017 Copyright Amendment Bill of Republic of South Africa, Section 19D (2).

❹ 2017 Copyright Amendment Bill of Republic of South Africa, Section 19D (3).

❺ 2017 Copyright Amendment Bill of Republic of South Africa, Section 19D (4).

097

著作权例外的受益人太窄，没有将所有的视力和阅读障碍者包括在内。在我国《著作权法》权利限制与例外制度规定中，只为便利盲人获取和使用作品提供了例外，而其他例外规定，比如针对个人学习、研究或者欣赏已发表作品，以及将我国作者创作的汉语言文字作品翻译成少数民族文字，都是针对普通人规定的，这两类例外没有特别针对残疾人。第二，我国《著作权法》只规定了将作品的普通文本翻译成盲文的例外，没有规定将作品的普通文本转化为特殊格式供残疾人获取和使用的问题。第三，我国《著作权法》还没有规定为视力和阅读障碍者利益而规避技术措施的例外，按照《马拉喀什条约》的规定，应允许受益人、代表受益人行事的人或被授权实体规避控制获取或复制作品的有效的技术措施。第四，我国《著作权法实施条例》中规定的三步检验标准是用来限制法律中已列举的例外情形的，而不能扩大适用至没有列举的情形。第三次修订后的《著作权法》将"为盲人提供盲文翻译本的权利例外"修正为"以阅读障碍者能够感知的无障碍方式向其提供已经发表的作品"，❶为我国批准《马拉喀什条约》并进一步实施奠定了基石。

因此，尚需要将我国《著作权法》为视力和阅读障碍者提供的权利例外进一步细化，才能符合条约要求，在我国顺利实施条约规定。

**二、版权制度调整中的最低标准："两个范围的细化与一个范围的缩小"**

（一）关于"受益人"范围的细化

要符合《马拉喀什条约》的义务要求，需要将我国《著作权法》下的受益人"阅读障碍者"细化至包括"有视觉缺陷、知觉缺陷或阅读障碍的人，无法改善到基本达到无此类缺陷或障碍者的视觉功能，因而无法以与无缺陷或无障碍者基本相同的程度阅读印刷作品；或者在其他方面因身体残疾而不能持书或翻书，或者不能集中目光或移动目光进行正常阅读的人"。❷例如，虽然视力正常的肢体残障者也能和普通人一样阅读普通格式的文字作品，但将文字作品制作成录音读物，让肢体残障者点击录音设备上的按键就能开始阅读，比让肢体残障者一页一页地翻书要方便得多。

---

❶ 《中华人民共和国著作权法》第 24 条第 1 款第（十二）项。
❷ Marrakesh Treaty, Article 3.

第三章　以获取信息为目的的限制与例外——为视力障碍者获取作品提供便利

### (二) 关于"无障碍格式版"范围的细化

我国版权制度可参照《马拉喀什条约》对"无障碍方式提供作品"的定义加上不穷尽式列举的方式，将"无障碍方式提供作品"视为"无障碍格式版"，并进一步界定为"采用替代方式或形式，让受益人能够使用作品，包括让受益人能够与无视力障碍或其他印刷品阅读者一样切实可行、舒适地使用作品的作品版本，包括但不限于盲文、大号字体印刷品、录音制品、带有声音说明的视听作品、与屏幕阅读器或点字显示器兼容的数字文本"。❶

虽然《信息网络传播权保护条例》提到"盲人能够感知的独特方式"，但该条例的起草者在《信息网络传播权保护条例释义》一书中提到，该条款中的"独特方式"是指只有盲人能够感知的方式，如通过打印机打印出的凹凸形式的盲文等。❷ 因此，在《著作权法》修订后，也应相应调整《信息网络传播权保护条例》中对应的权利例外，将所涵盖的作品特殊格式延伸至录音制品、大号字体印刷品、电子书等主要为便利视力和阅读障碍者获取作品的其他形式的特殊格式。

### (三) 关于"被授权实体"范围的缩小

我国修订后的《著作权法》规定的权利例外只提到允许将已发表的作品改为以阅读障碍者能够感知的无障碍方式向其提供，并没有指出法律允许的制作、发行及向公众提供无障碍方式出版物的个人、法人或其他组织的资质，在法律条文没有明确规定或禁止的情况下，可以认为现有的法律规定允许任何个人、法人或其他组织就已发表作品制作、发行及向公众提供无障碍方式出版物，只要这样的制作、出版或向阅读障碍者提供符合三步检验标准。在《马拉喀什条约》下，被授权实体有权制作、发行和向公众提供无障碍格式版，受益人或代表受益人行事的人只能为受益人自己使用的目的制作无障碍格式版，并不能发行或向公众提供无障碍格式版。❸

因此，为符合条约的义务，我国版权法律制度有必要明确规定只有被授权实体有权制作、发行和通过信息网络向受益人提供无障碍格式版，受益人或代表受益人行事的人，例如主要看护者或照顾者，只能为受益人个

---

❶ Marrakesh Treaty, Article 2 (b).
❷ 张建华. 信息网络传播权保护条例释义 [M]. 北京：中国法制出版社，2006：28.
❸ Marrakesh Treaty, Article 4.1 (a) and 4.2.

人使用的目的而制作无障碍格式版。这样才能在便利视力和阅读障碍者的同时，兼顾版权权利人的权益，因为允许所有人制作、发行和向公众提供无障碍格式版会对版权权利人的利益带来潜在的损害，尤其是在老龄化加重的时代，随着老年人视力的下降和随之带来的疾病，无障碍格式版会有越来越多的市场。

《马拉喀什条约》界定的被授权实体包括政府授权或承认的实体、主要活动或机构义务之一是向受益人提供教育等服务的政府机构或非营利组织以及接受政府财政支持，以非营利方式向受益人提供教育等的实体。[1] 被授权实体应制定并遵循一定的做法。虽然我国目前的法律规定允许任何个人、法人或其他组织制作、发行或向阅读障碍者提供无障碍格式作品，但现实中出于制作成本、制作能力、市场利润等多方面的原因，实际制作和出版无障碍格式图书的机构少之又少。

我国应制定有关政府授权或承认被授权实体的细则，明确政府授权或承认的程序。虽然《马拉喀什条约》规定既可对相关实体进行授权，又可由政府承认相关实体，授权相较于承认有更多规范的程序，但鉴于我国目前社会经济情况，兼顾版权权利人和社会公众之间的利益平衡，可考虑通过授权的方式对相关实体能够为视力和阅读障碍者提供无障碍格式版的资质进行认定，具体授权程序和规则可参照版权集体管理组织的授权程序，由管理版权的国家版权局和管理残疾人团体的国家民政局共同商讨和制定，并联合对相关实体进行授权。

### 三、《著作权法》细化中需明确"无障碍格式版"作品的范围

不同于《马拉喀什条约》将作品的范围限定在形式为文字、符号和（或）相关图示的文学和艺术作品，我国《著作权法》并未限定作品的具体范围，凡是已发表的作品都被允许制作成无障碍格式向阅读障碍者提供。加入《马拉喀什条约》以后加之我国《著作权法》的第三次修订，对已扩大的"受益人"和"无障碍格式版"范围进行细化，如果不对"作品"进行界定，将会使"作品"的范围随之扩大至所有已发表的作品。在这种情况下是否要对作品范围进行进一步的限定值得讨论。

我国第三次修订后的《著作权法》第3条以非穷尽的方式列举了九类作品形式，并将作品类型法定修订为作品类型开放，除"符合作品特征的其他

---

[1] Marrakesh Treaty, Article 2（c）.

第三章　以获取信息为目的的限制与例外——为视力障碍者获取作品提供便利

智力成果"之外，其余八类作品分别是"文字作品；口述作品；音乐、戏剧、曲艺、舞蹈、杂技艺术作品；美术、建筑作品；摄影作品；视听作品；工程设计图、产品设计图、地图、示意图等图形作品和模型作品；计算机软件"。其中形式为文字、符号和（或）相关图示的作品包括文字作品；音乐、戏剧、曲艺、舞蹈、杂技艺术作品；图形作品以及计算机软件。因为音乐、戏剧、曲艺、舞蹈、杂技艺术作品是指通过音符、文字或特殊符号表现出来的剧本、说唱脚本、舞蹈编排等作品本身，而不是表演者的舞台表演；计算机软件包括计算机程序和文档，计算机程序是由符号体现出来的，文档是指用来描述程序的内容、组成、设计等的文字资料和图表，是通过文字、符号和相关图示呈现出来的。这四类作品已在《马拉喀什条约》和我国现有《著作权法》的权利限制与例外范畴。

剩余的作品类型包括：口述作品；美术、建筑作品、摄影作品；视听作品；以及模型作品。其中，口述作品无承载作品的物质载体形式，作品内容通过口述表达出来，视力和阅读障碍者完全可以和视力正常者一样，通过聆听获取口述作品。对于小型的模型作品，视力和阅读障碍者可以通过触摸模型，了解模型的设计和外观。因此，口述作品和小型的模型作品无须被制作成无障碍格式版，就能被视力和阅读障碍者获取。

而大型的模型作品、美术、建筑作品及摄影作品，需要欣赏者通过视觉感官去了解作品内容和形式，很难通过文字、符号或图示的形式表现出来，除非有解说者将美术、建筑作品、摄影作品和大型模型作品的内容和形式解释出来，并制作成录音制品，但即使这样视力和阅读障碍者也很难和视力正常者一样完整欣赏作品，因此这几类作品难以被制作成无障碍格式版供视力和阅读障碍者使用。

在《马拉喀什条约》商定过程中最有争议的便是是否将例外适用于视听作品，又称电影和以类似摄制电影的方法创作的作品。通过在视听作品中加入描述画面、人物形象和动作等的解释，并将电影制作成专供视力和阅读障碍者使用的录音制品，能够使受益人更好地理解电影的剧情发展和内容设计。因此，有必要将电影制作成无障碍格式版供视力和阅读障碍者更好地使用作品。

综上所述，我国《著作权法》应将权利例外适用的作品范围界定为文字作品；音乐、戏剧、曲艺、舞蹈、杂技艺术作品；视听作品；工程设计图、产品设计图、地图、示意图等图形作品；计算机软件。

## 四、《著作权法》细化中需明确著作权例外所包含的权利范围

《马拉喀什条约》规定的例外或限制必须适用的版权权利包括复制权、发行权和向公众提供权,对于其他权利的限制与例外,缔约方可在国内法中自行规定。❶ 目前我国《著作权法》和《信息网络传播权保护条例》提供的例外覆盖向阅读障碍者以无障碍方式提供已发表作品和通过信息网络以盲人能够感知的独特方式向盲人提供作品,这里涉及的版权权利包括复制权、发行权和信息网络传播权。需要讨论的是,我国《著作权法》是否需要将例外扩大至其他权利。

我国《著作权法》第 10 条规定了一揽子经济权利,包括复制权、发行权、出租权、展览权、表演权、放映权、广播权、信息网络传播权、摄制权、改编权、翻译权、汇编权以及应当由著作权人享有的其他权利。其中复制权、发行权以及信息网络传播权已被现有的权利例外所涵盖。出租权涉及许可他人临时使用视听作品、录音制品和计算机软件;展览权涉及公开陈列美术、摄影作品;放映权涉及通过放映机、幻灯机等技术设备公开再现美术、摄影、视听作品;表演权涉及对音乐、戏剧、曲艺、舞蹈、杂技艺术作品的表演;广播权涉及以无线或有线方式广播或转播广播作品;摄制权涉及拍摄电影;改编权涉及改变作品,创作出新作品;翻译权涉及将一种语言文字转换成另一种语言文字;汇编权涉及对作品或作品的片段进行选择、编排,创作出新作品。

由于展览权、放映权涉及对美术、摄影作品的使用,而这两类作品又难以被制作成无障碍格式版供视力和阅读障碍者使用,因此较难对展览权和放映权实施例外。广播权侧重于直接公开广播作品,摄制权涉及拍摄电影,这两类权利与制作无障碍格式版的关系不大,不宜归为权利例外的范畴。因此,值得探讨的权利包括出租权、表演权、改编权、翻译权以及汇编权。

出租权是复制权的一种延伸,涉及的作品包括视听作品和计算机软件,而这两类作品又属于版权例外应当覆盖的作品类型,因此应当将例外延伸至出租权,允许被授权实体将制作成无障碍格式版的视听作品、计算机软件和录音制品出租给受益人。

表演权涉及的作品类型是音乐、戏剧、曲艺、舞蹈、杂技艺术作品,这类作品是可以以文字、符号和(或)相关图示形式表现的,因此能被制作成

---

❶ Marrakesh Treaty, Article 4.1-4.3.

第三章 以获取信息为目的的限制与例外——为视力障碍者获取作品提供便利

无障碍格式版。公开表演分为现场表演和机械表演，前者是通过舞台表演的方式演出文学艺术作品，后者是通过机械设备录制的方式在公开场合播放作品。如果视力和阅读障碍者欣赏的是现场表演，将很难从技术层面上把现场表演转化为特殊格式专供视力和阅读障碍者欣赏。因此，条约中所提到的公开表演权更多应涉及机械表演，在录制表演时，加入对舞台场景、人物形象等视觉要素的解释，制作成特殊格式的录音制品，供视力和阅读障碍者在其经常聚集的公开场合，例如残疾人团体筹办的晚会上，欣赏录制的表演。因此应允许被授权实体将音乐、戏剧、曲艺、舞蹈、杂技艺术作品制作成特殊格式的录音制品，供残疾人团体在公共场合为视力和阅读障碍者播放这些作品。

改编权是在改动原有作品的基础上创作新作品，由于视力和阅读障碍者接受教育的程度一般低于正常视力者，因此需要对原作品进行改编，通过删减、改动复杂的文字表述，创作出便于视力和阅读障碍者理解的新作品，因此应当允许被授权实体改动原作品，创作出简易版，供受益人使用。

翻译权是将一种语言文字转换为另一种语言文字，《著作权法》并未给普通人提供针对翻译权的例外，要将他国作者作品译为本国文字，一定要经过他国版权人许可并向其支付报酬。因此，不应当为视力和阅读障碍者提供优于普通人的例外。根据对《伯尔尼公约》条款的分析，能够适用翻译权例外的是由于经济情况及社会或文化需要而又不能做出安排确保对翻译权进行保护的发展中国家。虽然我国是发展中国家，但我国已在《著作权法》及相关条例中做出安排对公约规定的全部权利进行了保护，因此，我国不属于能够适用翻译权例外的发展中国家。

但是，我国《著作权法》中规定了可将中国公民、法人或者其他组织已经发表的以国家通用语言文字创作的作品翻译成少数民族语言文字在国内出版发行，因为该条既包括普通人又包括残疾人，因此可以将该条延伸理解为可将中国公民、法人或其他组织已经发表的以国家通用语言文字创作的作品翻译成少数民族语言文字无障碍格式版，供我国的少数民族受益人使用。

汇编权是通过选择、编排现有作品创作新作品的权利，由于现有例外并未涉及汇编权，在法律已允许被授权实体和受益人复制原作品，制作无障碍格式版的前提下，可考虑不再将例外扩大至汇编权，以免损害原作品版权人的利益和创作积极性。

综上所述，我国《著作权法》权利例外可涵盖的权利范围包括复制权、发行权、出租权、表演权、信息网络传播权和改编权。

**五、《著作权法》细化中需制定为视力和阅读障碍者利益而规避技术措施的例外**

我国在《信息网络传播权保护条例》（以下简称《条例》）中制定了反规避技术保护措施规则。《条例》第4条规定，"任何组织或者个人不得故意避开或者破坏技术措施，不得故意制造、进口或者向公众提供主要用于避开或者破坏技术措施的装置或者部件，不得故意为他人避开或者破坏技术措施提供技术服务"。技术措施被定义为"用于防止、限制未经权利人许可浏览、欣赏作品、表演、录音录像制品的或者通过信息网络向公众提供作品、表演、录音录像制品的有效技术、装置或者部件"。❶该定义比较模糊，没有清楚描述技术措施是否用于控制获取和复制作品。其中的用语"浏览、欣赏或者通过信息网络向公众提供"似乎表明技术措施既包括控制获取作品的技术措施，又包括控制复制作品的技术措施。另外，条例中并没有区分禁止规避行为本身和禁止生产或销售主要用于规避技术措施的装置，但从条例中的规定推断，条例既禁止规避行为本身，又禁止生产或销售主要用于规避控制获取和复制作品的技术措施的装置。

《条例》第12条中只规定了四种针对规避行为本身的例外：（1）为学校课堂教学或者科学研究，通过信息网络向少数教学、科研人员提供已经发表的作品，而该作品只能通过信息网络获取；（2）不以营利为目的，通过信息网络以盲人能够感知的独特方式向盲人提供已经发表的文字作品，而该作品只能通过信息网络获取；（3）国家机关依照行政、司法程序执行公务；（4）在信息网络上对计算机及其系统或者网络的安全性能进行测试。

虽然条例中针对以盲人能够感知的独特方式向盲人提供已经发表的文字作品提供了规避技术措施的例外，但该例外存在以下几个问题。第一，受益人只有盲人，无障碍格式版只限于盲人能够感知的独特方式即盲文，受益人和无障碍格式版的范围都较《马拉喀什条约》的规定狭窄；第二，该例外将作品的范围限定在文字作品，我国《著作权法》中规定的文字作品包括形式为文字、符号、数字或图示等作品，虽然符合《马拉喀什条约》的最低要求，但鉴于受益人和无障碍格式版的范围都过于狭窄，作品的实际范围其实也只限于能被制作成盲文的文字作品；第三，该例外只适用于通过信息网络向盲

---

❶ 《信息网络传播权保护条例》第26条。

第三章 以获取信息为目的的限制与例外——为视力障碍者获取作品提供便利

人提供，而不适用于非网络环境，换言之，不经版权人授权为发行物质载体形式的无障碍格式版而规避技术措施就是不被允许的，这明显与《马拉喀什条约》中的规避技术措施例外不符；第四，该例外有一限制条件，即"该作品只能通过信息网络获取"，但实际中采用技术措施的作品不都是只在信息网络中传播，还可能以光盘或电子阅读器的形式发行，因此该限制条件也使得我国的例外规定明显狭窄于《马拉喀什条约》；第五，该例外只适用于规避行为本身，而不适用于生产或销售主要用于规避技术措施的装置，在这种情况下，被授权实体或受益人要规避技术措施去复制作品，其自身必须具备和掌握规避技术措施的能力和设备，否则是无法顺利规避技术措施的，因为主要用于规避技术措施的装置是被禁止生产和销售的。

《著作权法》第三次修订虽然将《信息网络传播权保护条例》中有关技术措施定义以及反规避技术措施规则纳入其中，上升为法律，并在已有四种规避技术措施的例外中加入第五项"进行加密研究或者计算机软件反向工程研究"，[1]但其未对反规避技术措施规则和规避技术措施的例外规定进行大幅修改，仍维持了条例中的立法模式。因此，除条例中第一点问题随着《著作权法》将向盲人提供盲文作品修订为以阅读障碍者能够感知的无障碍方式提供作品得以解决外，其余四点问题仍然存在。

针对以上问题，我国在规定为视力和阅读障碍者利益而规避技术措施的例外时，可以考虑两种立法模式：一种模式是在细化法规已经清楚界定"受益人""无障碍格式版""被授权实体""作品"以及例外涵盖的权利范围基础上，简单地规定为受益人享受权利例外，应允许受益人、代表受益人行事的人或被授权实体规避控制获取或复制作品的有效的技术措施；另一种模式是在规定受益人、代表受益人行事的人或被授权实体有权规避技术措施时，具体规定"受益人""无障碍格式版""被授权实体""作品"以及例外涵盖权利的范围。

同时，在为规避行为本身制定例外时，还可针对生产和销售主要用于规避技术措施的装置规定例外，允许将主要用于规避技术措施的装置销售给被授权实体或受益人，如果该装置生产商或销售商不知道或者没有合理理由知道使用其提供的装置规避技术措施从而复制作品将是为了受益人利益之外的目的。

---

[1] 《中华人民共和国著作权法》（2020年修正）第49~50条。

### 六、细化为阅读障碍者以无障碍方式提供作品例外条款的具体建议

对于"受益人""无障碍格式版""作品"以及"被授权实体"的界定，以及该例外情形的细化可在《著作权法实施条例》中专章规定。建议在修订《著作权法实施条例》时将《著作权法》例外规定中的"以阅读障碍者能够感知的无障碍方式向其提供已经发表的作品"这一例外情形细化为"受益人或代表其行事的人为受益人个人使用而制作无障碍格式版，或被授权实体为向受益人提供作品而制作或提供无障碍格式版"。并且增加一条："出于制作、发行和向受益人提供无障碍格式版的需要，条例规定的限制与例外比照适用于表演者、录音录像制品制作者、电台和电视台享有的相关权利。"具体总结如下：

第一，受益人为"盲人；有视觉缺陷、知觉缺陷或阅读障碍的人，无法改善到基本达到无此类缺陷或障碍者的视觉功能，因而无法以与无缺陷或无障碍者基本相同的程度阅读印刷作品；或者在其他方面因身体残疾而不能持书或翻书，或者不能集中目光或移动目光进行正常阅读的人"。

第二，将"无障碍格式版"界定为"采用替代方式或形式，让受益人能够使用作品，包括让受益人能够与无视力障碍或其他印刷品阅读者一样切实可行、舒适地使用作品的作品版本，包括但不限于盲文、大号字体印刷品、录音制品、带有声音说明的视听作品、与屏幕阅读器或点字显示器兼容的数字文本"。

第三，例外适用的作品范围包括文字作品；音乐、戏剧、曲艺、舞蹈、杂技艺术作品；视听作品；工程设计图、产品设计图、地图、示意图等图形作品；计算机软件。

第四，明确规定只有被授权实体有权制作、发行和通过信息网络向受益人提供无障碍格式版，受益人或代表受益人行事的人，例如主要看护者或照顾者，只能为受益人个人使用的目的而制作无障碍格式版。国家版权局和国家民政局可以共同商讨和制定对被授权实体进行授权的具体程序和规则，并联合对相关实体进行授权。

被授权实体为"国家版权局和国家民政局授权的，以非营利方式向受益人提供教育、指导培训、适应性阅读或信息渠道的实体，包括其主要活动或机构义务之一是向受益人提供相同服务的政府机构或非营利组织，以及接受政府财政支持，以非营利方式向受益人提供教育、指导培训、适应性阅读或

信息渠道的实体"。❶

第五,例外可涵盖的权利范围可包括复制权、发行权、出租权、表演权、信息网络传播权和改编权。

第六,允许受益人、代表受益人行事的人为获取无障碍格式版,被授权实体为向受益人提供无障碍格式版,规避控制获取或复制作品的有效的技术措施。允许将主要用于规避技术措施的装置销售给被授权实体或受益人,如果该装置生产商或销售商不知道或者没有合理理由知道使用其提供的装置规避技术措施从而复制作品将是为了受益人利益之外的目的。

---

❶ Marrakesh Treaty, Article 2 (c).

# 第四章
# 以文化创新为目的的限制与例外
## ——鼓励再创作文化

## 第一节　内容转换性使用与挪用艺术

### 一、挪用艺术与版权保护的冲突

挪用艺术（Appropriation Art）是以他人的艺术作品为原本和材料，进行改编创作后的一类艺术形式。美国纽约现代艺术博物馆将艺术创作中的"挪用"定义为"有意借用、复制和修改已有的图像和对象。它是一种艺术创作手法，虽已被艺术家使用了上千年，但由于20世纪中叶美国和英国消费主义的兴起以及通过杂志电视等大众媒体对流行图像的扩散而有了新的意义"。❶在艺术领域，挪用与原创一直关系微妙，法国画家马奈（Manet）的名作《草地上的午餐》中的图式与人物动态位置就源自文艺复兴时期雷梦迪（Raimondi）创作的版画《帕里斯的评判》。❷ 时至当代，挪用手法被后现代艺术家们运用于现代艺术作品的创作，因此挪用艺术在艺术界又被称为"波普艺术"（Pop Art）或"新艺术"（Neo Art）。超现实主义艺术家杜尚（Marcel Duchamp）在达·芬奇的《蒙娜丽莎》复制件中为蒙娜丽莎加入小胡须的作品《L.H.O.O.Q.》，安迪·沃霍尔（Andy Warhol）用32只金宝牌汤罐头构成的作品《金宝汤罐头》以及通过对玛丽莲·梦露的照片进行非具象色彩处理过的作品《玛丽莲·梦露》均属于挪用艺术。这类挪用艺术大多数在创作时未得到原作品版权人的授权，挪用艺术家面临着侵犯他人作品版权的风险。

版权制度的设立旨在促进科学和艺术的繁荣和发展，通过立法赋予创作

---

❶ MoMALearning. Pop Art［EB/OL］.［2018-02-07］. https://www.moma.org/learn/moma_learning/themes/pop-art/appropriation.

❷ Artist Power. 大师的挪用：那些艺术圈的"拿来主义"［EB/OL］.（2017-07-26）［2021-12-27］. https://www.sohu.com/a/160134683_826085.

者对其作品享有一定时期内垄断性的权利，使创作者从自己的智力创作劳动中获取收益，激励创作者持续创作。版权法保护有独创性的、能被复制传播的表达。版权立法者同时意识到，创作很难凭空产生，或多或少需要站在前人已有的高度上进行，因此在版权制度中设立了思想和表达二分法理论，版权法不保护抽象的思想观念。不同于用文字描述表现剧情和人物性格的文学作品，美术作品为视觉艺术，创作者的思想观念全通过具象空间和有限色彩及构图表达。如果对比涉嫌侵权文学作品和原文学作品的相似部分，还能区分相似内容是属于"父子""兄弟""情侣"这种抽象概括的应属于思想的关系，还是具象化的应属于表达的人物关系，例如"父亲是王爷而儿子是贝勒但两人并非真父子"的话，❶ 则美术作品之间存在的相似只可能属于表达。挪用艺术在很大程度上以他人美术或摄影作品的具体表达为基础进行创作，会与他人行使对作品的复制和改编相冲突，存在侵犯他人作品版权的可能性。

除思想和表达二分法外，版权制度中另一平衡创作者和后续使用者之间利益的机制——权利限制与例外制度，此时能够发挥作用。当对他人作品的挪用属于法定情形，不会损害原作品的正当利用，也不会不无理地损害原作品权利所有者的合法利益时，该挪用即使没有获得原作品版权人授权，挪用人也不用承担侵权责任。不过现代挪用艺术的创作几乎挪用了原作品的全部表达，有的几乎少有改动，很难属于不会损害原作品正当利用的情形，因此，如何认定挪用艺术是否属于权利限制与例外的范畴成为版权法中的难题。20世纪90年代，美国版权法判例中发展出的转换性使用规则为解决挪用艺术和版权保护之间的冲突提供了契机。

## 二、转换性使用规则的演变及类型分析

### （一）转换性使用规则的产生与发展

美国将国际版权条约中的版权限制与例外制度内化为版权法中的合理使用制度，《美国版权法》第 107 条规定将合理使用制度规定为："包括为了批评、评论、新闻报道、教学、研究等目的使用作品复制件、录制品或以其他任何手段使用作品。在确定在特定情况下使用某一作品是否合理时，应考虑

---

❶ 陈某（琼瑶真名）诉余某（于正真名）、湖南经视文化传播有限公司、东阳欢娱影视文化有限公司、万达影视传媒有限公司、东阳星瑞影视文化传媒有限公司，（2014）三中民初字第 07916 号；（2015）高民知（终）字第 1039 号。

以下因素：（1）使用的目的和性质，包括使用是否具有商业性质或用于非营利性教育目的；（2）受版权保护的作品的性质；（3）被使用部分占整部作品的量和比例；以及（4）使用对原作品潜在市场或价值的影响。"❶ 美国法院在对合理使用四要素分析法的早期运用中偏向于分析未经权利人许可的使用是否较大程度上是商业性的，从而加重了第四要素在整体判断中的比重，法院的判决一定程度上将保护版权人潜在市场的利益置于后续使用者创作和表达自由之上。❷ 如果发现使用对原作品的潜在市场有不利影响，不论该使用是否用于商业目的，都可能被法院判定为不属于合理使用，构成侵权。

为了改变美国法院侧重于通过分析使用对原作品潜在市场的影响来判定合理使用的情况，纽约南区联邦地区法院法官 Pierre Leval 在《哈佛法律评论》中撰文呼吁采用更可靠的方法判定合理使用，应把判定的重点放在第一要素"使用的目的和性质"上，成功的合理使用抗辩取决于"该使用是否以及在何种程度上是转换性的"。❸ 美国联邦最高法院在审理 Campbell 诉 Acuff-Rose 音乐公司一案中首次采纳了 Leval 法官提出的转换性使用规则，将转换性使用规则纳入版权合理使用的判定中。该案中一流行音乐团体在未经授权的情况下将 Acuff-Rose 音乐公司享有版权的摇滚民谣"噢，漂亮女人"改编成滑稽模仿歌曲"漂亮女人"。在判定流行音乐团体的改编是否属于合理使用时，美国法院认为使用原作品创作新作品的目的和性质转换性越强，其他诸如商业性等不利于判定合理使用的考量因素的重要性就越弱。在谈及使用目的和性质的转换性时，法院着重考察新作品是否仅仅取代了原作品，还是基于进一步的目的或不同特征增加了新内容，改变原作品而采用了新的表达方式、含义和信息，也就是说，使用原作品创作新作品的目的和性质是否以及在何种程度上是转换性的。❹

在转换性使用规则的发展过程中，美国法院的判决逐渐呈现出倾向于使用的目的转换和内容转换两类不同的情形。虽然美国版权法及法院判决并未将第一要素"使用的目的或性质"中的目的和性质做进一步明确的解释，目

---

❶ Copyright Law of the United States [EB/OL]. [2021-12-22]: Section 107. https://www.copyright.gov/title17/title17.pdf.

❷ Sony Corporation of America v. Universal City Studios, Inc., 464 U.S. 417 (1984). Harper & Row, Publishers, Inc. v. Nation Enterprises, 471 U.S. 539 (1986).

❸ LEVAL P N. Toward a Fair Use Standard [J]. Harvard Law Review, 1990, 103 (5): 1105-1136.

❹ Campbell v. Acuff-Rose Music, Inc., 510 U.S. 569 (1994).

## 第四章 以文化创新为目的的限制与例外——鼓励再创作文化

的和性质是否属于同义词以及性质是否指代使用原作品创作出新内容并不明确,但法院在分析使用是否具有转换性时却要么侧重于目的,要么侧重于内容。侧重于目的的转换性使用主要考察使用原作品创作新作品是否有不同于创作原作品的新目的,例如评论原作品、说明某一问题、便捷用户网络搜索等。侧重于内容的转换性使用主要适用于挪用艺术领域,内容转换包括原作品的颜色和形态是否得到较大改变,原作品是否作为创作素材融入风格不同的新作品中。

根据美国学者的实证性分析,在 1992—2012 年的案件中,美国法院在判定合理使用时越加侧重于考察创作新作品的目的是否具有转换性;❶ 自 1994 年 Campbell 案后至 2007 年间有关合理使用的判决中,被告使用原作品目的的转换性与转换性使用的最终认定关系更为紧密。❷ 美国法院出现了诸多因为创作新作品具备目的转换性而被判定为合理使用的案例,例如 Nunez 诉加勒比国际新闻集团案、❸ Bill Graham 档案馆诉 Dorling Kindersley 公司案、❹ Kelly 诉 Arriba 软件公司案、❺ Perfect 10 诉亚马逊网站案、❻ Authors Guild 诉 HathiTrust 案❼以及 Authors Guild 诉谷歌公司案❽。鉴于本书前文章节已对相关案件进行分析,此处不再赘述。

美国法院认可的使用目的转换有以下特征。后续使用有几种目的,但主要目的不同于原作品创作的目的,原作品创作的目的都被认为是使公众欣赏作品内容。创作的主要目的不同可具体分为以下几种情况。第一类情况为原作品使用者对作品的比例大小、清晰程度进行调整,使公众即使能完全获取作品,也无法达到作品创作者所希望的能让公众欣赏作品的程度,这一类目的转换通常利用图片、照片进行新闻报道、阐述历史事件、便捷缩略图检索。第二类情况为使用者对作品内容进行大幅度调整,虽然使用目的也包括让公众阅读和欣赏第二次创作,但主要目的在于评价原作品,这一类转换性使用

---

❶ GINSBURG J C. Copyright 1992-2012: The Most Significant Development? [J]. Fordham Intellectual Property Media and Entertainment Law Journal, 2013, 23 (2): 465-502.

❷ REESE A. Transformativeness and The Derivative Work Right [J]. Columbia Journal of Law and Arts, 2008, 31 (4): 467-496.

❸ Nunez v. Caribbean International News Corporation, 235 F. 3d 18 (1st Cir. 2000).

❹ Bill Graham Archives v. Dorling Kindersley, 448 F. 3d 605 (2nd Cir. 2006).

❺ Kelly v. Arriba Soft Corporation, 336 F. 3d 811 (9th Cir. 2003).

❻ Perfect 10, Inc. v. Amazon.com, Inc., 508 F. 3d 1146 (9th Cir. 2007).

❼ Authors Guild, Inc. v. HathiTrust, 755 F. 3d 87 (2nd Cir. 2014).

❽ Authors Guild, Inc. v. Google, Inc., 804 F. 3d 202 (2nd Cir. 2015).

者通常创作出滑稽模仿作品。第三类情况为全文复制了原作品,但仅提供作品片段或关键信息供公众检索,公众无法获得作品全文,这一类转换性使用涉及大规模数字化计划与数字图书馆的建设。在目的转换性使用的第一和第三类别中,原作品处于模糊表达的状态,转换性使用原作品的目的与原作品的具体表达无关。

(二) 内容转换性使用规则分析

内容转换性使用的最新发展更多体现在美国法院判定挪用艺术是否构成合理使用的分析上。但美国不同联邦巡回上诉法院在判定挪用艺术的转换性性质时存在差异。在 Blanch 诉 Koons❶ 一案中,原告创作的名为《古驰丝凉鞋》的照片描绘了穿着古驰丝凉鞋的女人小腿和脚搭在一名坐在飞机头等舱的男人的腿上,旨在表现世俗的情感。被告挪用了原告照片中的女人小腿和脚,添加了另三双女人的腿,将四双腿从上而下悬挂放置,并增加了巧克力软糖冰淇淋、油炸圈饼、尼亚加拉瀑布作为画作背景,取名为《尼亚拉加》,旨在评论人们最基本的例如食物、娱乐和生理欲望是如何受大众形象引导的。美国联邦第二巡回上诉法院认为被告只是将原告作品的部分内容当作自己创作的原料,被告的作品并不是对原告作品的重新包装,而是用于评论大众媒体的社会和美学影响,属于改变原作品而采用了新的表达方式、含义和信息。

在 Cariou 诉 Prince❷ 一案中,原告耗费了六年的时间与牙买加塔法里教人一起生活,拍摄了一系列反映塔法里教人生活的黑白照片。被告将原告拍摄的照片进行改动创作挪用艺术,例如将照片进行放大、在照片人物脸部上绘制圆和椭圆、调整色彩、将多组照片进行分装拼贴等。地区法院否认了被告合理使用的抗辩,认为被告的艺术并未评论原作品本身。联邦第二巡回上诉法院延续在 Koons 一案中的分析,推翻了原审判决,认为 25 幅被告的作品都属于转换性使用,因为这 25 幅作品对原作的风格和色彩进行了很大的改动,将原作的黑白拍摄风格改为合并色彩的、不和谐的、放大十至一百倍的作品,不同于原告作品旨在反映自然和人们生活,被告的作品呈现后启示录风格,❸重在强调男人与女人、男人与男人、女人与女人这三种世间关系。被告虽然声称其挪用创作时并未仔细思考原告拍摄的原意,只想将原告照片改变得不

---

❶ Blanch v. Koons, 467 F. 3d 244 (2nd Cir. 2006).
❷ Cariou v. Prince, 714 F. 3d 694 (2nd Cir. 2013).
❸ 后启示录风格是 20 世纪 90 年代后主要表现对未来的预警、重在批判的一类美学风格。

第四章 以文化创新为目的的限制与例外——鼓励再创作文化

同,但法院认为在评估被告作品的转换性时应考察该作品如何被公众合理地感知,而不应局限于被告对其作品的解释。至于另 5 幅作品,上诉法院认为被告对原告作品的改动较小,难以判定是否达到转换性,应由原审法院采用合理的标准重新做出审判,但上诉法院并未说明原审法院更适宜重新判定转换性使用的依据。最终由于原被告双方和解,所谓合理的标准判定另 5 幅画的转换性程度也无从得知。

联邦第九巡回上诉法院在 Seltzer 诉 Green Day 公司❶一案中延续了第二巡回上诉法院的审理思路。该案中,原告创作了一副名为《尖叫图标》的视觉艺术,被告拍摄了原告创作的图画,加以风化处理,并添加了红色十字架,将其作为 Green Day 摇滚音乐会的背景,被告将其背景创作的目的称为诠释歌曲的主题,揭露宗教的虚伪,联邦第九巡回上诉法院判定被告的行为构成转换性使用,因为原作品并未谈及宗教,而新作品却增加了新的表达、含义,涉及对宗教的批判。虽然美国联邦第九巡回上诉法院肯定了该案中被告使用原告作品在目的和内容上的转换性,但美国学者却认为该案判决更多地承认了新作品内容上的转换性,因为原作品《尖叫图标》是一种街头艺术,而被告在创作 Green Day 摇滚音乐会背景时仍将街头艺术作为重要的视觉要素。此外,原告创作视觉艺术的目的是娱乐大众,而被告举办摇滚音乐会和为音乐会创作背景图案也是出于娱乐大众的目的,对宗教的探讨和批判只是在娱乐大众时附带的。❷

联邦第七巡回上诉法院在判定 Kienitz 诉 Sconnie Nation 公司❸一案时,没再遵循第二和第九巡回上诉法院的一贯思路将重点放在审查被告作品是否有不同于原告作品的表达、含义和信息上,而是侧重于考察被告改变原告作品后对原告作品市场的影响,转换性程度未在该判决的探讨范围内。该案中,被告挪用了原告拍摄的威斯康星州麦迪逊市市长的照片,通过虚化和色彩处理,加入"Sorry for Partying"词组,旨在讽刺麦迪逊市市长早先参与政治性年度集会,目前决意取消年度集会的政治观点。虽然被告作品看似有评论、批评的目的,但其评论的不是原告拍摄的照片本身,而是照片中人物的政治观点,不属于戏仿作品。不过在前几起挪用艺术侵权案中,法院就明确提到,

---

❶ Seltzer v. Green Day, Inc., 725 F.3d 1170 (9th Cir. 2013).
❷ SITES B. Fair Use and New Transformative [J]. Colombia Journal of Law and the Arts, 2016, 39 (4): 513-550.
❸ Kienitz v. Sconnie Nation, LLC, 766 F.3d 756 (7th Cir. 2014).

没有评论原作品并不必然视为没有转换性，转换性使用不局限于戏仿作品。本案中，第七巡回上诉法院跳出分析被告作品转换性程度的逻辑框架，而注意到经过被告的虚化和色彩处理，公众无法看清原作品的细节，被告作品不可能影响到原告作品的市场利益，从而判定被告作品构成合理使用。

由上述典型案例可见，挪用艺术表达着与原作品不同的艺术观念和创作者的思想，法院也在分析中多少提及被告挪用艺术作品的创作"目的"（objective）不同于原告，但法院并未具体解释此"目的"的确切含义，以及此"目的"和第一要素"使用的目的（purpose）和性质"间的异同。牛津词典在解释两个"目的"的含义时，"purpose"偏向于客观的某事物产生和存在的原因；❶ "objective"偏向于个人主观的考虑，这种考虑不受情感和意见影响。❷ 对比目的和内容转换使用案例，发现新闻报道、阐述历史事件、便捷缩略图检索、提供关键信息供公众检索和数据分析、评论原作品等目的相对客观，普通理性公众能明显地洞察后续使用相较于原作品以内容表达传递信息、供公众欣赏的不同目的。挪用艺术作品和原美术、摄影作品都是属于艺术表达，供公众欣赏，以美术内容表达传递及使公众了解创作者的思想，创作目的应视为一致，挪用艺术作品所改变的不是创作的目的，而是原作品的内容、艺术风格以及旨在表达的含义。这些改变相对主观，属于艺术范畴，而不是常识性知识，普通理性公众出于自我对艺术的理解，会产生不同于创作者主观意图的多种理解。

如果仅因为内容的变化使公众产生了不同于原作品的理解和观感就认定挪用艺术作品具有新的表达方式、含义和信息，从而构成转换性使用，将颠覆传统合理使用理论在平衡版权人和后续使用者之间权益的作用，给原作品创作者和版权人的权益造成冲击。第七巡回上诉法院在 Kienitz 一案中已表达对内容转换性使用的困惑，认为仅关注内容的转换实际和《美国版权法》第106条中规定的改编权重合，新作品具有转换性即表明新作品是在改变原作品基础上产生的，属于改编作品，但目前法院并未解释清楚为何转换性使用能不经过原作品版权人的同意进行改编，属于合理使用范畴。❸

---

❶ Oxford Dictionaries. Purpose［EB/OL］.［2021-12-27］. https://www.lexico.com/definition/purpose.
❷ Oxford Dictionaries. Objective［EB/OL］.［2021-12-27］. https://www.lexico.com/definition/objective.
❸ Kienitz v. Sconnie Nation, LLC, 766 F. 3d 756 (7th Cir. 2014).

第四章 以文化创新为目的的限制与例外——鼓励再创作文化

### 三、转换性使用规则与改编权范围的博弈

改编权是版权人诸多权利中的一项财产权,有其内涵外延,只有当作品使用者未经权利人许可,进行了符合改编权内涵外延中的改编行为,才会构成对改编权的侵犯。美国版权法将改编权界定为"基于版权作品创作改编作品",❶ 并进一步将"改编作品"定义为"基于一部或多部作品通过改写、改造或改编创作的作品,这些改写、改造或改编的形式包括翻译、音乐编排、戏剧编排、情节虚拟化、拍摄电影、制作录音、艺术重现、缩写、节略或其他任何改写、改造或改编的形式"。❷ 合理使用是针对侵权的抗辩理由,即侵犯版权的行为如果可以归类于合理使用的情形,则侵权人因法律免责事由而不用承担侵权责任;如果作品使用者一开始就没有侵犯版权,则谈不上要使用合理使用制度进行判定。

版权制度产生之初以复制权为权利保护的基石,改编权并未纳入立法者的考量范围。美国法院更重视改编作品的独立价值,而忽略了未经许可改编对原告作品潜在市场的损害,当法官认识到原告作品的潜在市场时,才开始判定被告对原告作品的改编构成侵权。❸ 改编权从产生之初便和复制权紧密联系在一起,因为改编既然基于原作品,定会对原作品部分内容进行复制,与改编者的独创内容整合后,产生改编作品。改编权近似于对复制权的延伸。

二者所不同的是,复制权使版权人掌控的仅是原作品首次发行后进入的市场,而改编权能使版权人享有从作品所有相关市场获取收益的机会。改编权影响着版权人一开始投资创作作品的程度,如果版权人知道他能就原作品的改编发放许可和收取许可费,在创作之初他会投入更多的资金和智力劳动去创作作品,因为他期待从更多的市场获取回报,而不仅仅从单一的初始市场获取收益。❹ 改编权的权利范围应当包括版权人在创作作品时预期会对作品进行改编的权利,以保证作品能进入除首次发行作品市场以外的其他市场。判定版权人预期的作品将要进入的市场,应综合创作者创作作品的意图、创

---

❶ Copyright Law of the United States [EB/OL]. [2021-12-22]: Section 106 (2). https://www.copyright.gov/title17/title17.pdf.

❷ Copyright Law of the United States [EB/OL]. [2021-12-22]: Section 101. https://www.copyright.gov/title17/title17.pdf.

❸ Folsom v. March, 9 F. Cas. 342 (C. C. D. Mass. 1841).

❹ GOLDSTEIN P. Derivative Rights and Derivative Works in Copyright [J]. Journal of the Copyright Society of the U. S. A., 1983, 30 (3): 209-252.

作者一贯的创作和表达风格、从普通理性人角度看作品可能进入的市场、同时期同类型作品能够进入的市场等多方面因素进行分析。

从视角艺术创作角度看改编权，是否意味着只要使用了原作品全部或部分表达进行再创作，就落入原作品版权人的改编权范围？如果是，则会出现改编权权利范围在美术作品和其他类型作品之间产生了不同的判定标准，因为一部分挪用艺术作品对原作品的改变代表着挪用艺术者自己的艺术风格和审美，不太可能成为原作品创作者预期将要进入的市场。例如，在Cariou和Seltzer案中，综合考虑原告的作品创作意图、一贯的创作和表达风格、普通理性公众可能预料到原告可能涉猎的作品市场等因素，原告不可能预期将自己表现自然和人物的照片改变或授权他人改变为后启示录风格的形象怪异、夸张的美术作品，或在自己作品中加入反宗教因素。如果使用原作品，进行了改动就视为行使了原作品版权人的改编权，将使美术、摄影作品版权人的改编权权利范围宽于其他类型作品权利人的改编权，不利于立法对某一类权利范围的统一界定。

在仍将视觉艺术作品版权人的改编权权利范围视为版权人预期的作品将要进入的市场的情况下，一部分挪用艺术者对原作品的改变将不会落入原作者改编权的权利范围内。既然挪用艺术者没有行使原作品版权人享有的改编权，也就谈不上侵犯原权利人的版权，合理使用并无适用之地，因为合理使用是侵权后的抗辩，侵权一开始就不成立，抗辩也无从谈起。另一部分挪用艺术者对原作品的改变可能落入原作者改编权的权利范围内，例如Kienitz案中，对人物照片的虚化和色彩化处理是一种常见的艺术化处理照片的手法，可能属于摄影者预期授权他人改变的范围内，该案中原告不可能预期加入的是讽刺照片中人物政治观点的词语。仅就照片艺术化处理而言，被告侵犯了原告的改编权，此时被告可以用合理使用进行不承担侵权责任的抗辩。

然而，转换性使用要求的内容转换不仅仅是改变了原作品，而是增加了新的表达方式、含义和信息，虽然美国法院的判决并未清晰界定改变原作品到何种程度可视为增加了新的内容，但其说明了后续使用越具有转换性，则后续作品越不可能取代原作品；后续作品有可能改编了原作品却并不具有转换性，例如将小说改编为电视剧；[1]但转换性使用却能使后续图像产生完全不

---

[1] Castle Rock Entertainment, Inc. v. Carol Publishing Group, Inc., 150 F.3d 132 (2nd Cir. 1998): 143, 145.

第四章　以文化创新为目的的限制与例外——鼓励再创作文化

同于原作品的新艺术美感。❶ 即符合转换性使用的后续作品应当超越原作品所预期的市场范围，在此种解释下，符合转换性使用的新作品实际未必落入原作品权利人的改编权权利范畴内，一开始就不应认定为侵权。由此分析可见，转换性使用的内在含义本就和改编权权利范围的界定存在着悖论，无法在逻辑上同时适用，也即转换性使用原作品本不应认定为侵犯原作品版权人的改编权，既然不侵权，也就无须适用作为侵权抗辩的合理使用，转换性使用作为合理使用重要的一部分失去了理论根基。

那么如何看待 Blanch、Cariou、Seltzer 案中被告使用原告作品的行为？虽然被告对原作品改编没有落入原告预期进入的市场，但被告毕竟挪用了原告作品中的部分内容表达用于新作品的创作。这类挪用行为实际是在复制原作品部分表达的基础上，增加新内容的创作，对原作品的使用应当认定为侵犯了原告对其作品部分内容享有的复制权。虽然复制权使版权人掌控的仅是原作品首次发行后进入的市场，相较于改编权覆盖的市场范围小，但看待挪用艺术创作中的复制仅需注意新作品完全照搬原作品中的那一部分内容表达，例如 Blanch 案中穿有古驰凉鞋的女人的腿，Cariou 案中塔法里教人的影像，Seltzer 案中的《尖叫图标》。当挪用艺术创作在侵犯原作者复制权的情形下，再考虑用转换性使用规则进行判定复制是否构成合理使用，挪用创作者是否在复制的基础上增加了新的内容、表达或信息，从而不会影响原作品完成后首次进入的市场。

将挪用艺术作品中对原作品的使用视为复制与目的转换性使用对使用作品的合理性判定一致，因为在利用图片、照片进行新闻报道、阐述历史事件、便捷缩略图检索，或大规模数字化图书并提供片段供检索的情形下，被告所实施的同样是复制行为，但这样的复制不会影响原作品首次进入的市场。

**四、转换性使用规则下的挪用艺术与宪法保障表达自由**

挪用艺术之所以有其存在的必要，不仅仅在于其增加了新的内容、表达和信息，从而不会对原作品的市场产生负面影响，而主要在于挪用艺术是美国宪法第一修正案保障的言论自由的一种重要表现形式。也正因为如此，现代艺术流派下的挪用艺术才在美国兴起和繁盛。美国宪法第一修正案提到：国会不得制定关于下列事项的法律，限制言论自由或出版自由。❷ 在第一修正

---

❶　Leibovitz v. Paramount Pictures Corporation，137 F. 3d 109（2nd Cir. 1998）：114.
❷　First Amendment of Constitution of the United States［EB/OL］.［2021-12-27］. https://constitution. congress. gov/constitution/amendment-1/.

案的支撑下，法院对知识产权等私权利的保护也应避免对言论自由产生寒蝉效应。美国学者认为第一修正案有以下三个独立的目标：发现真相；自我实现；以及协商民主中的公民参与。❶

发现真相与从约翰·密尔顿（John Milton）的《论出版自由》一书中引申出来的"意见的自由市场"（Marketplace of Idea）理论紧密相关，该理论旨在让人民群众、各党各派都利用报刊充分自由地表达各自的意见，而充分地表达意见的前提是给予人民有关各项事物的充分的信息。美国奥利弗·温德尔·霍姆斯（Oliver Wendell Holmes）法官强烈支持意见的自由市场理论和第一修正案中的言论自由权，并在艾布拉姆斯诉合众国一案中提及，思想的自由交流能实现人们最终的美好愿望。❷ 版权制度保护有独创性的表达，与言论自由相关，文学或艺术在意见的市场中的价值源于其对某一特定观点的有说服力的或分析的能力，表达的保护往往限于观众理解或吸收其基本思想的能力。❸ 意见的自由市场理论在现代艺术领域中更多地通过挪用艺术体现出来，挪用艺术表达着对政治人物政治观点的批判、对大众传播的反思、对社会现象的意见。

自我实现与参与民主的宪法目标同样依赖于对自由表达的保障。马斯洛的人类需求五层次理论的最高层次的需求即自我实现的需求，即人们实现个人理想、抱负，发挥个人的能力到最大程度，完成与自己的能力相称的一切事情的需要，个人理想的实现、能力发挥的最大化都需要表达才能实现，无论这种表达是口头的、书面的或行为化的。美国联邦最高法院也承认人类精神的实现需要自我表达。❹ 挪用艺术是挪用艺术者在文化艺术领域的自我表达，是实现挪用艺术者自我价值的一种途径，有其存在的宪法价值。自我实现的程度最大化也造就了受众参与的民主，通过促进公众获取信息和参与表达，将形成公众参与发表意见的民主社会。

挪用艺术通常是一种意识形态的批判，通过劫持显性话语和图像，制造

---

❶ SMOLLA R A, NIMMER M B. Smolla and Nimmer on Freedom of Speech: A Treatise on the First Amendment (3rd Edition) [M]. Toronto: Thomson Reuters, 2008, Section 2: 13. 转引自 TAN D. The Lost Language of the First Amendment in Copyright Fair Use: A Semiotic Perspective of the Transformative Use Doctrine-Five Years On [J]. Fordham Intellectual Property Media and Entertainment Law Journal, 2016, 26 (2): 337.

❷ Abrams et al. v. United States, 250 U.S. 616 (1919): 630.

❸ BLAKE G. Expressive Merchandise and the First Amendment in Public Fora [J]. Fordham Urban Law Journal, 2007, 34 (3): 1059.

❹ Procunier v. Martinez, 416 U.S. 396 (1974).

## 第四章　以文化创新为目的的限制与例外——鼓励再创作文化

反抗的、叛逆的信息。❶ 例如，在 Blanch 案中，被告 Koons 旨在通过创作挪用艺术作品，强制受众打破大众媒体所引导的有特别偏好的传统表达方式，之所以挪用原告照片中女人的腿是因为它代表着大众传媒广告中经常出现的一类典型的女人形象，这种典型性使得被告更想评价美国消费者文化中的商业形象。❷ 挪用艺术不仅仅传递创作者的意图，还启发公众的独立思考。正如欧洲后结构主义文学理论家罗兰·巴尔特（Roland Barthes）所声称的读者的诞生以作者的"死亡"为代价，❸ 文学或艺术作品传播的表达不是作品的起源，而是作品的目的地，即受众对文义或图像的重新认识和理解。

美国宪法在保障自由表达的同时，也在宪法第 1 条第八部分保障个人对自我创作的有独创性的表达的私有权利。❹ 虽然对个人私权的保护不能凌驾于对言论自由的保障之上，但对于第一修正案的直接适用更多地体现在政府对言论的限制上，而不是探讨如何平衡言论表达和私权保障之间的关系。美国法院也更倾向于通过已有的知识产权理论来容纳第一修正案保障的利益，❺ 而不是将第一修正案直接适用于知识产权案件。美国联邦最高法院在有关案件中明确否认在版权制度已有的内在结构外单独考虑第一修正案的适用，版权制度容纳第一修正案的内在结构设置包括思想和表达二分法理论以及合理使用制度。❻

合理使用制度中发展出的转换性使用规则为容纳和保证表达自由提供了更多空间。转换性使用强调的增加新的内容、表达或信息正是新作品创作者不同于原作者的思想、意见，转换性使用规则以判定新作品使用原作品是否构成版权侵权为切入点，一定程度上能够成为自由表达的推动力，保证文学和艺术领域不同意见和信息的传递及递增。反观美国联邦第九巡回上诉法院在 1978 年就华特迪士尼制作公司诉空中海盗一案❼中作出的判决，在没有转

---

❶ TAN D. The Lost Language of the First Amendment in Copyright Fair Use: A Semiotic Perspective of the Transformative Use Doctrine-Five Years On [J]. Fordham Intellectual Property Media and Entertainment Law Journal, 2016, 26 (2): 348.

❷ Blanch v. Koons, 467 F. 3d 244 (2nd Cir. 2006): 247.

❸ PICOZZI B. What's Wrong with Intentionalism: Transformative Use, Copyright Law, and Authorship [J]. Yale Law Journal, 2017, 126 (5): 1427.

❹ Constitution of United States [EB/OL]. [2021-12-27]: Article 1 Section 8. https://constitution.congress.gov/constitution/.

❺ TAN D. The Lost Language of the First Amendment in Copyright Fair Use: A Semiotic Perspective of the Transformative Use Doctrine-Five Years On [J]. Fordham Intellectual Property Media and Entertainment Law Journal, 2016, 26 (2): 354.

❻ Eldred v. Ashcroft, 537 U.S. 186 (2003). Golan v. Holder, 132 S. Ct. 873 (2012).

❼ Walt Disney Productions v. Air Pirates, 581 F. 2d 751 (9th Cir. 1978).

换性使用规则适用的情形下,法院将被告制作的有自主思考、生活混乱的、反主流文化的米老鼠绘画图书认定为侵犯了迪士尼公司对米老鼠形象享有的版权。被告出版图书中的米老鼠形象与迪士尼公司的米老鼠形象高度近似,导致被告的合理使用抗辩没能被法院采纳。被告的图书创作实则以成年读者为对象,旨在讽刺迪士尼动画常见的"高大全"形象。如果按转换性使用的分析思路来看被告的创作,是极具转换性和新的内容表达的。

### 五、转换性使用规则的理论价值和实践意义

转换性使用规则对保证公众的表达自由和促进挪用艺术的繁盛有积极的促进作用,如果没有转换性使用规则推动合理使用制度的不断更新和发展,公众表达空间可能会缩减,挪用艺术这一现代艺术领域的重要形式更可能会消亡。因此,转换性使用规则有其存在的法理基础。但是,据以上分析,不难看出转换性使用与改编权权利范围之间的逻辑悖论,以及转换性使用与复制权之间的关联仍在于复制原作品的行为最终是否会对原作品的市场有负面影响,如果有较大的负面影响,新作品会侵占原作品的市场,则说明转换性程度低,使用原作品的行为难以构成合理使用,因为判定新作品增加的新内容、新表达和新信息到底转换性有多大,是否构成了合理使用下的转换性使用难度过大,即使美国法院已适用转换性使用规则近25年,也尚未有法院明确界定转换性的程度以判定合理使用是否成立。

在转换性使用产生之初,包含转换性使用的合理使用判定标准的第一要素"使用的目的和性质"和第四要素"使用对原作品潜在市场或价值的影响"交互作用。当法院侧重于分析使用是否具有转换性时,其得出的结论往往是使用越具有转换性,越为了新的目的,增加了新的内容,越表明新作品针对的是不同于原作品的新的市场;如果转换性使用成立,对原作品市场的替代或损害都不太可能被轻易发现。❶ 鉴于判定转换性程度存在不确定性,从市场影响角度反过来判断是否存在转换性使用似乎更可行,美国学者认为合理使用制度本就是解决市场失灵的手段,❷ 当版权人不可能授权他人使用自己作品进行创作时,合理使用作为法律机制能够替代市场作用,使后续使用人

---

❶ KIMBROUGH A. Transformative Use v. Market Impact:Why the Fourth Fair Use Factor Should Not Be Supplanted by Transformative Use as the Most Important Element in a Fair Use Analysis [J]. Alabama Law Review, 2012, 63 (3):638.

❷ GORDON W. Fair Use as Market Failure:A Structural and Economic Analysis of the Betamax Case and Its Predecessors [J]. Columbia Law Review, 1982, 82 (8):1600-1657.

能在原作品基础上完成新的创作。

侧重市场角度理解转换性使用以及厘清转换性使用和复制权、改编权之间的关系，应从以下三方面考虑：

首先，考虑后续使用是否构成对原作品的复制或改编，复制包括复制了原作品的全部或部分表达以及就复制部分进行微乎其微的改动，改编包括改变原作品，这种改变符合原作者预期作品进入的市场。

其次，在后续使用侵犯原作者复制权的情况下，应当考虑使用是否会对原作品市场产生不利影响，是否会对原作品构成市场替代，兼顾考虑使用的目的和艺术内容风格的变换是否不同于原作品，因为前后作品创作目的的不同和内容风格的变换会使前后作品受众群体不同，不可能产生市场替代。正如我国学者已意识到的，不同艺术家代表着不同品牌，他们之间的作品难以相互替代。❶ 就像 Cariou 案中，被告创作的挪用艺术作品所针对的受众群体皆为美国文艺圈知名人士，与原告照片所针对的观赏群体完全不同。当复制原作品而创作新作品不会对原作品现有市场产生负面影响的情况下，新作品的转换性程度高，可认定合理使用成立。

最后，在后续使用侵犯原作者改编权的情况下，即对原作品的改变落入原作者的预期，如 Kienitz 案中被告对原告照片中市长形象的虚化和色彩处理，除非新作品对原作品的改变有不同于原作品创作的目的，从而难以对原作品的潜在市场产生影响，新作品不宜认定为合理使用。Kienitz 案中应认定被告侵犯了原告的改编权，被告改变原作品的行为虽不会侵占原作品已有市场，但却可能侵犯原作品的潜在市场；讽刺性词语 "Sorry of Partying" 的加入只是使新作品对人物政治观点的讽刺更明显，却并没有不同于原作品创作的其他目的，因为新作品并未评论原作品本身，也未用于记录历史事件或人物政治观点。

在美国转换性使用规则的延伸下，我国法院也逐渐尝试借鉴美国的转换性使用规则，虽然我国目前《著作权法》仍采用欧洲封闭式权利限制的立法模式，但国务院法制办 2014 年公布的《著作权法（修订草案送审稿）》已体现出立法者有意将灵活性纳入权利限制的立法范围，❷ 我国最高人民法院于

---

❶ 谢琳. 论著作权转换性使用之非转换性 [J]. 学术研究，2017（9）：65.
❷ 《著作权法（修订草案送审稿）》第43条在十二项权利限制之外增加了第十三项兜底性例外"其他情形"，并将三步检验标准放在了十三种例外情形之后，"以前款规定的方式使用作品，不得影响作品的正常使用，也不得不合理地损害著作权人的合法利益"。

2011年发布的《关于充分发挥知识产权审判职能作用推动社会主义文化大发展大繁荣和促进经济自主协调发展若干问题的意见》第8条也已在借鉴美国判定合理使用的四要素分析法。因此，将转换性使用规则纳入司法考量我国权利限制与例外的范围，似有可行性。

我国北京、上海、广东地区的法院在进行权利限制的分析时，已然有提及"转换性使用"的字眼，例如在王某诉谷翔公司和谷歌公司案中，北京市高级人民法院肯定了全文扫描图书及之后提供作品片段行为的转换性质。❶ 该案中，一审北京市第一中级人民法院认可谷翔公司对王某散文集的扫描版本进行"信息网络传播行为所采取的片段式的提供方式，及其具有的为网络用户提供方便快捷的图书信息检索服务的功能及目的，使得该行为构成对原告作品的转换性使用行为"，但却认为谷歌公司在先进行的复制程度最高的全文复制会与作品的正常利用相冲突，会对原作品潜在市场造成危险，不构成合理使用。二审北京市高级人民法院从整体看待在先全文复制和在后提供片段行为之间的联系，认为"虽然未经许可的复制原则上构成侵权，但在法律规定的合理使用的情形中，有些合理使用行为的实施需要以复制为前提。在这种情况下，专门为了合理使用行为而进行的复制，应当与后续使用行为结合起来作为一个整体看待，不应当与后续的合理使用行为割裂开来看。换言之，如果是专门为了后续的合理使用行为而未经许可复制他人作品，应当认定为合理使用行为的一个部分，同样构成合理使用"。❷

在上海美术电影制片厂诉浙江新影年代文化传播有限公司、华谊兄弟上海影院管理有限公司案中，上海知识产权法院认可了被告使用缩小比例的"葫芦娃""黑猫警长"美术作品作为电影海报背景的转换性，认为"涉案电影海报为说明八十年代少年儿童的年代特征这一特殊情况，适当引用当时具有代表性的少儿动画形象'葫芦娃''黑猫警长'之美术作品，与其他具有当年年代特征的元素一起作为电影海报背景图案，不再是单纯展现涉案作品的艺术美感，其价值和功能已发生转换，且转换性程度较高，属于转换性使用，而且并不影响涉案作品的正常使用，也没有不合理地损害著作权人的合法利益，故构成合理使用"。❸

---

❶ 王某诉北京谷翔信息技术有限公司、谷歌公司，(2013) 高民终字第1221号。
❷ 王某诉北京谷翔信息技术有限公司、谷歌公司，(2013) 高民终字第1221号。
❸ 上海美术电影制片厂诉浙江新影年代文化传播有限公司、华谊兄弟上海影院管理有限公司，(2015) 沪知民终字第730号。

第四章　以文化创新为目的的限制与例外——鼓励再创作文化

在李某晖诉广州华多网络科技有限公司案中，广州市南沙区人民法院认可了网络游戏介绍中使用景点缩略图照片的转换性，认为在一篇介绍网络游戏的文章中仅用占整篇文章1/8比例的空间使用被控侵权图片，"从使用的目的和性质看，并非是为了展示该摄影作品的艺术美感，并以此吸引游戏玩家……而是通过公众熟知的人物形象，使人联想到三国时期的历史，进而与上述文章中以三国人物及故事为主题的《乱世无双》游戏相联系。被控侵权图片使用在上述文章中具有新的指向意义和功能，其原有摄影作品的艺术美感和功能发生了转换"。❶ 但我国法院目前对转换性使用的适用仍以我国现有的权利例外情形为依据，例如使用他人作品是否用于说明某一问题等，❷ 尚未真正达到美国法院灵活运用转换性使用规则的地步。

鉴于我国目前版权权利限制与例外理论的灵活性有待增强，有学者已意识到合理借鉴美国转换性使用规则的迫切和必要性。❸ 我国的挪用艺术也在西方现代艺术的影响下逐步发展，2015年8月，上海当代艺术博物馆举办了"Copyleft：中国挪用艺术"展览，主要展出了反映与中国艺术传统相关、和西方现当代艺术相关以及与当下社会现象相关的挪用艺术作品。❹ 作为促进挪用艺术发展的一道法律保障，吸收借鉴美国的转换性使用规则似乎确有必要。但是，我国的法律体系中并不存在美国似的宪法权益，强行吸纳符合美国社会文化的法律机制也未必能够真正促进我国社会主义文化的繁荣。因此，在借鉴转换性使用规则时，仍需采用审慎的态度，以使用对原作品潜在市场或价值的影响为主，参考使用的目的和艺术内容风格的变换，来判定使用的转换性。如果该使用行为既不与作品的正常使用相冲突，也不至于不合理地损害作者的正当利益，可以认定为合理使用。

在判定前后作品创作目的的不同时，应从何人的视角出发，原作品使用者的视角，法官的视角，抑或是普通公众的视角仍是一个值得考虑的问题。不管是从何人的视角出发进行判定，都带有该人的主观性。原作品创作者和使用者虽然相对于法院和普通公众而言专业性更强，但在版权侵权和合理使用案件中自身利益牵扯过多，很难提供公正的意见。版权制度建立的根本目的是推动文化艺术的繁荣进步，丰富社会公众的精神生活，最终受益者是普通公众，从普

---

❶ 李某晖诉广州华多网络科技有限公司，(2017) 粤73民终85号。
❷ 《中华人民共和国著作权法》(2020年修正) 第24条第1款第（二）项。
❸ 袁锋. 论新技术环境下"转换性使用"理论的发展 [J]. 知识产权，2017（8）：42-57.
❹ 上海当代艺术博物馆. Copyleft：中国挪用艺术 [M]. 上海：上海文艺出版社，2015.

通理性人角度判断转换性使用能真正实现版权制度建立的根本目的。

## 第二节　重混创作版权法律制度的构建

### 一、重混创作概念

（一）概念

重混创作，英文为 Remix，泛指通过计算机网络等技术手段对在先作品进行改变、借用、转换、转置、引用、暗指并融合进新的创作形式中。❶ 各国版权法对重混创作这一新创作概念并未进行界定和明确规制，重混创作的概念与改变原作品创作新作品这一传统的演绎创作方式有近似之处，但却在数字网络技术的推动下形成。数字网络技术使重混创作者能够花费较小成本和时间获取大量的在先作品，并对在先作品进行选择、截取、编辑，生成重混创作物。

在音乐领域，重混创作又被称为"取样"（sampling）或"混搭"（mash-up），通常截取每首歌中的精华旋律或歌词进行混合，将一首歌曲的音频通过数字技术叠加在另一首歌曲的音轨上。❷ 例如美国音乐人 Danger Mouse 在混搭美国说唱歌手 Jay-Z 的《黑色专辑》和披头士乐队的《白色专辑》基础上创作了《灰色专辑》。在艺术领域，重混创作体现为挪用艺术（appropriation art），例如美国现代艺术家 Jeff Koons 在挪用艺术摄影师 Blanch 拍摄的女人小腿基础上另添加了三双女人的腿，增加了巧克力软糖冰淇淋、油炸圈饼、尼亚加拉瀑布作为画作背景，创作了画作《尼亚加拉》。重混创作同样出现在视频制作中，例如胡戈将陈凯歌电影《无极》中的镜头作为素材添加其他节目内容制作的视频《一个馒头引发的血案》。❸

---

❶ ADENEY E. The Sampling and Remix Dilemma: What Is the Role of Moral Rights in the Encouragement and Regulation of Derivative Creativity? [J]. Deakin Law Review, 2012, 17 (2): 336.

❷ HETCHER S A. Using Social Norms to Regulate Fan Fiction and Remix Culture [J]. University of Pennsylvania Law Review, 2009, 157 (6): 1872.

❸ 胡开忠. 重混作品创作的版权问题 [EB/OL]. (2016-07-15) [2021-12-27]. http://www.iprcn.com/IL_Xsjt_Show.aspx?News_PI=5745.

第四章 以文化创新为目的的限制与例外——鼓励再创作文化

重混创作由于选用作品数量多,重混创作者创作前通常不会一一向在先作品权利人获取授权,重混创作存在侵权风险。然而重混创作是共享经济与共享文化的产物,其存在和繁荣对信息交流、资源共享、文化多样化有着积极意义,有必要对重混创作的合法性进行进一步分析。

(二) 共享经济催生了重混创作

1. 网络信息经济的特征是信息流通自由

共享经济以互联网为依托,鼓励资源共享和使用。美国耶鲁大学法学教授 Yachai Benkler 将早期的共享经济形态称为网络信息经济(networked information economy),认为网络技术的发展促使经济形态从实体经济转变为网络信息经济。

在网络信息经济时代,信息、知识和文化通过无处不在的、分散的网络在社会上流动,维持生产率和经济增长的模式在两点上完全不同于20世纪的工业信息经济:第一,诸如粉丝为自己乐趣而改编文学影视作品创作新作品这类的非市场化生产在经济增长中发挥着更重要的作用;第二,根本上分散的生产和传播,无论是市场化的还是非市场化的,都起着更大的作用。[1] 粉丝创作就是一类分散生产和传播的作品,该类作品通常由单个人完成,而不是由有一系列订单和掌握劳动力、资本、金融和分销渠道的公司完成。[2] 依赖于自由流动的信息和知识,网络信息经济使被动的消费群体逐渐变为积极的产品创作者,弥补了市场驱动生产中的不足。因此,网络信息经济强调信息流通自由,而过于严格保护的知识产权制度禁止未经权利人许可自由使用作品,会降低网络信息经济中生产的效率,尤其是非市场化生产的效率。

2. 重混创作是网络信息经济和共享经济发展的必然

共享经济是网络信息经济进一步延伸的形态,其实质是形成以互联网为依托的组织形式,实现交易成本的最小化。共享经济鼓励人人参与资源利用,以共享平台为介质,优化资源配置。共享经济使原本交易成本过高的资源进入可交易的范围,在工业经济时代,由于掌握资源多方相互寻找、讨价还价、订立合同的成本过高,部分资源无法进入市场进行交易,从而只能闲置;数

---

[1] BENKLER Y. Freedom in the Commons: Towards A Political Economy of Information [J]. Duke Law Journal, 2003, 52 (6): 1246-1247.
[2] BENKLER Y. Freedom in the Commons: Towards A Political Economy of Information [J]. Duke Law Journal, 2003, 52 (6): 1246-1247.

字互联网技术的发展搭建起网络平台，降低了交易成本，产生了互利互赢的共享经济。❶

重混创作与网络信息经济和共享经济有一致的特征。重混创作个人分散，多由喜爱文学影视作品的消费者自发创作，该创作不受市场因素驱动，重混作品多通过网络平台发布和扩散，不进入商业化的出版发行销售渠道。重混创作将在先作品视为创作材料和元素加以利用，更看重素材能在网络平台上自由获取，而不是每次利用都要寻找权利人，费时费力地与权利人谈判获取许可，重混作品完成后也通过网络平台传播，供后续创作者进一步使用。美国哈佛大学法学教授 Lawrance Lessig 在其《Remix: Making Art and Commerce Thrive in the Hybrid Economy》一书中提及重混创作或重混文化是分享型经济的组成部分，通过分享他人的创作成果，在此基础上参与创作能更好地学习前人成果，形成民主社会的创造力。❷

分享型经济蕴含于混合经济中，混合经济同时具有商业性和非商业性因素，不同的互联网经济实体根据其发展策略选择何时采用分享状态、何时采用营利状态。例如，视频网站 YouTube 在成立之初更倾向于分享式商业模式，允许用户自由分享视频内容，但在其他视频网站的竞争下逐渐倾向于营利性商业模式；微软成立之初采用营利性商业模式，而后逐渐纳入分享模式，开放部分软件源代码供后续编程者使用。❸

## 二、重混创作正当性与合法性的理论考察

### （一）重混创作有别于复制和改编

作为共享经济和文化的组成部分，重混创作对于推动粉丝经济、鼓励公众参与创作、增加文化多样性、保障公民表达自由有着重要意义。因此，不应一味否定未经在先作品权利人授权进行创作的重混行为，应具体考量重混创作在版权法中的位置。各国版权法对重混创作并未有统一且清晰的界定，一般认为运用数字技术合成的重混作品借用了大量的在先作品表达元素，增添了具有独创性的新元素，或是虽未增添新元素，但混搭本身产生了不一样

---

❶ 卢现祥. 共享经济：交易成本最小化、制度变革与制度供给[J]. 社会科学战线，2016（9）：52.

❷ LEE E. Remixing Lessig[J]. I/S: A Journal of Law and Policy for the Information Society, 2010, 6（1）：50，52.

❸ LEE E. Remixing Lessig[J]. I/S: A Journal of Law and Policy for the Information Society, 2010, 6（1）：63.

## 第四章 以文化创新为目的的限制与例外——鼓励再创作文化

的内容和效果,具有独创性。重混不同于传统版权法意义上的复制或改编,应予区别对待。

首先,重混有别于版权法意义上的复制。侵犯版权人复制权的行为通常以印刷、复印、拓印、录音、录像、翻录、翻拍、数字化等方式复制了原作品的全部或实质性的部分。将后续作品与原作品对比,哪怕后续作品添加了新内容,从普通公众角度也能发现后续作品与原作品构成实质性近似。例如,美国纽约南部联邦地区法院在《哈德逊河丘上的莫斯科》电影宣传画案中判定被告电影宣传画与原告为《纽约客》杂志绘制的街景封面构成实质性近似,因为两幅图都以鸟瞰的角度描绘曼哈顿的一角以及一条将纽约市和其他世界分开的河流,并都细致地描绘了大约四个城市街区中的包括水塔、汽车、停车场上的红色标志、大厦的外形、窗户和配置等在内的相似细节。[1] 虽然电影宣传画中增加了电影人物角色和相关信息,但并不排斥其主要呈现部分与原作品的实质性近似。重混创作虽然也复制了原作品的全部或部分表达,但由于其将多件原作品表达作为素材进行重组,重混作品与每件原作品并不构成实质性近似。

其次,重混有别于版权法意义上的改编。改编权是对复制权的延伸,复制权使版权人掌控的仅是原作品首次发行后进入的市场,而改编权能使版权人享有从作品所有相关市场获取收益的机会。改编权的权利范围应当包括版权人在创作作品时预期会对作品进行改编的权利,以保证作品能进入除首次发行作品市场以外的其他市场。判定版权人预期的作品将要进入的市场,应综合创作者创作作品的意图、创作者一贯的创作和表达风格、从普通理性人角度看作品可能进入的市场、同时期同类型作品能够进入的市场等多方面因素进行分析。例如,创作者将金庸的小说《射雕英雄传》缩写为短小的故事供儿童阅读,或拍摄为影视剧即行使了金庸享有的改编权,因为提供小说故事缩写本,将小说拍摄为影视作品是作者能够合理预期其作品会进入的市场。而重混创作即使对原作品进行了改变,混搭后呈现的表达未必是原作者所能预期的改编和演绎效果,不同的创作者有不同的表达风格,重混创作并不是对原素材的简单拼凑,而是将原作品拆散混合后的有独创性的新作品,不落入原作者预期作品会进入的市场,在此种情形下,重混创作并未侵犯原作者的改编权。

---

[1] Steinberg v. Columbia Pictures Industries, 663 F. Supp. 706 (S. D. N. Y. 1987).

## （二）重混创作符合合理使用判定标准的可能性

综上所述，重混创作可能侵犯的版权权利为复制权，但版权法规定了权利例外，即使重混创作者侵犯了原作者的复制权，如果满足权利例外的条件，也不必承担侵权责任。我国《著作权法》列举了十二种权利例外的具体情形，其中有可能与重混创作有关的情形为：为介绍、评论某一作品或者说明某一问题，在作品中适当引用他人已经发表的作品。❶ 虽然不排除部分重混作品具有介绍、评论作品或说明某一问题的目的，但不是所有的重混作品都具有评论的目的，例如从前人诗歌中摘录句子形成的集句诗就旨在表达新的内涵和作者的思想情绪，而不是用于评论前作。

2014年公布的《著作权法（修订草案送审稿）》曾尝试将现行法律中规定的例外情形进行扩展，凡符合国际知识产权条约三步检验标准，既不影响作品的正常使用，也没有不合理地损害版权人合法利益的使用作品情形都可归于合理使用。❷ 此外，我国最高人民法院于2011年发布的《关于充分发挥知识产权审判职能作用推动社会主义文化大发展大繁荣和促进经济自主协调发展若干问题的意见》第8条已在借鉴美国判定合理使用的四要素分析法，该条提到法院在"妥当运用著作权的限制和例外规定，正确判定被诉侵权行为的合法性"时，可"考虑作品使用行为的性质和目的、被使用作品的性质、被使用部分的数量和质量、使用对作品潜在市场或价值的影响等因素"进行综合判定。

该意见中提及可考虑的四点要素即为《美国版权法》第107条中规定的判定合理使用的标准，法院在判定某一使用是否合理时，会综合平衡四要素进行分析。美国司法实践在此基础上从第一要素"使用行为的性质和目的"延伸出转换性使用规则，即考察新作品是否仅仅取代了原作品，还是基于进一步的目的或不同特征增加了新内容，改变原作品而采用了新的表达方式、含义和信息，也就是说，使用原作品创作新作品的目的和性质是否以及在何种程度上是转换性的。❸

用四要素平衡法和转换性使用规则分析重混创作的性质可得出重混创作有可能符合合理使用的结论。首先，就使用作品行为的性质和目的而言，重

---

❶ 《中华人民共和国著作权法》（2020年修正）第24条第1款第（二）项。
❷ 《著作权法（修订草案送审稿）》第43条第2款。
❸ Campbell v. Acuff-Rose Music, 510 U.S. 569 (1994).

混创作既包括商业性地使用原作品，又包括非商业性地使用原作品，但不能仅仅因为重混具有商业性就否认创作的转换性，重点在于新作品是否大幅度改变了原作品，使公众认为新作品在表达上有别于原作品，原作品和新作品面向不同的消费群体。例如，在 Cariou 诉 Prince 案中，美国现代艺术家 Prince 在借用 Cariou 摄影作品的基础上，将照片进行放大、在照片人物脸部上绘制圆和椭圆、调整色彩、将多组照片进行分装拼贴，联邦第二巡回上诉法院认为其中 25 幅重混作品属于转换性合理使用，因为这 25 幅作品对原作的风格和色彩进行了很大的改动，原被告作品完全面向不同层次的受众。❶ 其次，就被使用作品的性质而言，原作品多是受版权保护的作品。再次，就被使用部分的数量和质量而言，可分为两类情形，一类情形为被使用的部分占原作比重大，构成原作品实质性部分；另一类情形为从原作品摘取的部分仅占原作品的小部分。前者不利于判定合理使用，后者有利于认定为合理使用。最后，就使用对作品潜在市场或价值的影响而言，重混创作因表达不同于原作品，面向不同的受众群体，不会构成对原作品的替代，不会对原作品的潜在市场或价值产生负面影响，反而可能使受众通过新作品了解原作品，增加原作品的销售和传播量。由此可见，对四要素的分析中，第一、第四要素能够支撑重混创作构成合理使用，第三要素可能有利于认定重混创作为合理使用，只有第二要素不利于合理使用的认定，但第二因素相较于其他三要素重要性偏低。

（三）侧重市场影响判定重混创作的合法性

目前在美国和我国的司法实践中，法院越来越倾向使用转换性使用规则判定合理使用，例如，在王某诉谷翔公司和谷歌公司案中，北京市高级人民法院肯定了全文扫描图书及之后提供作品片段行为的转换性质；❷ 在上海美术电影制片厂诉浙江新影年代文化传播有限公司、华谊兄弟上海影院管理有限公司案中，上海知识产权法院认可了被告使用缩小比例的"葫芦娃""黑猫警长"美术作品作为电影海报背景的转换性；❸ 在李某晖诉广州华多网络科技有限公司案中，广州市南沙区人民法院认可了网络游戏介绍中使用景点照片的

---

❶ Cariou v. Prince, 714 F. 3d 694 (2nd Cir. 2013).
❷ 王某诉北京谷翔信息技术有限公司、谷歌公司, (2013) 高民终字第 1221 号。
❸ 上海美术电影制片厂诉浙江新影年代文化传播有限公司、华谊兄弟上海影院管理有限公司, (2015) 沪知民终字第 730 号。

转换性。❶ 当法院侧重于分析使用是否具有转换性时，其得出的结论往往是使用越具有转换性，越为了新的目的，增加了新的内容，越表明新作品针对的是不同于原作品的新的市场；如果转换性使用成立，对原作品市场的替代或损害都不太可能被轻易发现。❷

但是，转换性使用判定的稳定性欠缺，不同法院在看待使用是否具有转换性时会产生不同的观点。例如，在李某晖诉广州华多网络科技有限公司案中，广州市南沙区人民法院认为在网络游戏介绍中使用景点照片能让消费者了解游戏的故事背景，具有转换性。而二审广州市中级人民法院却认为景点照片与网络游戏没有直接联系，仅因为网络游戏故事发生在三国时代而使用无锡三国城的照片不具有转换性。❸

鉴于判定是否具有转换性以及转换性程度存在不确定性，侧重从市场影响角度来判断是否存在合理使用似乎更可行，美国学者认为合理使用制度本就是解决市场失灵的手段。❹ 当版权人不可能授权他人使用自己作品进行创作时，合理使用作为法律机制能够替代市场作用，使后续使用人能在原作品基础上完成新的创作。重混创作需要向多位权利人寻求授权，每一次授权谈判费时费力，而且双方最终未必能达成满意的条件，尤其是业余重混创作者因为没有资金难以向权利人支付高昂的版权使用费。重混创作领域存在着仅凭市场因素无法填补的缺失，需要合理使用制度予以调节。但另一方面，一味允许不经许可使用版权作品会损害创作者的积极性，为保护在先作品权利人的权益，应考虑后续重混创作对在先作品的市场影响，从而判定未经许可的后续使用是否合理，重混创作是否合法。

### 三、重混创作者享有版权权利的理论依据

重混创作除符合合理使用情形外，其通过混编在先作品体现了重混表达的独创性，重混创作者不应仅被视为在先作品的合理使用者，还应就其具有独创性的重混作品享有版权权利。英国哲学家约翰·洛克的劳动财产论、民

---

❶ 李某晖诉广州华多网络科技有限公司，(2017) 粤 73 民终 85 号。

❷ KIMBROUGH A. Transformative Use v. Market Impact：Why the Fourth Fair Use Factor Should Not Be Supplanted by Transformative Use as the Most Important Element in a Fair Use Analysis [J]. Alabama Law Review, 2012, 63 (3)：638.

❸ 李某晖诉广州华多网络科技有限公司，(2017) 粤 73 民终 85 号。

❹ GORDON W. Fair Use as Market Failure：A Structural and Economic Analysis of the Betamax Case and Its Predecessors [J]. Columbia Law Review, 1982, 82 (8)：1600-1657.

法中的添附理论和著作人格权理论为重混创作者就其重混创作享有权利提供了理论基础。

（一）洛克的劳动财产论

洛克在其《政府论》中提及劳动财产论，指出"每人对他自己的人身享有一种所有权，除他之外任何人都没有这种权利。他的身体所从事的劳动和他的双手所进行的工作，我们可以说，是正当地属于他的……只要他使任何东西脱离自然所提供的和那个东西所处的状态，他就已经掺进了他的劳动，在这上面掺和他自己所有的某些东西，因而它成为他的财产"。❶ 加拿大哲学家 James Tully 进一步将洛克的劳动财产论解释为劳动者有意识地增加了某样东西的价值，则劳动者应就增值部分享有财产权，因为该劳动者运用自己的智慧和意志创造了这种劳动成果。❷ 如果一个劳动者对最终产品的增加价值比其获取的原材料的价值更多，那么洛克的劳动财产论更具说服力。

洛克的劳动财产论不仅适用于有形财产，同样适用于知识产权这一类无形财产。就像农夫就其耕耘的土地、种植的谷物享有增值利益的财产权，小说家、音乐家也应对其付出智力劳动创造的小说和歌曲享有财产权。所有创作不可能凭空产生，都是受前人智慧的启发。智力创造所体现的增值部分正好体现为版权保护中所要求的独创性。重混创作是在借用在先作品基础上重新编纂、混搭后的作品，重混创作者在重混过程中付出了智力劳动，如果重混作品对在先作品的选择、摘编、混合具有独创性，则重混创作者应就其独创性劳动享有财产权。

（二）民法中的添附理论

劳动财产论适用于重混创作时有不足之处，如果重混创作增值部分可以与原作品区分，则以劳动财产论作为理论支撑没有问题，但如果重混增值部分与原作品完全混同在一起，无法分割，则劳动财产论无法很好地说明增值部分的权利归属。民法中的添附理论则可用于解决后一问题。在传统民法理论中，添附理论通过确认一方取得所有权并给予损失方补偿的方式化解双方

---

❶ 洛克. 政府论（下）[M]. 叶启芳, 译. 北京：商务印书馆, 1964. 转引自李雨峰. 版权的正当性——从洛克的财产权思想谈起 [J]. 暨南学报（哲学社会科学版），2006（2）：73-74.

❷ GREENSTEIN N. Striking the Right Chord: A Theoretical Approach to Balancing Artists' Intellectual Property Rights on Remix Audio-Sharing Platforms [J]. Cornell Law Review, 2016, 102（1）：222.

的权利冲突。❶ 添附即指不同所有人的物结合在一起而形成不可分离的物。❷

重混创作因为将各不同类型创作物混合在一起，原作者的劳动和重混创作者的劳动难以明确区分。公众愿意接受重混作品，不仅因为重混创作者所付出的重混劳动，还可能因为重混作品同时保留了原作品的部分文字、音调或符号。在添附理论支撑下，重混创作者将原素材完全改头换面，在重混过程中增加大量新的价值，重混创作者作为添附者能获得最终成品的所有权。添附理论同时要求如果添附行为造成了原素材价值的贬损，添附者应给予原素材所有人赔偿。在重混创作行为中，如果重混创作侵占了原作品预期市场，给原作品权利人造成了损失，则重混创作者应给予原作品权利人补偿。

### （三）著作人格权理论

著作人格权理论是版权法人格权制度的理论基础，这一理论主张作品是人格的反映。❸ 人通过智慧劳动创造的作品不可避免地会反映创作者的人格特征，作者的人格特征既包括诸如相貌、生理体征等客观特征，又包括诸如思想、感情、情绪、品格等主观特征。作品所体现的通常是作者的主观特征，将作者的思想感情通过作品的具体表达呈现，或格局宏大，或典雅婉约，或犀利讽刺。这些主观特征是作者个体过往经历和对未来期许之和，著作人格权受损也即在精神层面上损害了作者对其经历的感受和认知。著作人格权理论体现在版权制度中则表现为作者就其作品享有发表权、署名权、修改权和保护作品完整权。

就重混创作而言，一方面重混创作者应当尊重原作品作者的人格权，正如在论文撰写中要标明引用文献出处，重混创作者也应在重混作品的名称或介绍部分表明所用原作品的出处，同时重混创作不应歪曲篡改原作品所体现的思想感情，当然重混作品对原作品的批评讽刺不属于歪曲篡改原作品。另一方面，重混作品也体现了重混创作者的个人经验情感、对社会现象的看法、个人的艺术风格，作品中体现重混创作者人格特征的部分往往不同于原作品作者的人格特征，这些特别的人格特征外化于重混作品中，同样应当受到保护和尊重。

---

❶ 刁舜. 添附理论视角下的非法演绎作品保护研究 [J]. 电子知识产权，2016（8）：24-25.
❷ 刁舜. 添附理论视角下的非法演绎作品保护研究 [J]. 电子知识产权，2016（8）：26.
❸ 王坤. 著作人格权制度的反思与重构 [J]. 法律科学（西北政法大学学报），2010，28（6）：39.

### 四、构建有利于重混创作的版权法律制度

重混创作对文化多元化有重要意义,重混作品在借用及混合在先作品的基础上有自身的独创性和新增价值,体现了重混创作者独特的人格特征,版权法律制度应当给予重混创作认可和保护。构建促进重混创作的版权法律制度需要同时考虑版权法律制度中不利于重混创作和鼓励重混创作的制度设计。

(一) 现行版权法规制重混创作的不足

首先,版权人和作品使用者协商的版权授权机制对于重混创作不现实。目前主流及商业性的文化资源仍掌握在大公司手里,重混创作者通常是业余文化爱好者或是个体创作者,他们要从大公司处获取使用作品的授权十分困难,重混创作又需要从不同版权人处获取不同作品的授权,创作成本可想而知。美国音乐创作者向大音乐公司寻求音乐版权授权,一首歌的版权使用费通常在 1000~5000 美元之间,[1] 重混创作一首歌除向音乐公司寻求音频使用授权外,还需向词曲作者寻求词曲使用授权。美国重混音乐人 Gregg Gillis 在其重混专辑中使用了 370 首歌曲,如果使用每首歌都得获取授权支付版税的话,那么制作一张重混专辑的成本将达到上百万美元。[2]

其次,法定许可或强制许可制度对促进重混创作仍存在不足。法定许可或强制许可制度能够让后续使用者不经在先作品版权人授权便使用作品,只是需要向版权人付费。这两项制度虽然可以让重混创作者既获取创作的文化资源,又能让文化资源的权利人获得补偿,但就促进重混创作而言仍有不足。因为部分重混创作源于文化爱好者对在先作品的喜爱,是非营利性的,强制让重混创作者付费会降低非市场因素驱动下的创作热情。此外,法定许可或强制许可通常由管理版权的政府机构或版权集体管理组织制定统一的许可费,许可费相较于自由协商所定的许可费低,作品版权人未必能真正得到补偿。[3]

---

[1] EBLE K. This Is a Remix:Remixing Music Copyright to Better Protect Mashup Artists [J]. University of Illinois Law Review, 2013 (2):687.

[2] EBLE K. This Is a Remix:Remixing Music Copyright to Better Protect Mashup Artists [J]. University of Illinois Law Review, 2013 (2):687.

[3] LAPOLT D, ROSENTHAL J, MELLER J. A Response to Professor Menell:A Remix Compulsory License Is Not Justified [J]. Columbia Journal of Law and the Arts, 2015, 38 (3):370.

## (二) 构建有利于重混创作的合理使用制度和侵权救济制度

如前所述，适合判定重混创作是否合法的版权法律制度应为侧重于分析重混创作对原作品潜在市场影响的合理使用制度。经济学分析中的需求的交叉价格弹性可用于参考后续创作是否会构成对原作品的市场替代，需求的交叉价格弹性表明在一定时期内一种商品的需求量的变动相对于它的相关商品的价格变动的反应程度。如果一种商品的价格上涨，导致另一种商品的需求量增加，表明这两种商品有市场替代关系；如果一种商品的价格上涨没有使另一种商品的需求量有所变化，则表明两种商品之间没有替代关系。将需求的交叉价格弹性用于参考重混创作与原作品的替代关系，可观察原作品价格上涨是否会导致未经授权的后续重混作品的需求量变化。如果原作品价格上涨，不会导致重混作品需求量变化，则说明重混作品与原作品没有替代关系，不会影响原作品现有或潜在市场，重混作品具有转换性。反之，则说明重混作品极有可能对原作品市场价值造成损害。

如果重混作品会对原作品市场造成负面影响，则重混作品不再符合合理使用情形，应属于版权侵权。但如果此类重混作品仍具有独创性和新增价值，体现了重混创作者独特的人格特征，则法院在对此类案件判定时可考虑根据民法添附理论，要求重混创作者给予原作品权利人经济补偿，而不一定非要禁止重混作品的传播和使用。此外，不论是符合合理使用情形的重混创作还是侵权的重混创作，重混创作者都应对其付出智力劳动的具有新增价值的重混作品享有版权权利。

## 第三节 网络迷因版权法律问题研究

### 一、网络迷因及其引发的版权法律问题

#### (一) 迷因理论及网络迷因现象

迷因（meme）一词由英国生物学家理查德·道金斯在《自私的基因》一书中提出，他根据希腊词词根"mimeme"创造了一个类似于"基因"（gene）一词的单音节词"meme"（又可被译为"模因""谜母""觅母"），

## 第四章　以文化创新为目的的限制与例外——鼓励再创作文化

用于指称文化繁衍的基因。与基因通过自我复制繁衍一样，人类文化在发展传承中也存在像基因一样的复制因子，具有长寿、生殖力和精确的复制能力三种特性，通过模仿的方式进行自我复制，例如《友谊地久天长》的曲调旋律。❶ 该曲调旋律通过印制在出版物或萦绕于人们脑际长久存在，通过人们哼唱不断扩散，通过一位哼唱者告知另一位哼唱者得以复制。对迷因的复制并不一直精准，因为接收者会按自己的需要对内容进行安排糅合，使迷因传播受到连续突变的影响。❷

互联网的迅猛发展极大地推动了以迷因为基本单位的数字文化的繁荣。社交媒体、自媒体、短视频平台等以移动互联网为基础的内容平台提高了迷因在网络世界自我复制和传播的能力。不同学者尝试对网络迷因进行定义。奥地利学者 Bradley Wiggins 在《数字文化中迷因的话语力：意识形态、符号学和互文性》一书中将网络迷因定义为"一种可由参与式数字文化成员迅速传播的重混的、迭代的信息，用于讽刺、戏仿、评论或其他话语活动。网络迷因是一个更具体的术语，用于描述它所代表的各种迭代，包括图像宏（image macro）迷因、❸ 图形交换格式（GIF）、❹ 标签、视频迷因等。它的功能是通过可视的方式提出一个论点，以便开始、延伸、反驳或影响话语"。❺ 丹麦学者 Carlos Mauricio Castaño Díaz 在《网络迷因概念的界定与表征》一文中对迷因的各种概念进行编目，并用它们共同的元素来综合互联网迷因的正式定义："网络迷因是一个信息单位（想法、概念或信仰），它通过互联网（电子邮件、网聊、论坛、社交网络等）以超链接、视频、图像或短语的形式进行复制。它可以作为一个精确的副本传递，也可以改变和发展。复制过程中突变的发生是偶然的、附加的或模仿的，何种形式无关紧要。"❻ 学者们对网络迷因的定义揭示出网络迷因具有承载信息和话语表达的属性，它是以信息为单位的"自主生命体"，在网络社交群体中自我复制和传播，既是传播者意志

---

❶ 理查德·道金斯. 自私的基因：40周年增订版［M］. 卢允中，等译. 北京：中信出版集团，2018：218-232.

❷ 理查德·道金斯. 自私的基因：40周年增订版［M］. 卢允中，等译. 北京：中信出版集团，2018：224-225.

❸ "宏"是计算机科学里一种批量处理的称谓。

❹ 用于以超文本标志语言方式显示索引彩色图像。

❺ WIGGINS B E. The Discursive Power of Memes in Digital Culture: Ideology, Semiotics, and Intertextuality［M］. New York: Routledge, 2019: 11.

❻ DIAZ C M C. Defining and Characterizing the Concept of Internet Meme［J］. Revista CES Psicología, 2013, 6 (1): 97.

的反映，又不以人的意志为转移，❶ 引发人们对某一话题的关注和讨论，消除由社会身份等因素造成的交流障碍，促进共享性情感的产生。❷

(二) 网络迷因引发的版权法律问题

网络迷因以流行词语、图像或视频为载体。流行词语简短易懂，由于其结构长度和内容深度达不到版权法要求作品达到的独创性高度，词语迷因不会引发版权问题。图像或视频迷因在现有图画、影视剧的基础上产生，现有图画、影视剧如果属于受版权保护的作品，则迷因创作对原有作品进行复制、改编、通过网络传播，将会侵犯原作品版权人享有的复制权、改编权和信息网络传播权。如果图像或视频迷因中含有人物形象，将会侵犯个人肖像权。合理使用是版权和肖像权侵权的合法抗辩理由，在满足法定情形下，使用他人作品或肖像可不经过权利人授权，也无须向权利人付费。网络迷因创作构成侵权还是合理使用有待分析。此外，加入新元素的网络迷因能否视为新的作品而受到版权法保护也值得探讨。本节将以图像迷因为例分析创作迷因是否构成侵权，以及迷因是否受版权法保护两个问题，以便为网络迷因的有效传播提供法律机制上的分析和支撑。

图像迷因根据其产生手法可分为三类。第一类是完全复制现有图像或影视剧剧照，在图像外加入表达观点、直戳要害的词语，变为迷因。以两幅迷因图像为例，一幅是2017年年底刷爆微信朋友圈的"佛系青年图"，一位身穿道士服的青年手执莲花，仰望天空，神色淡然，身后是古寺，配上"让它淡淡地来""让它好好地去""一切皆有缘"等代表佛系青年的网络流行语，旨在体现压力和焦虑下年轻人的自我消解。该迷因源自韩剧《请回答1988》的剧照。❸ 另一幅是以西班牙摄影师Antonio Guillem库存照片设计的"分心男友"（Distracted Boyfriend），一位手牵女友逛街的男士正回头看着从身旁走过的另一女孩，图中男士、现任女友及另一女孩被配上不同含义在海外社交媒体疯传。例如，男友配上意大利国旗，女友配上欧盟盟旗，另一女孩配上英国国旗和"英国退欧"（Brexit）文字，意指意大利对退出欧盟的向往。第二类是完全复制现有图像，并将其放入特定情境，尤其是冲突情境下，体现反

---

❶ 高德. 迷因效应：谁在影响你，你在影响谁 [M]. 天津：天津人民出版社，2016：前言.
❷ 方玲玲. 社交情境下网络迷因的社会功能与文化价值——基于小咖秀视频软件流行的思考 [J]. 电视研究，2016 (4)：67.
❸ 刷爆朋友圈的佛系青年表情包竟来自这部剧，评分远超《琅琊榜》[EB/OL]. (2018-01-19) [2021-12-27]. https://baijiahao.baidu.com/s?id=15899883407403737 91&wfr=spider&for=pc.

差。例如将动画片《小猪佩奇》中的佩奇形象文身，称为"小猪佩奇社会人"，将呆萌形象放入社会化环境中，使年轻人得到宣泄和释放。第三类是对现有图像进行局部改动，达到戏谑的效果。例如，蒋兆和于1959年创作的美术作品《杜甫像》被网友从高二课本挖出，经过改动后名为"杜甫很忙"的系列迷因在微博疯转，杜甫被改动为在玩野地实战游戏，骑车去商场购物，在QQ空间写诗，拿手机自拍等，形成一场年轻网民间寻求快感和参与感的网络狂欢。前两类迷因涉及未经授权行使原作品版权人享有的复制权和信息网络传播权，后一类迷因涉及行使复制权或改编权，具体为复制还是改编权，有待商榷。

## 二、网络迷因创作应属版权合理使用

我国遵循大陆法系国家立法模式所制定的封闭式版权权利限制与例外制度长期以来已受到学界和实务界人士质疑，认为其不能满足有效应对网络技术发展所带来的挑战。司法实务界早已突破立法模式上的封闭，在借鉴域外法律和经验的基础上，通过指导意见和司法判决探寻符合技术发展、社会文化变革的版权侵权与合理使用边界。最高人民法院在2011年印发的《关于充分发挥知识产权审判职能作用推动社会主义文化大发展大繁荣和促进经济自主协调发展若干问题的意见》中指出，要"正确认定合理使用行为，依法保护作品的正当利用和传播。在促进技术创新和商业发展确有必要的特殊情形下，考虑作品使用行为的性质和目的、被使用作品的性质、被使用部分的数量和质量、使用对作品潜在市场或价值的影响等因素，如果该使用行为既不与作品的正常使用相冲突，也不至于不合理地损害作者的正当利益，可以认定为合理使用"。[1] 该条款实际借鉴了美国版权法判定合理使用的四要素，并综合三步检验标准做出了规定。综合判定合理使用的四个要素分别为"使用行为的性质和目的、被使用作品的性质、被使用部分的数量和质量、使用对作品潜在市场或价值的影响"。不同于三步检验标准中的三个标准必须同时满足才符合合理使用要求，四要素判定法仅要求对四个要素进行综合平衡，满足其中部分要素即可认定合理使用成立。

第一要素"使用行为的性质和目的"是指使用原作品的行为在性质和目的上是否具有转换性和商业性。转换性成立有利于认定使用行为为合理使用，

---

[1] 最高人民法院《关于充分发挥知识产权审判职能作用推动社会主义文化大发展大繁荣和促进经济自主协调发展若干问题的意见》第8条。

商业性成立则不利于认定使用行为的合理性。不过在美国法院的司法实践发展中，转换性逐渐成为认定合理使用成立的决定性因素，使用原作品创作新作品的性质和目的转换性越强，其他诸如商业性等不利于判定合理使用考量因素的重要性就越弱。转换性使用由纽约南区联邦地区法院法官 Pierre Leval 在《哈佛法律评论》中撰文提出，并在联邦最高法院审理的 Campbell 诉 Acuff-Rose 音乐公司一案中正式确立和得以发展，在谈及使用行为性质和目的的转换性时，法院着重考察新作品是否仅仅取代了原作品，还是基于进一步的目的或不同特征增加了新内容，改变原作品而采用了新的表达方式、含义和信息，也就是说，使用原作品创作新作品的目的和性质是否以及在何种程度上是转换性的。[1] Campbell 案后，美国法院通过一系列数据库搜索引擎案和挪用艺术案确立了目的转换性使用和内容转换性使用两类典型的被判定为合理使用的案例。

适用第一要素判定网络迷因是否构成合理使用可得出网络迷因创作具有转换性的结论。网络迷因创作的目的不在于重现原作品中的具体表达，而在于传递信息和观点。第一类和第二类图像迷因复制原作品的目的不是让公众欣赏原作品的具体表达，而是传递当年青年渴望释放压力、以反差戏谑方式处世的态度和心情。原作品的内容表达早已为公众熟知，之所以其能被运用并成为网络迷因，正是由于原作品所代表的文化象征意义被利用，迷因依靠受众对原作品内容的广泛熟知和相关性来强调其传递的信息。[2] 第三类图像迷因对原图像进行改动，但却难以落入原作品改编权范畴，因为改编权的权利范围应当包括版权人在创作作品时预期会对作品进行改编的权利，以保证作品能进入除首次发行作品市场以外的其他市场。判定版权人预期的作品将要进入的市场，应综合创作者创作作品的意图、创作者一贯的创作和表达风格、从普通理性人角度看作品可能进入的市场、同时期同类型作品能够进入的市场等多方面因素进行分析。第三类图像迷因对原作品的改动不会落入原作者预期改编范畴和期待进入的市场，也并非让受众欣赏迷因中的内容表达，而仍为传递年轻人通过反差方式释放压力的态度。这类图像迷因类似于挪用艺术，将原作品挪用为原始素材，通过在原作品表达上增加新的内容，实现迷

---

[1] Campbell v. Acuff-Rose Music, Inc., 510 U.S. 569 (1994).
[2] TAN D, WILSON A. Copyright Fair Use and the Digital Carnivalesque: Towards A New Lexicon of Transformative Internet Memes [J]. Fordham Intellectual Property, Media and Entertainment Law Journal, 2021, 31 (3): 902.

## 第四章 以文化创新为目的的限制与例外——鼓励再创作文化

因在内容和目的上的双重转换,第三类图像迷因是对原作者复制权而非改编权的转换性使用。

第二要素"被使用作品的性质"是指被使用作品受版权保护程度的高低,早期美国法院认为想象类原创作品受版权保护程度高,纪实类作品受版权保护程度低,使用保护程度高的作品更不利于认定合理使用。但时至今日,这一观点越来越无足轻重,因为只要原作品受到版权保护,第二要素便对认定合理使用不利。在网络迷因创作中,所使用的影视剧剧照或美术作品都是受版权保护的作品,不利于认定合理使用。不过既然要用到合理使用抗辩,就意味着使用的都是受版权保护的作品,涉嫌侵权,因此第二要素在认定合理使用时的作用十分有限。

第三要素"被使用部分的数量和质量"是指被使用部分是否为原作品的核心部分,是否为原作品的相当多数内容。如果使用部分占原作品的比例大,或者占比不大但却是原作品的核心内容,都会对认定合理使用不利。网络迷因创作中对影视剧作品的使用仅涉及角色形象,不涉及影视剧的情节内容,占比不大。但如果将角色形象单独作为摄影作品或美术作品看待,则网络迷因创作使用原作品的全部表达,不利于认定为合理使用。不过这一要素仍要结合第一和第四要素对使用行为进行综合认定。

第四要素"使用对作品潜在市场或价值的影响"旨在考查使用对原作品现有和潜在市场的影响,潜在市场应结合改编权范围进行判断,应指原作者预期作品能够进入的市场。网络迷因创作由网民自发产生,体现网民的话语表达,但其后续演变又不以单个网民意志为转移。网络迷因的转换性使其不会对原作品形成替代,也不会落入原作者预期作品将会进入的市场。合理使用制度的存在是为治愈市场失灵,当原作者不可能对作品进行某类使用的许可授权,而这类使用又有利于社会文化发展时,合理使用能够促成此类使用的合法实现。网络迷因的参与式演变、不以个人意志为转移及不可预见性使得原作者许可使用其作品创作网络迷因的市场缺失。网络迷因是数字时代参与式文化的组成部分,契合苏联思想家和文论家巴赫金提出的狂欢式文化全民性、仪式性、平等性等多方面特质。[1] 合理使用制度正好能够解决许可创作迷因的市场失灵,实现网络世界文化语言的狂欢化。

综合分析四要素得出的结论是,基于网络迷因创作的转换性目的和性质,以及网络迷因不会对原作品现有或潜在市场产生影响,网络迷因应被视为合

---

[1] 丁倩. 狂欢理论视域下的"网络迷因"现象[J]. 新闻世界,2013(8):122.

理使用，而非侵犯原作品版权人的复制权和信息网络传播权。在现实环境下，网络迷因还有可能带动原作品的商业推广和营利。"小猪佩奇社会人"网络迷因在我国爆火后，小猪佩奇的动漫授权公司 eOne 针对性地发行了诸如小猪佩奇手表、睡衣等一系列正版衍生品。❶ 我国法院也在未经版权人授权使用电视剧海报和截图侵权案中指出，互联网新兴技术的发展使得《著作权法》合理使用情形无法完全解决现实需要，网络用户使用影视作品截图是为介绍评论影视作品时，有利于扩大相关影视作品的宣传影响，符合版权人利益需求。❷

**三、网络迷因创作能否构成对肖像权的合理使用**

我国 2021 年 1 月 1 日实施的《民法典》赋予自然人依法制作、使用、公开或者许可他人使用自己肖像的权利，肖像是在一定载体上所反映的特定自然人可被识别的外部形象，未经肖像权人同意以上述方式使用他人肖像便构成肖像权侵权。❸ 网络迷因中的人物形象可能源自影视剧海报或剧照，也可能来自真实人物的生活摄影，前者如由《请回答 1988》剧照产生的"佛系青年"迷因，后者如"成功孩子"（Success Kid）迷因，表现为一个幼儿紧握一把沙，表情坚定，寓意坚定地通向成功和胜利。剧照人物形象涉及表演形象，即演员在表演过程中形成的个人形象。如果需要保护的是表演角色形象，则应通过版权法中邻接权制度下的表演者权予以保护；如果需要保护的是表演者自身的形象，则应受肖像权保护。到底通过版权制度还是人格权制度予以保护，关键在于观众能否通过表演形象识别出表演者自身形象。如果具有社会的一般的被识别性，能够从演员所扮演的形象中识别出是某个演员，则仍应受肖像权保护。❹ "佛系青年"迷因中演员的装扮为普通道衣装扮，观众能够识别出演员的自身形象，应受肖像权保护。

我国《著作权法》虽然赋予表演者邻接权，表演者对其表演享有保护表演形象不受歪曲的权利，❺ 但是影视作品中的表演者并不能对其在剧中的表演单独享有权利，因为《著作权法》规定视听作品中影视作品的版权由制作者享有，

---

❶ 小猪佩奇社会人到底是个什么梗？[EB/OL].（2018-04-23）[2021-12-27]. https://www.sohu.com/a/229217902_571903.
❷ 东阳市乐视花儿影视文化有限公司诉北京豆网科技有限公司，(2017) 京 0105 民初 10028 号。
❸ 《中华人民共和国民法典》第 1018 条。
❹ 王利明. 人格权法 [M]. 3 版. 北京：中国人民大学出版社，2021：266.
❺ 《中华人民共和国著作权法》(2020 年修正) 第 39 条第 1 款第（二）项。

## 第四章　以文化创新为目的的限制与例外——鼓励再创作文化

编剧、导演、词曲作者仅享有署名权。❶ 虽然法律并未提及表演者能否单独行使权利，但根据"举重以明轻"的法律解释方法，《著作权法》对邻接权人的保护水平不会高于狭义版权人，既然编剧、导演等版权人都不能对影视作品行使权利，演员等邻接权人也不能对影视作品行使权利。❷ 因此，以影视剧表演形象为基础生成的迷因仅涉及演员自身形象的肖像权，不涉及表演者邻接权。

我国《民法典》肖像权制度在借鉴版权合理使用制度的基础上，首次在立法层面引入了肖像权合理使用制度，以平衡公共利益与肖像权保护。在必要范围内合理使用他人肖像的五项具体情形包括为个人学习、课堂教学或科学研究；为实施新闻报道；国家机关为依法履行职责；为展示特定公共环境；为维护公共利益或肖像权人合法权益。❸ 其中与网络迷因可能相关的情形为实施新闻报道及兜底条款为维护公共利益。如果新闻对网络迷因现象进行报道，为让读者了解何为网络迷因，不可避免地要使用某些图像迷因，以保持新闻的完整性和真实性，则这类使用含有他人肖像迷因的情形可落入肖像权合理使用范畴。但这类合理使用与初始地使用表演形象或肖像进行网络迷因创作无关。另一合理使用情形为维护公共利益，但公共利益是一个范围非常宽泛的概念，在对公共利益进行解释时应遵循同类解释规则，将维护公共利益的行为限定与其他四项合理使用具有相当性的行为。❹ 网络迷因创作虽然是公众言论自由的重要组成部分，但却很难泛泛而言其符合为维护公共利益制作、使用、公开他人肖像的合理使用。我国司法实践中尚未出现对这一合理使用情形中何为公共利益的具体解释或对应案情。因此，从目前立法和司法实践看，网络迷因创作中如果含有可被识别的他人肖像，较难符合肖像权合理使用情形，很可能构成肖像权侵权。但是，创作含有他人肖像的网络迷因可能会为肖像权人带来收益而非损害。例如，利用影视作品剧照创作网络迷因会起到推广影视剧的宣传作用；"成功孩子"迷因中的男孩萨米·格林纳（Sammy Griner）因该迷因出名，该迷因被格林纳家族用来推动为萨米父亲的肾移植筹款，筹集到 10 万美元用于萨米父亲的手术和恢复。❺

---

❶ 《中华人民共和国著作权法》（2020 年修正）第 17 条第 1 款。
❷ 王迁. 著作权法 [M]. 北京：中国人民大学出版社，2015：304.
❸ 《中华人民共和国民法典》第 1020 条。
❹ 王利明. 人格权法 [M]. 3 版. 北京：中国人民大学出版社，2021：285-286.
❺ MOHNEY G. Dad of "Success Kid" Undergoes Successful Kidney Transplant [EB/OL]. （2015-08-19）[2021-12-27]. https://abcnews.go.com/Health/dad-success-kid-undergoes-successful-kidney-transplant/story?id=33159971.

### 四、网络迷因创作物不具有可版权性

受版权保护的作品需要满足可复制性、独创性和属于表达而非思想三个条件。可复制性是指作品能以某种有形形式复制，有能被客观感知的外在表达。独创性是指作品是由作者独立创作出来的，具有一定程度的智力创造性；如果是以他人作品为基础进行再创作，由此产生的成果与原作品存在可被客观识别的、并非太过细微的差异。❶ 思想和表达二分法是版权法的基本理论，要求版权法只保护作品的表达形式与内容，而不保护形式与内容中所体现的思想。思想和表达二分法进一步发展出混同原则及场景原则。混同原则是指在某些情况下，对思想只有一种或极其有限的表达，思想与表达混同，保护表达也意味着保护了思想，这时应将此种有限的表达等同为思想，不给予版权保护。场景原则是指在进行某一主题的创作时，必须描写或描绘某一场景，场景被视为不受保护的思想，即使前后两部作品都描绘了同一场景，只有两部作品在具体表达上有区别，在后作品不被视为侵犯在先作品版权。

网络迷因可以有形形式复制，满足可复制性。就独创性而言，不同网络迷因因其对原作品的使用方式不同，可有或无独创性。第一、二类图像迷因完全复制原作品，仅加入网络流行语或指代性图片或词语，达不到独创性要求的一定程度的智力创作，无法满足独创性要求。第三类图像迷因因对原图进行了富有创意的改动，能达到一定程度智力创作，并与原图产生可被客观识别的差异，符合独创性要求。但就网络迷因属于思想还是表达来说，不应仅仅因为图像迷因可视，就将其视为表达，那只是它可复制性的体现。应当认识到，不以个人意志为转移、不断演变着的迷因是一种交流工具，用来更有效地与人互动；它有自己象征性词汇的纯粹的表达引擎，是人类相互作用的一种方式；像其他发明的语言一样，它最初是一个人的创造性努力，但很快地，通过合作努力，它超越了最初的创作者，开始了自己的演变；作为交流形式的基本组成部分，不断演变着的迷因更像一种语言而非知识产权的保护对象。❷

网络迷因无论其是否具有独创性，都应被视为不受版权保护的用于沟通交流的思想，而非受保护的表达。混同原则承认一种原本有独创性的表达可

---

❶ 王迁. 著作权法 [M]. 北京：中国人民大学出版社，2015：18，20-27.

❷ LANTAGNE S M. Famous on the Internet：The Spectrum of Internet Memes and the Legal Challenges of Evolving Methods of Communication [J]. University of Richmond Law Review, 2018, 52 (2)：407.

能在某种程度上已成为公众共同选择的想法，一个网络迷因可能成为表达某一观点的唯一典型文化语言。场景原则中的场景一开始也是由某人独创性使用开始，逐渐演变为公众都需使用的场景，不再受到版权保护。网络迷因也会经历类似场景的过程，成为公众都选择表达某一特定观点的通用语言，就像商标法领域中，一开始具有显著性的商标经过公众长期使用变为指代某类商品统称的通用商标一样。综合分析作品三要件得出的结论是网络迷因因其具有语言文化交流的功能，不应被认定为可受版权保护的具体表达和作品。

### 五、结论

网络迷因作为数字文化世界中公众交流互动的组成部分，产生了以信息传播为核心的迷因效应。网络迷因创作以他人作品或肖像为基础，易引发版权和肖像权侵权问题。合理使用制度是对版权和肖像权的限制，允许在不经权利人同意的情况下依法定情形使用他人的版权和肖像权。我国版权和肖像权合理使用都采用了封闭列举式的立法模式，网络迷因创作难以落入列举的情形中，但是司法实践已逐渐突破版权合理使用立法规定，借鉴吸收域外合理使用四要素判定法及转换性使用规则，综合运用三步检验标准，探索符合版权立法目的及合理使用制度设立初衷的列举清单外的合理使用情形。运用四要素判定法分析网络迷因创作行为可得出网络迷因创作具有目的和性质上的转换性，不会影响原作品现有和潜在市场，符合合理使用标准的结论。网络迷因创作在版权侵权中运用合理使用抗辩成功的概率高于在肖像权侵权中运用合理使用抗辩成功的概率。不过鉴于网络迷因在一定情形下能为版权人和肖像权人带来收益，权利人因其作品或肖像被利用成为迷因而提起侵权诉讼的积极性会受到影响。

此外，部分网络迷因虽然通过改编原作品具有独创性，但是网络迷因的特性决定其应被视为一种传递信息和思想的交流工具而非具体内容表达，不应受到版权保护。通过版权保护具有独创性的网络迷因也与版权立法原意相悖，版权制度的设立旨在激励创新，通过为作者设定一定期限内的排他性权利，增大他人未经授权使用作品的成本，使作者创作作品的预期收益超过预期成本，促使作者不断创作新作品。网络迷因的生成是公众互动交流的结果，网络迷因的价值在于有效的信息传播，其产生和演变无须制度激励。因此，网络迷因应被排除在版权保护之外，仅作为传播学意义上的单位实现其社会功能和价值。

## 第四节　形象权转换性使用规则研究

### 一、问题的产生

随着数字网络技术的不断发展和自媒体平台的繁盛，借用他人形象制作虚拟人物角色和动漫表情包的现象越来越普遍。这种行为的合法性，即这种行为是否侵犯了他人对自己形象享有的肖像权受到越来越多的关注。利用他人肖像进行创作也是文化创新的一种形式，因此，有必要对利用他人肖像创作行为的性质进行分析和认定。

在章某莱诉蓝港在线（北京）科技有限公司一案中，章某莱（艺名六小龄童）因蓝港公司在其推出的网络游戏"西游记"的官方网站和游戏中使用了章某莱在电视剧《西游记》中所塑造的孙悟空形象，而起诉被告侵犯了自己对角色享有的肖像权，北京市第一中级人民法院因游戏中的孙悟空形象有别于原告塑造的角色形象，而判定不侵权。❶ 在葛优诉艺龙网公司一案中，葛优曾在电视剧《我爱我家》中扮演纪春生，该角色将身体躺在沙发上的放松形象被称为"葛优躺"，葛优因艺龙网公司未经许可发布含有"葛优躺"图片的微博而起诉艺龙网公司侵犯了他的肖像权，北京市第一中级人民法院认定艺龙网公司构成侵权。❷ 如今，很多明星在剧中或生活中的表情被制作成表情包，在自媒体平台上广为流传，例如张学友咧嘴的表情包、姚明尬笑的表情包、岳云鹏装可爱的表情包等。2018 年 3 月，全国人大两会部长采访通道上一位蓝衣女记者不满身旁红衣女记者冗长提问"翻白眼"的形象迅速被制作成动漫版，衍生出 T 恤、手机壳套等周边产品。

在此类未经许可使用他人形象和表情的情形中，到底应该完全保护个人的肖像权还是为公众自由创作幽默而无伤大雅的虚拟人物形象和表情包留出空间值得思考。美国形象权制度下的一系列判例借用版权合理使用制度中的转换性使用规则平衡形象权保护和公众的表达自由，能为如何平衡个人的肖

---

❶　章某莱诉蓝港在线（北京）科技有限公司，（2013）一中民终字第 05303 号。
❷　李铁柱. "葛优躺"侵权案落判葛优获赔偿 7.5 万元［EB/OL］. （2018-02-25）［2020-02-27］. https://www.chinacourt.org/article/detail/2018/02/id/3211407.shtml.

第四章　以文化创新为目的的限制与例外——鼓励再创作文化

像保护和公众的参与创作和表达带来借鉴。

## 二、形象权制度的演变

形象权是美国司法实践中发展出的与我国《民法典》中规定的肖像权类似的一类权利。❶ 但我国民法中的肖像权仅限于对在世人真实形象的利用。美国形象权的权利范围相较于我国的肖像权更广。形象权最初源自对隐私权的保护，隐私权这一概念源自沃伦和布兰戴斯在《哈佛法学评论》上共同撰写的《隐私权》，他们认为法律应当承认和保障人有独处的权利。❷ 文章从普通法对版权的保护中引申出保护隐私的原则，版权法对作品的保护不仅是保护私人财产，更是保护个人人格神圣不受侵犯；而保护个人作品、智慧和情感正是保护隐私权的根据。❸ 美国联邦最高法院在 Griswold 诉康涅狄格州案中确认隐私权是受联邦宪法保护的宪法权利，❹ 美国法律把侵犯隐私的行为分为四类：第一类是以骚扰、窃听、秘密录音录像等扰乱个人安宁；第二类为公开发表个人资料；第三类为散播关于个人的不实信息，误导公众，这一类侵犯隐私的行为被称为虚光性侵犯隐私，即当事人被投下了一道虚光；❺ 第四类为盗用个人的姓名、肖像牟利。❻

当公众人物对自己身份商业价值的保护不再涉及隐私时，美国司法实践和学界提出了形象权的概念，形象权保护制度最初在普通法判例中形成。在海兰实验室公司诉托普斯口香糖公司一案中，❼ 原告托普斯公司通过与一群职业棒球运动员签订协议，获得了在棒球卡上专有使用棒球运动员形象的权利，以促进口香糖销售。被告海兰实验室公司作为托普斯公司的竞争者，引诱棒球运动员与其签订类似的协议。在该案中，弗兰克法官认为被告的引诱构成对原告协议的侵权干扰，并第一次衍生出独立于隐私权的形象权，被告对棒球运动员照片的使用侵犯了原告通过协议所拥有的对棒球运动员形象权的专有控制。

在普通法确认形象权保护的基础上，美国各州逐渐在州立法的层面将形

---

❶ 《中华人民共和国民法典》第 990 条和第 1018~1023 条。
❷ WARREN S D, BRANDEIS L D. The Right to Privacy [J]. Harvard Law Review, 1890, 4 (5): 193-220.
❸ 邱小平. 表达自由——美国宪法第一修正案研究 [M]. 北京：北京大学出版社，2005：213.
❹ Griswold v. Connecticut, 381 U.S. 479 (1965).
❺ 虚光的英文为 false light。
❻ 邱小平. 表达自由——美国宪法第一修正案研究 [M]. 北京：北京大学出版社，2005：215.
❼ Haelan Laboratories, Inc. v. Topps Chewing Gum, Inc., 202 F. 2d 866 (2nd Cir., 1953).

象权规定为是与真实的自然人相关的财产权,侵犯形象权的行为包括未经许可商业性地使用他人的姓名、声音、签名、照片或肖像,这些使用不仅包括使用真正的某人的形象,如果使用了与明星形象或声音相近的模仿者的形象或声音,也属于盗取了不属于他们自己的东西,侵犯了明星的形象权。❶

将形象权作为个人私权进行保护实质上限制了使用或包含他人形象而形成的表达。因此,美国法院在判定未经授权使用他人形象从而侵犯他人形象权时,试图找到合适的理论或规则能够平衡形象权保护和表达自由。美国最高法院于 1977 年判定的 Zacchini 诉 Scripps-Howard 广播公司一案可视为其平衡形象权保护与表达自由的重要案例。

在 Zacchini 诉 Scripps-Howard 广播公司一案中,原告因其 15 秒的"大炮喷射活人"表演而出名,被告未经原告同意在其新闻报道中播放了原告的全程表演,原告起诉被告不适当地挪用了原告的私人财产。被告所在地的俄亥俄州上诉法院和州最高法院均认可原告所享有的州法规定的形象权,但却认为被告的新闻报道服务于合法的公共利益,州最高法院倾向于第一修正案和第十四修正案能使被告侵犯原告形象权的行为豁免赔偿。怀特大法官撰写联邦最高法院多数意见时,推翻了俄亥俄州最高法院的判决,认为州法律保护形象权旨在弥补权利人为准备表演而付出的时间和努力,从而为今后的创作活动提供经济上的激励,这与专利法和版权法对发明创造和创作作品的保护出发点一致。怀特大法官强调被告将原告的表演全程播出会影响原告通过自己的表演获取经济收益,虽然媒体的新闻报道是为合法的公共利益,但州法院判定第一修正案和第十四修正案对表达自由的保护胜过形象权保护是错误的。❷

Zacchini 案中的形象权基于原告的表演,联邦最高法院对该案的分析有两点值得注意。一是怀特大法官提出了保护形象权的理论基础为激励权利人后续创作,这使得形象权保护的立法主旨与专利法和版权法等知识产权法律趋于一致;二是最高法院多次强调被告使用了原告表演的全部,全程挪用原告表演会对原告就自己劳动获取经济收益产生负面影响。虽然最高法院在判决中并未提及对形象使用的质和量,但其实际着重考虑了使用形象的实质性程度对形象权人获取收益的影响,这一点因受到美国部分法官和学者质疑,认

---

❶ 李明德. 美国形象权法研究 [J]. 环球法律评论, 2003 (4): 474-491.
❷ Zacchini v. Scripps-Howard Broadcasting Co., 433 U.S. 562 (1977).

第四章 以文化创新为目的的限制与例外——鼓励再创作文化

为法院过于看重使用形象的量,而忽略了其他因素,❶ 导致美国联邦法院在之后的判决中更倾向于借鉴版权法中的转换性使用规则来平衡形象权保护和表达自由,对形象权保护予以限制。

### 三、转换性使用规则对形象权保护的限制

(一) 转换性使用规则在形象权案例中的运用

转换性使用规则首次运用于形象权案例是在加利福尼亚州最高法院判决的第三喜剧制作公司诉 Gary Saderup 公司一案中。该案中,原告享有电影《三个臭皮匠》中所有人物形象的形象权,被告是一位艺术家,通过平版印刷方式制作了电影人物形象并印制在 T 恤上。原告诉被告侵犯形象权。法院将平衡形象权保护和第一修正案的焦点放在了平版印刷作品是否增加了重要的创新元素从而已经转换为超越原人物形象的新的表达。与版权法合理使用中的转换性使用规则一致,法院考察了使用是否基于不同的目的或特征增加了新的表达,改变了原形象而采用了新的表达、含义和信息;使用是否增加了重要的表达还是通过对形象直白描绘或模仿获得商业利益;使用是否仅将原形象当作原材料进行新创作还是将对原形象的描绘当作新作品的实质性部分;使用是否将原形象转换为被告自己的表达,这种表达不同于原形象;新表达中创造性成分是否为主;以及艺术家是否贡献了超过细微变化的转换性表达。❷ 法院认为被告创作的图画相较于原人物形象没有较大变化,该表达没有转换性,侵犯了原告的形象权,不能受到第一修正案的保护。

在稍后的 Winter 诉 DC 漫画一案中,加利福尼亚州最高法院认为被告将原告两位音乐家 Johnny Winter 和 Edgar Winter 兄弟形象创作为半人半虫的漫画反面人物符合转换性使用,没有侵犯原告的形象权,虽然漫画保留了原告白色长发和白化病特征,但法院认为漫画中增加的创造性特征使漫画不仅仅描绘了两位音乐家的形象,而是有了新的表达。❸

在 ETW 公司诉 Jireh 出版公司一案中,联邦第六巡回上诉法院将转换性使用规则运用于判定被告描绘高尔夫球员泰格·伍兹形象的图画是否侵犯了

---

❶ Zacchini v. Scripps-Howard Broadcasting Co., 433 U. S. 562 (1977), Dissenting opinions: 13-15.
❷ Comedy III Productions, Inc. v. Gary Saderup, Inc., 21 P. 3d 797 (Cal. 2001). RAND J L. Transformative Use and the Right of Publicity: A Relationship Ready for Revision [J]. Hastings Communication and Entertainment Law Journal, 2015, 37 (2): 348-349.
❸ Winter v. DC Comics, 69 P. 3d 473 (Cal. 2003).

原告拥有的泰格·伍兹形象权。虽然该图画直白地描绘了泰格·伍兹的形象，但图画中还包括奥古斯塔国家高尔夫球俱乐部和其他高尔夫球冠军的图像，旨在隐喻泰格·伍兹终有一天会加入顶尖高尔夫球员的行列。法院认为图画增加了重要的转换性元素，增添了新的表达，而不是仅仅描绘泰格·伍兹的形象，没有侵犯原告享有的形象权。❶

在 Kirby 诉美国世嘉公司一案中，原告是一位音乐家和舞者，有标志性的音乐语言"ooh la la"，被告在其视频游戏中制作了一款名为"Ulala"的游戏形象，并采用了类似原告发型和装束的游戏形象，加利福尼亚州上诉法院认为被告游戏形象与原告形象存在实际差异，被告创作出了包含足够表达内容的转换性作品，没有侵犯原告的形象权。❷

在 No Doubt 乐队诉 Activision 出版公司一案中，被告作为一家视频游戏制作者从原告处获得了使用其形象的许可，但却违反许可协议允许游戏用户操纵 No Doubt 乐队的虚拟形象。在运用转换性使用规则进行判定时，加利福尼亚州上诉法院认定被告游戏中的形象只是对原告成员形象的直白描绘，游戏展现的是类似于原告表演的摇滚音乐演出，虽然被告在游戏中加入了其他创造性元素，但被告并未将虚拟的乐手形象转换为不同于原告形象的其他表达。❸

在 Hart 诉美国艺电有限公司一案中，原告是前罗格斯大学橄榄球队的四分卫，被告是一家视频游戏制作公司，在其制作的大学橄榄球赛视频游戏中未经授权使用了原告的形象。新泽西州地区法院认为被告对其表达享有的第一修正案保护占优势，被告对原告形象的使用具有足够的转换性。联邦第三巡回上诉法院推翻了地区法院的判决，认为转换性使用规则是最适宜于平衡形象权和第一修正案权利的规则，该规则为法院提供了一个灵活又统一的分析框架，尤其着重于考察被告的表达是否对原告形象进行了足够的转换，有效地将形象权保护的诉请限制在较小范围的有自己表达的作品中。❹ 法院在比较游戏形象和原告形象后认为两者有相同的发型、头发颜色、肤色、服饰和生理数据，游戏形象在游戏中的角色同原告一样都进行着橄榄球比赛，游戏用户可以变换游戏角色外形并不足以使被告对原告形象的使用具有转换性，被告并没有对原告形象进行转换性表达。❺

---

❶ ETW Corp. v. Jireh Publishing, Inc., 332 F. 3d 915 (6th Cir. 2003).
❷ Kirby v. Sega of America, Inc., 50 Cal. Rptr. 3d 607 (Cal. App. 2006).
❸ No Doubt v. Activision Publishing, Inc., 122 Cal. Rptr. 3d 397 (Cal. App. 2011).
❹ Hart v. Electronic Arts, Inc., 717 F. 3d 141 (3rd Cir. 2013).
❺ Hart v. Electronic Arts, Inc., 717 F. 3d 141 (3rd Cir. 2013).

## (二) 对形象权转换性使用规则的反思

从以上运用转换性使用规则来平衡形象权和表达自由的案例可见,转换性使用规则存在不确定性,无论是联邦法院还是州法院都曾就某些情形判定对他人形象的使用具有转换性,增加了新的创造性表达,应保护表达自由;也曾因某些因素判定对他人形象的使用完全属于直白描绘他人形象,侵犯了他人的形象权。在判定侵犯形象权的第三喜剧制作公司、No Doubt 乐队和 Hart 案中,加利福尼亚州法院和联邦第三巡回上诉法院皆因被告创作人物形象与原告形象相同或近似判定转换性使用不成立。

在判定符合转换性使用规则的 Winter、Kirby 和 ETW 公司案中,前两案均由加利福尼亚州法院审判,州法院着重考察了被告创作作品在人物形象上与原告形象的不同,从而认定被告创作的表达具有转换性;后一案中,联邦第六巡回上诉法院主要考察了被告作品中与原告相同的人物形象和其他创造性表达结合在一起所传达的不同于原告形象本身的其他含义,这更类似于版权转换性使用规则所适用于的挪用艺术作品,通过挪用他人作品的全部或部分表达,产生批判公众人物政治观点、反思大众传播的影响、反映对社会现象的意见等不同于原作品含义的新的创造性表达。

梳理上述判例将得到的结论是,转换性使用规则适用于形象权,首先得比较被告创作形象是否有别于原告形象;如果两形象一致没有改变,其次则分析被告作品是否传达出不同于原告形象本身的其他含义。以这种方式分析存在以下问题。第一,如果被告创作形象虽有借鉴原告形象,但创作完成后的具体形象完全不同于原告形象,公众无法从被告创作形象追根溯源至原告形象,这种情形下根本谈不上对形象权有所侵犯,因为侵犯形象权的诉请应基于原被告所拥有形象的相同或近似,因此在原告诉请形象权保护的情况下,或多或少意味着被告创作形象与原告形象仍存在近似之处,公众还是能从被告作品联想到原告形象。第二,比较被告创作形象和原告形象异同存在主观性,熟悉原告形象的公众更容易通过近似的被告形象联想到原告,不熟悉原告形象的公众则更可能认为改动后的形象与原告形象差别大。例如,Kirby 案中被告制作的游戏形象虽与原告有所区别,但熟悉原告的公众仍可通过游戏人物发型、衣着、名字识别出原告形象。第三,在考虑被告表达是否存在转换性时,应通盘观察被告表达中的所有内容还是仅局限于被告所设计的与原告形象近似的人物形象,法院没有形成一致标准。ETW 公司案中,法院注意到被告整幅图画的表达含义，而在 Hart 案中，法院却只考察单个游戏形象表达的含义。虽然州法院在第三喜剧制作公司中提及了一系列考虑形象使用的转换性的因素，但并未增加将转换性使用规则用于平衡形象权与表达自由的稳定性和一致性。因此，应对形象权转换性使用规则进行反思，考察借鉴版权转换性使用规则运用于形象权限制的合理性。

**四、形象权与版权制度的正当性理论支撑具有高度相似性**

版权制度的正当性理论支撑通常有两类，一类为在英美法系国家占主导地位的功利主义，即认为版权并非一种天赋人权，而是立法者为了鼓励、刺激更多的人投身于特定对社会有益的活动，如创作作品等，而通过立法创设的权利。❶ 二是从英国哲学家约翰·洛克"劳动财产权"学说引申而来的自然权利说，认为作品是基于作者的创作性劳动而产生的，作者的人格属性已渗透进他的劳动中，作者应就其劳动产生的新东西享有财产权。

形象权制度的正当性理论支撑也可分为两类。第一类是著名知识产权学者尼莫（Melville Nimmer）在其《形象权》一文中提到的自然权利说，尼莫认为使用公众人物的姓名、照片或形象用于推广商品或吸引消费者有巨大的经济价值，公众人物之所以能使其形象形成巨大的商业价值在于公众人物投入了足够多的时间、努力、技巧甚至资金，每个人对其劳动产生的成果应当享有财产权，除非有重大的可抵消这种财产权的公共政策考虑。❷ 这一观点得到美国另一学者 Thomas McCarthy 的支持，McCarthy 认为每个人都应该被赋予对于其身份信息商业利用的控制权，每个人的身份信息是属于他自己的，他可以按照其认为合适的方式控制属于他的财产，那些批判这一原理的人应证明其妨碍社会政策，或不利于公平正义。❸

第二类为美国联邦最高法院怀特法官在撰写 Zacchini 一案多数意见时提及的公共利益激励说，该观点认为版权法和专利法赋予创作者和发明人有价值的、可被执行的权利旨在激励更多作品产生，促进公共利益。同样地，州法律保护形象权旨在弥补权利人为准备表演而付出的时间和努力，从而为今后的创作活动提供经济上的激励，这与专利法和版权法对发明创造和创作作

---

❶ 王迁. 著作权法［M］. 北京：中国人民大学出版社，2015：8.

❷ MCCARTHY J T. Melville B. Nimmer and the Right of Publicity: A Tribute［J］. UCLA Law Review，1987，34（5-6）：1708.

❸ 转引自阮开欣. 电子游戏的形象权问题研究——以美国的司法实践为视角［J］. 电子知识产权，2014（3）：58.

第四章　以文化创新为目的的限制与例外——鼓励再创作文化

品的保护出发点一致。

从版权和形象权制度的正当性理论支撑分析可见，两种制度存在着理论支撑上的高度相似。两类制度都保护私人无形财产权，这种私人无形财产权都基于权利人自己付出的智慧劳动或政府为鼓励更多有价值的作品或形象产生的公共利益激励政策性考量。

**五、从市场角度出发增强形象权转换性使用规则的稳定性**

从版权和形象权制度的正当性理论支撑及对转换性使用规则的分析可见，只有当后续表达既增加了新的知识，又不侵占原作品的市场时，后续的表达自由才不受版权和形象权保护的限制。如果后续表达没有增加新的知识，同时又实质性地侵占了原作品市场，则版权和形象权保护以服务政府重大利益的导向占据上风，能阻止后续的表达创作。因此，有美国学者认为合理使用制度实际是在平衡新知识产生与原作品市场。❶

在转换性使用规则产生之初，包含转换性使用的合理使用判定标准的第一要素"使用的目的和性质"和第四要素"使用对原作品潜在市场或价值的影响"交互作用。当法院侧重于分析使用是否具有转换性时，其得出的结论往往是使用越具有转换性，越为了新的目的，增加了新的内容，越表明新作品针对的是不同于原作品的新的市场；如果转换性使用成立，对原作品市场的替代或损害都不太可能被轻易发现。❷ 鉴于判定转换性程度存在不确定性，从市场影响角度反过来判断是否存在转换性使用似乎更可行，美国学者认为合理使用制度本就是解决市场失灵的手段，❸ 当版权人不可能授权他人使用自己作品进行创作时，合理使用作为法律机制能够替代市场作用，使后续使用人能在原作品基础上完成新的创作。

同理，形象权转换性使用规则应在考察使用形象是否具有转换性时重点分析对形象的使用是否侵占了原形象的市场，即主要考察的问题应为对他人形象的既有商业性成分又有自我表达的使用在何种情形下是被允许的。如果

---

❶ GROTHOUSE M R. Collateral Damage: Why the Transformative Use Test Confounds Publicity Rights Law [J]. Virginia Journal of Law and Technology, 2014, 18 (3): 540.

❷ KIMBROUGH A. Transformative Use v. Market Impact: Why the Fourth Fair Use Factor Should Not Be Supplanted by Transformative Use as the Most Important Element in a Fair Use Analysis [J]. Alabama Law Review, 2012, 63 (3): 638.

❸ GORDON W. Fair Use as Market Failure: A Structural and Economic Analysis of the Betamax Case and Its Predecessors [J]. Columbia Law Review, 1982, 82 (8): 1605.

使用他人形象为纯商业性的，例如利用公众人物形象进行广告宣传或推销商品，则宣传或推销广告中与公众人物形象无关的创造性表达极为有限，在广告中使用公众人物形象的主要目的也是借该形象知名度达到成功销售商品营利。纯商业性使用他人形象实质性地侵占了他人形象的有价值的市场，无疑是不适用转换性使用规则的。如果使用他人形象完全是非商业性的，例如为个人兴趣描绘他人形象，不将描绘的人物形象用于销售，则完全不会侵占他人形象的市场，也不适宜运用转换性使用规则进行分析。因此，需要运用转换性使用规则和使用对原形象市场影响分析的情况，通常是既带有商业性成分，又有自我表达的创作，例如美国司法判例中涉及的将形象描绘印制在T恤上，将形象描绘成漫画图书出售，将形象制作成游戏虚拟人物等。如果我国借鉴美国转换性使用规则判定形象权侵权案件，则需对转换性使用规则进行调整，侧重分析使用对原形象市场产生的影响。

　　由于形象权制度中不存在版权中的复制权和改编权，使用相同或近似形象，使公众能将后续创作的形象与原形象联系起来，便应视为涉嫌侵犯形象权，是对原形象的复制还是改变在所不问。侧重市场角度理解形象权转换性使用规则应着重考虑使用是否会对原形象市场产生不利影响，是否会对原形象构成市场替代。这需要综合考虑后续创作者的创作目的、原人物形象在后续创作中所占比例，以及后续是否利用了原人物形象独特的特点和声誉等具体要素进行判定。如果后续创作者有不同于仅仅表现人物形象的其他目的，例如ETW公司案中使用泰格·伍兹形象创作画作以预示人物今后成就的目的；或是人物形象在后续创作中所占比例较小，例如Winter案中音乐人Winter兄弟半人半虫的漫画形象只占整部漫画书的小部分，都可能使后续创作的表达性成分高于商业性成分，从而不会侵占原告形象市场，符合转换性使用规则的要求。如果后续创作利用了原人物形象独特的特点，例如Hart案中的视频游戏中与原告形象和生理指数一致的游戏橄榄球员形象，Kirby案中的与原告标志性音乐语言一致的视频游戏人物名称，都可能使后续创作的商业利用成分高于表达性成分，侵占原告形象的市场。

　　经济学分析中的需求的交叉价格弹性可用于参考后续创作是否会构成对原形象的市场替代，需求的交叉价格弹性表明在一定时期内一种商品的需求量的变动相对于它的相关商品的价格变动的反应程度。将需求的交叉价格弹性用于参考后续创作与原形象的替代关系，可观察经形象权人授权使用形象的商品价格上涨是否会导致未经授权的后续创作作品的需求量变化。前述美国案例中，如果形象权人有授权他人使用自己的形象制作动漫或游戏，则第三喜剧制作公司、Kirby、No Doubt 乐队、Hart 案中的图画和视频游戏都有可能替代经授权制作的商品；而无论形象权人是否有授权他人使用自己的形象制作商品，Winter 和 ETW 公司案中的漫画和图画因其转换性的表达成分都不太可能与授权商品形成替代关系。以形象使用对原形象市场替代影响为主的分析有助于增加形象权转换性使用规则适用的稳定性和一致性。

## 六、结论

在普通法案例基础上形成的美国形象权制度旨在保护真实自然人就其形象享有的财产性权利，禁止未经许可商业性地使用其姓名、声音、签名、照片或肖像。然而，将形象权作为个人私权进行保护实质上限制了使用或包含他人形象而形成的表达。美国法院在平衡形象权保护和第一修正案保护的表达自由时采用了从版权合理使用制度发展出的转换性使用规则。但是，转换性使用规则运用于形象权侵权判定存在不确定性，需对形象权转换性使用规则进行反思，考察借鉴版权转换性使用规则运用于形象权限制的合理性。

形象权与版权制度在正当性理论支撑上具有高度相似性，两类制度都保护私人无形财产权，这种私人无形财产权都基于权利人自己付出的智慧劳动或政府为鼓励更多有价值的作品或形象产生的公共利益激励政策性考量。版权合理使用制度下的转换性使用规则产生之初，"使用原作品的目的和性质"与"使用对原作品潜在市场或价值的影响"这两项判定要素之间就存在交互作用。鉴于判定使用目的和性质的转换性具有不确定性，从市场影响角度反过来判断是否存在转换性使用似乎更可行。同理，形象权转换性使用规则应在考察使用形象是否具有转换性时重点分析对形象的使用是否侵占了原形象的市场。经济学分析中的需求的交叉价格弹性可用于考量市场影响，通过观察经形象权人授权使用形象的商品价格上涨是否会导致未经授权的后续创作作品的需求量变化判定是否存在市场侵占，如有变化，则存在市场侵占和形象权侵权；反之，则无市场侵占，应保护具有转换性的后续表达。

# 第五章
## 以文化创新为目的的限制与例外
### ——附带性使用

电影和录音录像制作者以及艺术家常在创作中经意或不经意地使用他人的作品。例如，电影导演会安排剧中演员演唱特定时期的歌曲来展现时代风貌；摄影师拍摄人物时会以某个建筑为背景显示人物所处地点；画家在创作人物肖像时会在人物所处房间加上名画来表明人物的身份和社会地位。在这些例子中，创作者都在一定程度上将他人在先作品纳入自己的创作中。如果他们在使用他人作品时没有征得权利人同意和授权，是否一定属于侵权还是可能落入权利限制与例外的范畴是一个亟须解决的问题。

我国的权利限制与例外并未明显包含附带性使用，附带性使用（incidental use）这一说法源自英美法系国家，一些大陆法系国家对附带性使用也有规定。英国法官 Chadwick 将附带性理解为"发生的行为是随意的、次要的；不直接相关；是附属情况"。[1] 从我国《著作权法》第 24 条规定的十二种具体合理使用情形看，与附带性使用他人作品进行新创作有关的仅有第 1 款第（二）项和第（十）项，即为介绍、评论某一作品或者说明某一问题，在作品中适当引用他人已经发表的作品；以及对设置或者陈列在公共场所的艺术作品进行临摹、绘画、摄影、录像。第（二）项例外因为是适当引用，主要涉及文字作品，但引用必须是符合特定目的，即为介绍、评论某一作品或者说明某一问题，因此这一例外还不是明显的附带性使用。第（十）项例外只针对陈列在公共场所的美术作品进行非接触性的使用，而排除了其他作品类型和使用方式，也和其他国家规定的附带性使用有很大区别。附带性使用受版权保护作品通常都是极小量的复制，将在先作品作为新创作作品的背景元素，在特定情形下甚至是无意识地使用，不会影响被使用作品的正常使用，

---

[1] Football Association Premier League Limited and Others v. Panini UK Limited, [2003] EWCA Civ 995.

第五章 以文化创新为目的的限制与例外——附带性使用

也不会不合理地损害版权权利人的合法利益。而且附带性使用一定情形下还能起到宣传推广被使用作品的作用，使更多社会公众认识了解被使用作品。因此，仅因为附带性使用不属于我国《著作权法》权利限制与例外所列举的情形就否认附带性使用的合理性，会增加创作者谈判获取授权的创作成本，不利于鼓励文化创作。

我国法院已在版权侵权司法实践中考虑到附带性使用不侵权的抗辩，但不同法院对此有不同认识和解决方案，有的法院倾向于严格遵循法律所规定的合理使用情形，排斥附带性使用，有的法院则根据案件事实灵活分析，作出了认可附带性使用为合理使用的判定，但在这类判定中法院侧重于考量被使用部分占原作品的比例，并未从多方面综合探索附带性使用例外囊括的所有因素。由此可见，我国目前的立法和司法实践尚未充分考虑附带性使用例外情形，未经授权附带性使用他人受版权保护作品可能引发侵权诉讼和高额侵权赔偿，给影视剧和艺术创作带来风险和不稳定性。因此，有必要在借鉴分析其他法域立法和司法实践的基础上在我国版权权利限制与例外的具体列举中纳入附带性使用，为影视剧和艺术创作助力。

本章将讨论我国法院在司法实践中如何判定附带性使用的性质以及存在的不足，并对英国、澳大利亚、加拿大、德国、以色列、美国等在版权法中纳入附带性使用的国家立法和司法实践进行比较分析，归纳总结出判定附带性使用应当考虑的诸多因素，以期为我国在权利限制与例外的具体情形规定中纳入附带性使用提供借鉴和参考。同时，本章会分析附带性使用与包括商标权、比较广告、隐私权在内的其他非版权权益间的冲突，使立法者在制定附带性使用例外规定时能采取合适的路径避免相关权益冲突。

## 第一节 我国司法实践中的困境

虽然我国法院并未提及类似于国外立法中的附带性使用这一词汇，但我国司法实践已出现附带性使用他人受版权保护作品进行创作，所使用内容占新创作作品极小比例的版权侵权案例，主要涉及对音乐、美术和文字作品的附带性使用。

## 一、我国的司法判定

（一）对音乐作品的附带性使用

第一种类型的附带性使用是在创作视听作品的过程中使用音乐作品。在西安长安影视制作有限责任公司（以下简称长安影视公司）、广州俏佳人文化传播有限公司（以下简称广州俏佳人公司）诉中国音乐著作权协会（以下简称音著协）一案中，长安影视公司录制了22集电视连续剧《激情燃烧的岁月》，电视剧中使用了9首歌曲《北风吹》《洪湖水，浪打浪》《学习雷锋好榜样》《解放区的天》《黄河大合唱》《敖包相会》《中国人民解放军进行曲》《延安颂》《兄妹开荒》来表现时代背景和年代感，渲染剧情，这9首歌曲的词曲作者分别与音著协签订有音乐著作权转让合同，将作品的表演权、广播权、录制发行权在合同规定的条件下信托给音著协。长安影视公司未经音著协同意就使用了这九首歌曲。❶ 广州俏佳人公司是电视剧的总经销商、VCD和DVD光盘等音像制品的出版发行方。长安影视公司表明其确实未经音著协授权使用了涉案9首音乐作品，但声称这些音乐作品是作为背景音乐在很短的时间内使用的。整个电视连续剧播放时长为16个小时，但这9首音乐作品出现的总时长只有16分钟，其中最短的节选只持续了10秒。使用这些音乐作品的目的并不是为了传播歌曲的内容，而是为了说明故事发生的历史背景，提高戏剧效果，因此，使用这9首音乐作品不应被视为版权侵权。

北京市第一中级人民法院将9首歌曲的使用判定为侵权，因为电视剧制作者未取得权利人授权，也未支付任何报酬，法院没有考虑电视剧仅节选了音乐作品部分内容进行使用以及使用9首音乐作品的总体时间来作出判定。作出这一简单判定的原因可能源于现行版权权利限制和例外规定中没有少量使用音乐作品的例外情形。但在二审时，北京市高级人民法院作出了更灵活且更合理的判决。

北京市高级人民法院在二审判决书中明确指出，认定长安影视公司未经授权使用音乐作品的行为，应当结合具体使用情况进行判断，既要保护版权人的合法权利，激发其继续创作的热情，又要维护社会公众对作品正

---

❶ 西安长安影视制作有限责任公司、广州俏佳人文化传播有限公司诉中国音乐著作权协会，（2003）一中民初字第2336号；（2004）高民终字第627号。

第五章 以文化创新为目的的限制与例外——附带性使用

当合理的使用，鼓励优秀作品的创作和传播。❶ 在保持利益平衡的基础上，法院对被告上诉所涉及的《北风吹》《保卫黄河》《洪湖水，浪打浪》《学习雷锋好榜样》和《敖包相会》5 首音乐作品的使用情况逐一进行了调查分析。

对于比较完整地使用作品的一段歌词或乐曲，尽管时间较短，但是所使用的歌词部分已经完整地表现了作者希望通过作品表达出的思想内容，所使用的乐曲部分体现了作者在音乐作品中具有艺术个性的旋律、节奏、和声、复调的安排和设计，而且被使用部分在整个作品中所占比例较大，应属于实质性地使用了音乐作品。❷ 电视剧中对《保卫黄河》这首歌的使用，男女演员两次演唱了歌曲的实质部分，持续了 56 秒。虽然使用时间很短，但使用的部分代表了歌曲独特的艺术旋律、节奏和和弦，应视为对音乐作品的实质性使用，因此使用歌曲《保卫黄河》被认定为侵权。至于其他 4 首歌曲，由于使用仅涉及几节乐曲和歌词，因此使用这些歌曲并不构成对作品的实质性使用，也未实质性地传达音乐或歌词中的独特内容，这种使用不会对音乐作品潜在市场造成有害影响，也不会威胁音乐作品的出版发行。对这 4 首歌曲的使用应被视为合理使用。此外，法院还指出，在确定歌曲《保卫黄河》侵权赔偿金额时，应充分考虑侵权事实、使用方式和使用时长等因素。

类似的分析判定还出现在音著协诉福建电视剧中心与福建周末电视有限公司一案中，两被告联合摄制的 22 集电视剧《命运的承诺》以《青藏高原》《我热恋的故乡》《辣妹子》《一无所有》4 首音乐作品为背景音乐，这 4 首歌曲总共出现时长为 4 分钟，音著协起诉两被告侵权。一审北京市第一中级人民法院判决认为对歌曲《一无所有》只演唱了第一句，持续时长为 7 秒，属于合理使用，对其余 3 首歌曲的使用构成侵权，因为对一首歌曲只使用 7 秒不会对该作品的正常使用产生任何实质不利影响，也未实质损害该作品权利人的合法权益。❸ 北京市高级人民法院维持了一审判决。

在正东音乐娱乐咨询（北京）有限公司诉北京东仑国际文化传媒有限公司一案中，北京市朝阳区人民法院认为在 31 集电视剧《成家立业》中作为舞

---

❶ 西安长安影视制作有限责任公司、广州俏佳人文化传播有限公司诉中国音乐著作权协会，（2003）一中民初字第 2336 号；（2004）高民终字第 627 号。
❷ 西安长安影视制作有限责任公司、广州俏佳人文化传播有限公司诉中国音乐著作权协会，（2003）一中民初字第 2336 号；（2004）高民终字第 627 号。
❸ 中国音乐著作权协会诉福建电视剧中心、福建周末电视有限公司，（2003）一中民初字第 11687 号；（2004）高民终字第 121 号。

蹈场景的背景音乐使用《甜蜜蜜》和《月亮代表我的心》两首歌，时长2分钟，构成侵权，因为这两首歌用于制作电视剧这一商业性目的，属于对歌曲进行了实质性使用。但对于原告停止侵权的请求，法院却认为使用的涉案两首歌曲的录音制品占整剧的比例较小，停止发行和删除该录音制品会造成资源浪费，同时考虑到该种使用虽然构成侵权，但电视剧的继续发行对录音制品本身的发行不会产生较大影响，因此法院没有支持停止侵权的请求，而判定应适当增加赔偿额。❶

（二）对美术作品的附带性使用

第二种类型的附带性使用是在创作视听作品的过程中使用了他人的美术作品。在于某中诉北京成象影视制作公司、北京文化艺术音像出版社、柳州两面针股份有限公司、南京电视台、南京群众艺术馆等一案中，电视剧《东边日出西边雨》剧组为拍摄需要向中央工艺美术学院科技艺术开发中心（以下简称科艺中心）借用于某中创作的陶艺品《支柱》作为道具使用，使用未经于某中授权。陶艺品《支柱》作为演绎剧中男女主角爱情故事的道具被多次使用，前后出现镜头近80次，电视剧在全国47家电视台播放。❷ 一审北京市第二中级人民法院和二审北京市高级人民法院均认为，剧组为摄制需要向科艺中心借用《支柱》作道具使用的行为，以及科艺中心出借《支柱》的行为，未取得《支柱》作者于某中的许可，也未向于某中支付费用，构成版权侵权，不属于合理使用。

在北京珂兰信钻网络科技有限公司与上海辛迪加影视有限公司、上海卓美珠宝有限公司不正当竞争一案中，上海辛迪加影视有限公司拍摄的电视剧《夏家三千金》第二集展示了一个与北京珂兰信钻网络科技有限公司制作的实用艺术作品《天使之翼吊坠》完全相同的吊坠产品。该吊坠产品及其外带有上海卓美珠宝有限公司"克徕帝"英文标识"CRD"的首饰盒被给予镜头特写，特写持续四秒。与于某中一案不同，北京珂兰信钻网络科技有限公司虽然已就《天使之翼吊坠》作品进行了版权登记，但并未以版权侵权为由提起诉讼。而是以不正当竞争为由进行起诉，因为被告电视剧中所展示的产品外

---

❶ 正东音乐娱乐咨询（北京）有限公司诉北京东仑国际文化传媒有限公司，(2012)朝民初字第12869号。

❷ 于某中诉北京成象影视制作公司、北京文化艺术音像出版社、柳州两面针股份有限公司、南京电视台、南京群众艺术馆，(1996)二中知初字第22号；(1997)高知终字第32号。

包装盒上印有卓美珠宝的"CRD"商标。上海市浦东新区人民法院认为,辛迪加公司在卓美公司赞助的电视剧植入广告中将与原告相同款式的项链吊坠与卓美公司的品牌标识一并使用,而且给予首饰盒与系争项链特写镜头持续四秒之久,足以使相关公众误认为该吊坠款式由"CRD"品牌设计、生产或销售,为卓美公司争取到更多的商业机会,使其不正当地取得一定的竞争优势,进而获取一定的商业利益。未经许可使用与原告相同款式产品势必对原告因该特有款式而产生的竞争优势产生影响,或使相关公众误认为原告饰品仿照了被告的款式,损害了原告的合法权益,构成对原告的不正当竞争。❶

(三) 对文字作品的附带性使用

第三种类型的附带性使用是在创作文字作品过程中使用他人的文字作品。在陈某人诉罗某蓬、舒某、重庆出版集团公司等一案中,陈某人是纪实小说《缅甸,中日大角逐》一书作者,诉称被告罗某蓬和舒某创作的长篇小说《中国远征军》抄袭了原告小说中的9000字。被告辩称,原告作品约27万字,原告所称侵权内容只占整部作品的3%;《中国远征军》约76.8万字,涉案内容仅占被告整部作品的1%,且仅为背景和事件细节描述,不属于主要或重点内容,也不构成整部小说的骨架。❷ 北京市西城区人民法院认定被告罗某蓬、舒某所著《中国远征军》抄袭了原告的作品,侵权内容被重写或删除之前禁止被告作品再版。

在许某瑛诉神华房地产有限责任公司(以下简称神华公司)一案中,神华公司在其开发的华城项目的宣传广告中摘抄了许某瑛发表于《中国园林》杂志的《北京护城河内侧绿化带(崇文带)规划设计》一文,全文5000余字,神华公司所摘抄文字约200字。北京市第二中级人民法院认为,由于神华公司是在商业广告中以营利为目的使用他人作品,并非出于介绍、评论涉案作品或者说明某一问题而引起,该使用行为不属于合理使用范畴,神华公司应对此承担停止侵权行为、赔偿经济损失的法律责任,以广告方式使用文字作品,可以根据作品的知名度、该作品在广告中的作用、侵权方式及范围等因素综合确定赔偿数额。❸

---

❶ 北京珂兰信钻网络科技有限公司诉上海辛迪加影视有限公司、上海卓美珠宝有限公司,(2011) 浦民三 (知) 初字第694号;(2012) 沪一中民五 (知) 终字第212号。
❷ 陈某人诉罗某蓬、舒某、重庆出版集团公司等,(2008) 西民初字第12771号。
❸ 许某瑛诉神华房地产有限责任公司,(2009) 二中民终字第9040号。

在常某诉北京京东世纪信息技术有限公司（以下简称京东）等一案中，京东从常某撰写的 8 万字书籍《领导的特征》中摘取了 13480 字用于编撰自己出版的著作。虽然京东称所摘取的 13480 字源于对古籍的解释和改编，但基于京东编撰著作中所摘取的内容和常某所撰写的几乎相同，北京市朝阳区人民法院认为京东复制常某书中内容构成侵权，应承担侵权赔偿，并在修改或删除相同内容之前不得再版。❶

### 二、对我国法院判决的分析

我国《著作权法》第 3 条列举了九类作品类型，包括文字作品；口述作品；音乐、戏剧、曲艺、舞蹈、杂技艺术作品；美术、建筑作品；摄影作品；视听作品；工程设计图、产品设计图、地图、示意图等图形作品和模型作品；计算机软件；以及符合作品特征的其他智力成果。我国司法实践中出现的附带性使用他人作品创作新作品的类型仅包括：在创作视听作品的过程中使用音乐作品；在创作视听作品的过程中使用美术作品；在创作文字作品的过程中使用文字作品。

#### （一）在创作视听作品的过程中使用音乐作品

在判定视听作品创作过程中使用音乐作品是否构成附带性的合理使用，法院侧重考察被使用内容占整首音乐作品的比重，所使用音乐的时长越短，使用越可能被判定为合理使用，不构成版权侵权。虽然法院考虑了使用对音乐作品市场的影响以及音乐作品版权人合法利益的潜在损害，但这一考虑仍依赖于所使用部分所占的比重。此外，当判定侵权救济方式时，法院不倾向于判定停止侵权，而更愿意增加赔偿金额，因为被告在创作视听作品的过程中投入了大量财力和创作力，新创作的视听作品具有独创性，不应仅因为未经许可使用了几首音乐作品就停止整部影视剧的发行传播。法院判定时微妙地平衡了原音乐作品版权人和影视剧创作者之间的权益。

纵观这三起判决，并不能看出法院如何依赖音乐作品持续时长作出一致判决。在西安长安影视制作有限公司一案中，被判定为合理使用的音乐作品使用时长都不超过 17 秒，被判定为版权侵权的音乐作品使用时长为 56 秒。在福建电视剧中心一案中，被判定为合理使用的音乐作品使用时长为 7 秒，被判定为版权侵权的音乐作品使用时长为 45 秒。在正东音乐娱乐咨询有限公

---

❶ 常某诉北京京东世纪信息技术有限公司，（2012）朝民初字第 20307 号。

司一案中，对音乐作品的使用持续 2 分钟被判定为版权侵权。从这三起典型案例看，在影视剧中使用音乐作品不超过 20 秒可能被认定为合理使用。不过将持续时长 20 秒作为认定音乐作品附带性合理使用的标准似乎并不能囊括合理使用情形，例如，一首 4 分钟左右的歌曲，只有其中 25 秒的内容被使用，不能仅仅因为超过了 20 秒的界限就被认定为侵权，25 秒内容的使用可能不涉及整首歌曲的实质性内容，而不会损害音乐作品市场及版权人的合法权益。

此外，我国法院也并未考虑音乐作品使用者的主观意图。在这三件案例中，影视剧制作者都有意识地选择了特定的歌曲或音乐作品用以反映时代背景或渲染主角的情绪。这些被使用的音乐作品及其片段都由影视剧制作者选取，而并非是在录制的过程中由录制者无意收录。由此可见，我国法院认可有意识地使用音乐作品仍可能落入附带性合理使用的范畴，主要考量因素为所使用时长。

(二) 在创作视听作品过程中使用美术作品

在创作视听作品过程中使用美术作品的两件案例中，法院都认为使用美术作品构成侵权。虽然法院没有说明判定使用美术作品构成侵权的因素，但从法院的分析可看出两点：第一，影视剧制作者有意识地为增强故事主线描述和渲染情节使用美术作品；第二，被使用的美术作品在影视剧中清晰地被展现，使观众能看清和识别被使用的美术作品。与使用音乐作品不同，法院并未强调美术作品在影视剧中所呈现的时长。例如，在北京珂兰信钻网络科技有限公司一案中，侵权的吊坠产品在时长 80 集的电视剧中只出现在一集，时长 2 分钟左右，呈现时长只占整部电视剧的极小比例，但由于给予了涉案吊坠产品特写镜头，使观众能清晰地看到吊坠款式及其包装盒上的标识，法院认可构成不正当竞争。该案的诉请依赖于不正当竞争，而非版权侵权，是因为被告并未实施诸如制作与原告产品设计一致的仿制品等版权侵权行为。

(三) 在创作文字作品过程中使用文字作品

在创作文字作品过程中使用文字作品，法院倾向于采用《著作权法》所规定的权利限制与例外情形来分析使用文字作品是否合理。只要使用的目的不是介绍或评论被使用文字作品，或说明某一问题，法院就会否认合理使用，无论被使用内容占原作品的比例如何。在这三起案例中，法院都认为使用文字作品构成版权侵权，即使被使用内容只占原告整部作品的极小比例。

总体而言，我国法院在判定附带性使用是否构成合理使用时考虑的相关因素包括：被使用作品的类型；被使用内容占原作品的比例，包括使用部分持续时长以及是否构成原作品的实质性内容；新创作者使用作品的主观意识；使用的目的和性质；被使用作品是否在新创作作品中被清晰地呈现；以及对作品的使用是否影响该作品的正常使用，或是不合理地损害了版权人的合法利益。虽然以上因素在判定附带性使用是否构成合理使用时十分重要，但更多的因素应当被考虑在内，例如新创作作品的类型，以及新创作者使用作品的主观意识是否应与被使用作品类型相关联等。此外，过于强调被使用内容占原作品整体比例可能会排斥可能落入合理使用的其他情形，错误判断使用的性质。分析和借鉴其他国家和司法区域的立法规定和司法实践能为我国处理附带性使用情形带来启示。

## 第二节　域外附带性使用立法与司法比较分析

附带性使用这一概念起源于英美法系国家，之后被一部分大陆法系国家吸收采用。目前包含有附带性使用立法的主要国家包括英国、加拿大、澳大利亚、新西兰、德国、新加坡、以色列、爱尔兰和伯利兹。美国虽然没在其版权法中提及附带性使用，但在司法实践中发展出极小量使用（de minimis use）的合理使用抗辩，极小量使用与附带性使用在构成因素和特征上近似。对以上包含附带性使用立法规定的九个国家相关法律以及美国极小量使用的分析，可以得出判定附带性使用需要考虑以下因素。

### 一、被使用作品的类型

绝大多数国家对被使用作品的类型没有加以限制。例如，英国在其《1988年版权、外观设计与专利法》题为"对受版权保护内容的附带性使用"一章中专门规定在作品创作中附带性地纳入他人受版权保护的作品不视为侵权。[1] 新西兰、加拿大和爱尔兰遵循与英国同样的方式进行附带性使用的立法。新西兰在其《1994年版权法》中规定，在作品中附带性地使用他人作品

---

[1] Copyright, Designs and Patents Act 1998 of United Kingdom [EB/OL]. [2022-01-10]: Section 31. https://www.legislation.gov.uk/ukpga/1988/48/contents.

不构成版权侵权;❶ 加拿大《版权法》规定,附带性使用包括在作品中使用他人作品或其他内容;❷ 爱尔兰在其《2019年版权与其他知识产权法律规定法案》中规定,一部作品被附带性地纳入另一作品中不视为原作品的版权受到侵犯。❸ 德国在《版权与相关权法》第57条中规定,如果对作品的使用是附带性的,则该作品应被允许复制、发行和向公众传播。❹ 以色列和伯利兹《版权法》对附带性使用的规定与德国类似。❺

澳大利亚《1968年版权法》附带性使用规定将被使用作品类型限定在美术作品,该法明确规定在作品中附带性地使用他人美术作品不视为版权侵权。❻ 新加坡《2021年版权法》也有类似规定,将附带性使用中被使用作品的类型限定在美术作品。❼ 虽然将被使用作品类型限定在某一类型作品有利于保护版权人的合法利益,但在一定程度上会阻碍附带性使用除美术作品外的其他类型作品进行创作,增加创作成本。我国《著作权法》规定的美术作品仅包括纯美术作品和实用艺术作品。如果将我国附带性合理使用作品的类型限制在美术作品将排斥对音乐、摄影及视听等其他类型作品的附带性使用。因此,不应限定可被使用的作品类型。

## 二、新创作作品的类型

不同于被使用作品类型不受限制,多数国家对新创作作品类型进行了限制。英国《1988年版权、外观设计与专利法》将新创作作品类型限定在美

---

❶ Copyright Act 1994 of New Zealand [EB/OL]. [2022-01-10]: Section 41. https://www.legislation.govt.nz/act/public/1994/0143/latest/DLM345634.html.

❷ Copyright Act of Canada [EB/OL]. [2022-01-10]: Section 30.7. https://laws-lois.justice.gc.ca/eng/acts/C-42/Index.html.

❸ Copyright and Other Intellectual Property Law Provisions Act 2019 of Ireland [EB/OL]. [2022-01-10]: Section 52. https://www.irishstatutebook.ie/eli/2019/act/19/enacted/en/html; https://www.irishstatutebook.ie/eli/2000/act/28/enacted/en/html.

❹ Law on Copyright and Neighboring Rights of Germany [EB/OL]. [2022-01-10]: Section 57. https://www.gesetze-im-internet.de/englisch_urhg/englisch_urhg.html.

❺ Copyright Act 2007 of Israel [EB/OL]. [2022-01-10]: Section 22. https://wipolex.wipo.int/en/text/202010. Copyright Act of Belize (2000) [EB/OL]. [2022-01-10]: Section 59. http://www.belizelaw.org/web/lawadmin/PDF%20files/cap252.pdf.

❻ Copyright Act 1968 of Australia (last amended in 2019) [EB/OL]. [2022-01-10]: Section 67. https://www.legislation.gov.au/Details/C2019C00042.

❼ Copyright Act 2021 of Singapore [EB/OL]. [2022-01-10]: Section 266. https://sso.agc.gov.sg/Act/CA2021.

作品、录音制品、电影和广播。❶ 澳大利亚《1968年版权法》将新创作作品类型限定在电影和电视广播。❷ 新加坡《2021年版权法》将新创作作品类型限定在电影、电视广播和有线电视节目。❸ 新西兰《版权法》将新创作作品范围界定为美术作品、录音制品、电影或传播作品,传播作品被定义为供公众接收的声音、视觉图像或其他信息的传输,或其中任何信息的组合,包括广播或有线电视节目。❹ 以色列《版权法》将新创作作品类型限定在摄影作品、影视作品或录音制品。❺ 伯利兹《版权法》将新创作作品类型限定为美术作品、录音制品、电影、广播或有线电视节目。❻ 总体而言,有可能附带性使用他人作品创作出的新作品类型包括:美术作品、音乐作品或录音制品;电影作品或广播;摄影作品。

加拿大、德国和爱尔兰版权法未限定新创作作品类型,附带性使用作品创作任何类型新作品都被视为不侵权。❼ 鉴于我国司法实践并未较大地突破法律规定的限制与例外情形进行合理使用判定,如果不对新创作作品类型进行限制,将可能损害原作品创作者的积极性,也不利于增加不同法院判定附带性使用他人作品的稳定性。此外,部分类型作品不适宜适用附带性使用例外规定,例如使用他人文字作品创作新的文字作品就很难适用附带性使用,因为复制他人极少量的文字内容也构成侵权,除非引用他人文字是为了介绍、评论他人作品或说明某一问题。因此,我国应当借鉴域外规定,将新创作作品类型限定为美术作品、音乐作品或录音制品、视听作品、摄影作品。

### 三、创作者的主观意识

绝大多数国家版权法对创作者的主观意识没有要求,不管创作者是有意识地使用他人作品还是无意识地将他人作品纳入自己作品中都不影响对附带性使用的认定。加拿大《版权法》则要求附带性使用必须是附带性的且不是

---

❶ Copyright, Designs and Patents Act 1988 of United Kingdom, Section 31.
❷ Copyright Act 1968 of Australia (last amended in 2019), Section 67.
❸ Copyright Act 2021 of Singapore, Section 266.
❹ Copyright Act 1994 of New Zealand, Sections 2 (1) and 41.
❺ Copyright Act 2007 of Israel, Section 22.
❻ Copyright Act of Belize (2000), Section 59.
❼ Copyright Act of Canada, Section 30.7. Copyright and Other Intellectual Property Law Provisions Act 2019 of Ireland, Section 52. Law on Copyright and Neighboring Rights of Germany, Section 57.

故意的。❶ 英国、新西兰、以色列和伯利兹版权法针对音乐作品、伴随音乐说或唱的歌词以及包含音乐作品的录音制品、广播或有线电视节目的使用有特别规定，要求对音乐作品、歌词以及录音制品、广播或有线电视节目的使用必须不是故意的。❷ 例如，一部拍摄自然风景纪录片的制作者在拍摄时故意选择一段新世纪风格音乐来展现自然的宁静，这样的使用在英国、新西兰、以色列和伯利兹的版权法规定中不属于附带性合理使用，会被视为侵权。如果同样的制作者在拍摄江上风景时偶然记录下江上渔人所唱渔歌，则对渔歌的使用就是附带性的，不会构成版权侵权。

这四个国家给予音乐作品和包含音乐作品的录音制品以更严格的保护，究其原因，音乐作品相较于其他类型作品持续时长较短，市场更容易受到侵害。将雕塑等美术作品纳入视听作品中并不必然损害该雕塑的市场，因为部分观众仍愿意前往展出雕塑的美术馆亲眼观赏雕塑；而将音乐作品纳入视听作品中，则观众更可能通过观看影视剧而欣赏该音乐作品，不会再购买该音乐作品的唱片。我国司法实践在考虑附带性使用时并未区分不同类型作品，考虑创作者的主观意识，视听作品创作者即使故意选择相关音乐作品使用，只要使用的时长短，使用内容不构成原作品实质性部分，则不构成版权侵权。我国司法实践相较于严格保护音乐作品的其他国家有一定合理之处，因为使用时间特别短，例如影视剧中只出现了歌曲第一句，持续 7 秒钟，哪怕是故意使用这首歌曲，也不会损害该首歌曲的市场，不应视为侵权。

### 四、使用的质与量

虽然所有国家的版权法中都未对附带性使用的量进行限制，但所有国家版权法都指明使用必须是附带性的。英国法官 Chadwick 在英超足球协会有限公司诉 Panini UK 公司一案中参照词典含义将附带性解释为"发生的行为是随意的、次要的；不直接相关；是附属情况"。❸ Chadwick 法官同时参照了经典教材《现代版权与外观设计法（第三版）》一书中对附带性的解释："一个重要的考虑因素是摘录［汇编，已复制的内容］是否能使新作品与所使用的作品产生竞争或成为其替代品。"

---

❶ Copyright Act of Canada, Section 30.7.
❷ Copyright, Designs and Patents Act 1988 of United Kingdom, Section 31. Copyright Act 1994 of New Zealand, Section 41. Copyright Act 2007 of Israel, Section 22. Copyright Act of Belize (2000), Section 59.
❸ Football Association Premier League Ltd. v. Panini UK Ltd., ［2003］EWCA Civ. 995.

既然附带性是指使用是次要的且不会与被使用作品产生竞争关系,则使用原作品的量必须是小量的、非实质性的。鉴于每件案例中使用作品的情形有所不同,较难定性定量地归纳出满足附带性使用的质与量,不过美国司法实践中发展出极小量使用能给予一定启示。极小量使用的概念源于拉丁文的法律格言"法律与小事无关"(de minimis non curat lex)。❶ 版权侵权通常通过接触加实质性相似来检验,为满足极小量使用,使用必须是微不足道的,低于实质性相似的定量阈值。❷ 英联邦国家和美国通过案例发展出以下具体的有关质与量的标准来认定使用是否是附带性的或极小量的。

（一）使用的重要性

使用的重要性是指被告所称的附带性使用是否对达到新创作的目的十分重要,如果重要,则使用不被认为是附带性的;反之,则使用是附带性的。在英国 IPC 杂志公司诉 MGN 公司一案中,被告是《星期日镜报》的出版商,其将原告的杂志封面插入其广告中,在原告杂志封面上显示"57p"（意为 57 便士）,并附有一个比较宣传口号"《星期日镜报》免费"。McCombe 法官裁定,原告杂志封面的加入并非偶然,如果没有加入原告杂志封面,则被告广告的影响将完全丧失。❸

在英超足球协会有限公司诉 Panini 公司一案中,在决定将知名足球运动员衣服上的英超联盟徽章纳入 Panini 公司生产销售的足球运动员贴纸是否属于附带性使用时,Chadwick 法官认为,这样的使用并不是偶然的,因为联盟徽章对于贴纸收藏者识别足球运动员形象的真实性是必不可少的,换言之,为了达到制作足球运动员贴纸的目的,有必要将联盟徽章标识包括在内,如果没有徽章图像,贴纸的市场价值将大大降低。❹

在 Fraser-Woodward 公司诉英国广播公司一案中,被告利用刊登著名足球运动员贝克汉姆家人照片的报纸版面制作电视节目。原告起诉被告侵犯版权,被告辩称对两幅图像的使用属于附带性使用。Mann 法官裁定,其中一幅图像的使用并非偶然,因为报纸版面的放置方式是有利于讲述贝克汉姆家人被绑架这一故事情节,报纸版面的放置和使用在节目制作人眼中意义重大。至于

---

❶ Gottlieb Development LLC v. Paramount Pictures Corp., 590 F. Supp. 2d 625 (2008).
❷ Gottlieb Development LLC v. Paramount Pictures Corp., 590 F. Supp. 2d 625 (2008).
❸ IPC Magazines Ltd. v. MGN Ltd., [1998] F. S. R. 431.
❹ Football Association Premier League Ltd. v. Panini UK Ltd., [2003] EWCA Civ. 995.

另一幅图像，Mann 法官裁定被告胜诉，因为这样的使用显然是为了制造一点点戏剧或视觉效果，该使用被认为是偶然的。[1]

与英国法院判决略有不同，澳大利亚法官对比较广告中的附带性使用持不同的观点。在 Thompson 诉 Eagle Boys Dial-A-Pizza Australia 私人有限公司案中，被告是一家澳大利亚的比萨生产商和经销商，他在广告中加入了一张必胜客盒子的照片，表明必胜客是非澳大利亚人所有，必胜客赚取的钱将流向美国。Wilcox 法官承认，必胜客盒子形象的使用是经过深思熟虑的，与比较广告有关，但该广告不是一个处理特定艺术作品（即必胜客盒子的设计）的电视节目，被告有可能利用其他产品的设计来达到比较广告的目的。[2] 尽管 Wilcox 法官没有就被告的使用是否属于附带性使用得出结论，但他倾向于将使用视为附带性的。

如果 Wilcox 法官的推理更为恰当，则 IPC 杂志有限公司案的判决将是不正确的，因为 MGN 有限公司可以使用另一个杂志封面制作广告，除非镇上只有两家杂志或报纸出版商，而事实并非如此。因此，换言之，使用重要性的确定可能取决于使用是否可替代，如果使用是可替代的，则此类使用更可能被视为附带性使用。

（二）使用的时长

上述案件中的法院并没有过多地强调被告辩称的附带性使用的时长。在英国和澳大利亚法院看来，在新创作中使用原作品的意义比使用时长更为重要。然而，法院判决附带性使用成立的使用时长往往很短。在 Fraser-Woodward 有限公司一案中，Mann 法官认定其中一幅报纸版面图像被附带性使用的情况只持续了 4 秒钟；在 Thompson 一案中，广告的总持续时间为 30 秒。

在美国的极小量使用判决中，法院更愿意讨论使用时间的长短，因为时间的长短对于决定使用的微不足道至关重要。在 Amsinck 诉哥伦比亚电影工业公司一案中，在电影中被贴于手机上美术作品的呈现时间最长持续了 21 秒，对美术作品的使用被认为是合理使用。[3] 在 Jackson 诉华纳兄弟公司一案中，被判定为合理使用的两幅画在电影中所呈现的镜头持续时间不超过 60

---

[1] Fraser-Woodward Ltd. v. British Broadcasting Corporation and Bright Pictures Ltd., [2005] EWHC 472 (Ch).

[2] Thompson v. Eagle Boys Dial-A-Pizza Australia Pty Ltd., [2001] FCA 741.

[3] Amsinck v. Columbia Pictures Industries, Inc., 862 F. Supp. 1044 (1994).

秒。❶ 在 Sandoval 诉新线电影院一案中，联邦第二巡回上诉法院判决被告胜诉，被告将一件视觉艺术作品纳入其电影《七宗罪》中，视觉艺术的总画面持续了 35 秒，最长的不间断画面持续了 6 秒。❷

在上述案例中，尽管法院没有为附带性使用或极小量使用规定一个固定的时长阈值，但附带性使用或极小量使用的时长通常不超过 60 秒，使用时长越短，就越有可能被认为是偶然的或微不足道的使用。

（三）环境因素

法院同时也考虑被使用内容在新作品中所呈现的环境因素，例如被使用内容在背景中的位置、被使用内容的可见性或显著性。在 Ringgold 诉 Black 娱乐电视公司一案中，联邦第二巡回上诉法院判定被告在电视情景喜剧中使用的有绘画故事图案的被面清晰可见，且可识别为具有足够可观察细节的绘画图案，普通观众都能看出被面上的图案特征。❸ 相反地，在 Sandoval 一案中，由于影片中的视觉艺术作品被短暂地、不聚焦地展示出来，法院支持了被告极小量使用的抗辩。❹ 影片中展示的艺术作品并没有透露太多细节特征，因此观众无法通过观看影片轻易识别作品。在 Amsinck 一案中法院支持了合理使用抗辩，因为贴有艺术作品的手机只在镜头远处展示，没有被给予任何特写镜头。❺

此外，在 Gottlieb 发展有限责任公司诉派拉蒙影业公司一案中，为了判定在被告制作的电影中加入带有受版权保护的"银弹手"设计的弹珠机是否属于极小量使用，纽约州南区联邦地区法院详细分析了环境因素："'银弹手'设计偶尔出现在场景中……更重要的是，弹珠机总是出现在背景中，从来没有出现在前景中。它从不单独出现或在特写镜头中出现……它几乎总是被部分遮挡，并且在整个场景中完全可见的情况仅持续几秒钟。这一设计（在弹球机的后视镜和运动桌面上）永远都看不见，要么不聚焦，要么模糊不清。事实上，一个普通观察者不会把这一设计看作是弹珠机中的特别设计。"❻ 关于音乐作品的极小量使用，在 Newton 诉 Diamond 一案中，联邦第九巡回上诉

---

❶ Jackson v. Warner Brothers, Inc., 993 F. Supp. 585 (E. D. Mich. 1997).
❷ Sandoval v. New Line Cinema, 147 F. 3d 215 (2nd Cir. 1998).
❸ Ringgold v. Black Entertainment Television, Inc., 126 F. 3d 70 (2nd Cir. 1997).
❹ Sandoval v. New Line Cinema, 147 F. 3d 215 (2nd Cir. 1998).
❺ Amsinck v. Columbia Pictures Industries, Inc., 862 F. Supp. 1044 (1994).
❻ Gottlieb Development LLC v. Paramount Pictures Corp., 590 F. Supp. 2d 625 (2008).

法院判决支持著名嘻哈乐队 Beastie Boys 使用他人作品构成合理使用，该乐队使用了 James Newton 音乐作品中的三个音符片段，因为被复制的三个片段被循环融入 Beastie Boys 的录音背景中，且缺乏显著性，符合极小量使用的要求。❶

综上所述，在考虑环境因素时，所使用内容越不可见、越模糊、越不明显，就越有可能落入附带性使用或极小量使用的范畴。诸如聚焦、光线、镜头角度和显著性等因素都可能影响对附带性使用或极小量使用的判定。

### 五、使用对原作品市场的影响

另一个判定附带性使用的重要因素是使用对原作品市场的影响。然而，这一因素一定程度上被包含于其他因素中。如果复制如此微不足道、无足轻重，则不可能对原作品市场和权利人的经济利益造成损害。由于使用对原作品市场的影响是合理使用四要素平衡法中的第四个要素，美国有关合理使用的判决对何为使用损害了原作品市场做出了解释。正如法院在 Jackson 一案的判决中所解释的，在版权人没有因其作品被使用而遭受明显损害的情况下，合理使用与极小量使用相重叠，对作品的使用不视为侵权。❷

在 Amsinck 一案中，法院解释了使用对原作品市场的影响这一因素的本质，即使用是否会妨碍被使用的受版权保护作品的销售。❸ 它不需要显示对受版权保护作品的现有实际损害，而是要考察这种使用是否已经变得广泛，从而会对受版权保护作品的潜在市场产生不利影响。在 Amsinck 一案的判决中，法院的结论是，在电影中使用贴于手机上的图案设计并没有对该设计造成明显的损害，也没有对该图案设计版权人的未来许可市场构成威胁。在电影中使用该图案设计并不会替代原作品，相反地，会起到宣传该图案设计的作用，提升版权人的经济效益。

Amsinck 判决中的分析在 Jackson 一案中被重新强调。为了就使用对原作品市场的影响作出判定，法院认为不仅会考虑使用对原作品市场的损害，而且会考虑对改编作品市场的损害。在判定在影片中展示手机上的图案是否会对该美术作品市场造成损害时，法院支持了被告的极小量使用抗辩，因为法

---

❶ Newton v. Diamond, 349 F. 3d 591 (9th Cir. 2003).
❷ Jackson v. Warner Brothers, Inc., 993 F. Supp. 585 (E. D. Mich. 1997).
❸ Amsinck v. Columbia Pictures Industries, Inc., 862 F. Supp. 1044 (1994).

院认为原告美术作品的"盈利能力或受欢迎程度"不会受到不利影响。❶

## 第三节　附带性使用与其他权利间的冲突

除版权侵权外，对受版权保护作品的附带性使用可能会与诸如商标权、经营者的其他经济利益以及个人隐私权相冲突，落入合理使用范畴并不意味着也未侵犯其他权利。本节并不准备详细分析与之相关的各项权利，而是提供一种思路，在制定附带性使用具体例外规定时需要考虑附带性使用在不构成版权侵权时，同时也不与其他相关权利产生冲突。

### 一、与商标权的冲突

我国《商标法》规定的侵犯商标权的行为为未经商标注册人的许可，在同一种商品上使用与其注册商标相同的商标，或在同一种商品上使用与其注册商标近似的商标，或者在类似商品上使用与其注册商标相同或者近似的商标，容易导致混淆。❷ 因此，如果美术作品被当作商标贴在产品上，未经商标权人许可将该图案商标用在相同或类似商品上并在创作作品过程中附带性使用了该相同或类似商品及其商标图案就可能构成商标侵权，只要该商标图案在新作品中清晰可见，足以引起潜在消费者对产品来源的混淆。

在 Gottlieb 发展有限责任公司一案中，在分析被告未经许可在其拍摄影片中使用原告商标的性质时，法院侧重以下因素：引起混淆的可能性；以及被告搭便车利用原告商标声誉的恶意。❸ 虽然该案中被附带性使用的商标并非美术作品，但法院的分析能给如何判定商标附带性使用的性质带来启示。至于混淆的可能性，法院否认了混淆的存在，因为弹珠机上的商标只出现在背景画面中且仅持续了几秒。即使是弹珠机本身也与其他家具一样属于背景画面的一部分。尽管原告诉称仔细的观众可能会看清商标，对提供弹珠机的影片赞助商产生混淆，但法院认为观看影片并不必然使观众将影片赞助与该弹珠机联系起来。至于被告搭便车利用原告声誉的恶意，法院并未发现被告任何

---

❶　Jackson v. Warner Brothers, Inc., 993 F. Supp. 585 (E. D. Mich. 1997).
❷　《中华人民共和国商标法》（2019年修正）第57条第（一）（二）项。
❸　Gottlieb Development LLC v. Paramount Pictures Corp., 590 F. Supp. 2d 625 (2008).

搭便车利用原告弹珠机商标声誉的故意情形,也没有证据显示被告故意将弹珠机放置在某一位置以使影片能与原告的声誉相联系。观众在观看影片时,其消费观不可能受到影响,因此,不存在商标侵权。

我国对商标侵权的判定方式与美国近似,由美国法院判定的 Gottlieb 发展有限责任公司一案可以看出,法院在判定附带性使用商标时,会考虑商标对创作新作品的重要性,商标在新作品中出现的时长,以及商标在新作品中是否被聚焦且处于显著的位置。如果 Gottlieb 案中事实相反,例如弹珠机上的商标清晰可见,弹珠机是支撑故事情节发展的重要道具,观众观看影片时会将原告与被告紧密联系起来,则法院的判决会截然不同。

### 二、不正当竞争与比较广告

在创作新作品过程中,附带性使用他人受版权保护作品可能引发不正当竞争和比较广告的问题。我国《反不正当竞争法》和《广告法》将下列行为视为不正当竞争:擅自使用与他人有一定影响的商品名称、包装、装潢等相同或者近似的标识,引人误认为是他人商品或者与他人存在特定联系;[1] 对其商品的性能、功能、质量、销售状况、用户评价、曾获荣誉等做虚假或者引人误解的商业宣传,欺骗、误导消费者。[2] 广告不得贬低其他生产经营者的商品或者服务。[3]

正如对北京珂兰信钻网络科技有限公司一案的分析,被告在其拍摄的电视剧中将赞助商商标显示于原告享有版权保护的吊坠产品包装盒外被法院认定为不正当竞争,因为该行为会让观看电视剧的消费者对吊坠产品的来源产生混淆,使消费者误认为原告设计生产的吊坠产品源自电视剧赞助商。因此,此类附带性使用即使没有对产品的版权市场产生重大损害,被告也会因为不正当竞争和虚假广告承担责任。

至于比较广告,如果经营者故意使用附着在他人产品上用以广告宣传的特定封面作品,意在与自己生产产品形成对比,贬低他人产品,则这类附带性使用即使没有侵犯版权,也会违反我国法律关于比较广告的规定。在 IPC 杂志公司和 Thompson 案中,法院侧重于版权侵权而非比较广告视角进行分析判定,其主要原因在于两案件中的被告虽然使用了他人产品封面,但并未贬

---

[1] 《中华人民共和国反不正当竞争法》(2019 年修正)第 6 条第(一)项。
[2] 《中华人民共和国反不正当竞争法》(2019 年修正)第 8 条第 1 款。
[3] 《中华人民共和国广告法》(2021 年修正)第 13 条。

损他人产品。

### 三、与肖像权的冲突

我国在 2021 年 1 月 1 日实施的《民法典》中单列第四编规定对人格权的保护，人格权包括肖像权、名誉权、荣誉权、隐私权等权利。❶ 在创作作品过程中将他人肖像照和有他人身影的场景记录下来纳入作品中并用于商业目的，将侵犯他人的肖像权。附带性使用个人肖像照会与两类权利有关，一类是个人肖像摄影作品中的版权，由摄影者所有；另一类是个人的肖像权，由被拍摄者所有。因此，未经许可附带性使用肖像作品会同时侵犯摄影者的版权和被拍摄者的肖像权。附带性使用有个人身影的场景从而侵犯个人肖像权的情形会发生在摄影者或影片制作者拍摄建筑物或风景时偶然将过路行人身影记录下来，而且行人的面部特征在照片或影片中清晰可辨。虽然此类捕捉个人形象的行为不直接涉及版权问题，但在附带性使用建筑作品的过程中会涉及侵犯肖像权。

在贾某花诉北京电影学院青年电影制片厂一案中，青年电影制片厂在拍摄电影《秋菊打官司》中偶然将正在街上卖糖的贾某花摄入镜头中，并给予贾某花几秒钟的特写镜头。贾某花认为影片的播出使其受到周围熟人的嘲笑，遂提起肖像权侵权诉讼。一审北京市海淀区人民法院认为虽然影片拍摄是为商业目的，但贾某花身处公共场所且其形象在影片中并没有独立的经济和艺术价值，对贾某花形象的使用并未侵犯贾某花的肖像权。❷ 贾某花随后撤诉，法院未作出实质性判决。

虽然法院并不认为在电影中附带性使用他人形象构成肖像权侵权，但此案引起了实务界和学术界的关注讨论。一部分实务界人士和学者不同意法院分析，认为为拍摄电影附带性使用他人肖像构成侵权，因为使用是为商业目的，而且对原告的损害应基于原告的主观认识和想法，原告并没有义务容忍在电影中对其形象的使用。❸ 这部分学者的观点有一定道理，个人并不因其处于公共场所就完全丧失肖像权和隐私权，应对未经许可为商业目的附带性使用他人形象的行为予以规制。

---

❶ 《中华人民共和国民法典》第 990 条。
❷ 贾某花诉北京电影学院青年电影制片厂，（1993）海民初字第 3991 号；（1995）中民终字第 797 号。
❸ 张新宇，杨璇，张玲玲. 论采风权与肖像权的冲突与协调［J］. 河北工程大学学报（社会科学版），2011，28（2）：4-6，16.

## 第四节　将附带性使用纳入我国版权权利限制与例外规定中的建议

由于我国版权权利限制与例外中尚没有附带性使用的规定，而此类使用常出现在视听作品的创作中，引发版权侵权的争议，有必要在权利限制与例外的具体列举情形中纳入附带性使用。

### 一、立法修订建议

在具体权利限制与例外情形中可以将附带性使用规定为"在创作音乐作品、美术作品、摄影作品、视听作品、录音制品或广播时附带性使用他人作品并不构成著作权侵权，但附带使用他人作品不得与该作品的正常利用相冲突，亦不得无理损害权利人的合法权益"。此外，应在附带性使用的具体例外后纳入减少附带性使用与其他权利冲突的条款，规定"著作权权利限制和例外，不应当与其他法律保护的个人或者法人、非法人组织的权益相冲突，这些权益包括但不限于商标权、人格权等"。

### 二、司法解释建议

除立法修订外，我国最高人民法院可考虑出台司法解释，具体列举在司法实践中判定附带性使用的因素，包括：被使用内容对创作新作品的重要性；被使用内容在新作品中持续时间长短；被使用内容占原作品整体的比例；被使用内容的显著性、清晰度、聚焦、光线等环境因素；使用对原作品潜在市场的影响；以及其他基于事实需要被考虑的因素。明确司法解释中的具体考量因素可以引导我国法院对各种附带性使用案件作出一致判定，提高创作者特别是影视剧制作者对使用他人受版权保护作品的合理使用预期并节省创作成本。

# 第六章
# 智能算法技术下的权利限制与例外制度建构

## 第一节 促进人工智能创作的权利限制制度

人工智能（Artificial Intelligence），英文缩写为 AI，这一概念最早由美国计算机科学家约翰·麦卡锡及其同事于 1956 年达特茅斯会议上提出，指让机器能够与人类做同样的行为。❶ 人工智能研究涵盖了计算机科学、统计学、脑神经学、社会科学等诸多领域，难以对其下一准确定义，一般认为人工智能是研究、开发用于模拟、延伸和扩展人的智能的一门系统技术科学，❷ 即用人工的方法和技术，模仿、延伸和扩展人的智能，实现"机器思维"，人工智能中利用的算法多是借鉴人类对大脑的了解产生的。❸ 众所周知，所有的技术发展都源自人类的需求，随着人类所要做的工作量与日俱增，当然会需要一种能够高效、智能并且可以模仿人能力的机器，从而提高工作的精准度与高效性。于是，应运而生的人工智能开始获得广泛运用，其理论和技术日益成熟，可应用的领域不断扩大。

近年来，随着人工智能研究的深入，人工智能参与文学艺术创作已成为常态，版权学者重在研究人工智能创作物是否能得到版权保护以及权利归属，❹ 较少关注人工智能在创作过程中未经许可使用他人作品是否能运用合理使用制度排除版权侵权的问题。本节拟从合理使用制度中最新发展出的转换性使用规则入手分析人工智能使用他人作品的性质，以期提出有利于人工智能创作的版权法律制度建议。

---

❶ 腾讯研究院，中国信通院互联网法律研究中心，腾讯 AI Lab，腾讯开放平台. 人工智能——国家人工智能战略行动抓手 [M]. 北京：中国人民大学出版社，2017：4.
❷ 腾讯研究院，中国信通院互联网法律研究中心，腾讯 AI Lab，腾讯开放平台. 人工智能——国家人工智能战略行动抓手 [M]. 北京：中国人民大学出版社，2017：23.
❸ 张一贺. AlphaGo 背后强大的人工智能技术 [J]. 数字通信世界，2017（11）：78.
❹ 袁锋. 人工智能著作权问题的文献综述 [J]. 中国版权，2017（6）：19-24.

## 一、人工智能创作的复制与演绎行为

### (一) 人工智能创作的原理

人工智能创作依赖于"机器学习"（machine learning），传统的计算机操作通过数据输入和算法设计，计算机软件设计者和使用者可以借助计算机软件生成数据处理后的结果。❶ 而机器学习则使人工智能系统产生了能从原始数据中提取模式的能力，这种能力即为人工智能自己获取知识的能力，❷ 人工智能对原始数据的分析和内容生成无须依赖人的参与就能完成。机器学习中包含无监督学习和监督学习能力，无监督学习应用于聚类问题，人工智能通过从给定数据中发现信息，输出聚类后的数据，例如体育、娱乐、财经新闻的聚类报道；监督学习应用于预测问题，人工智能通过分析给定数据，发现数据之间的关联性，输出依据模型所做出的预测，这意味着人工智能具有创造新产品的可能。❸

无监督学习和监督学习使人工智能具备了能从作者创作作品的表达中分析作者思想、语言特征、表达风格等特征的能力，人工智能还能提取和模仿人难以发现的特征而归类聚合和预测信息，这些特征和信息往往体现原作者的创作个性。人工智能通过分析和处理大量给定的训练无监督学习和监督学习能力的训练数据（training data），能不断生成新的创作物。

近年来，人工智能创作已在文学艺术和新闻报道领域崭露头角。2015年，谷歌人工智能"深梦"（Deep Dream）模仿毕加索和梵高绘画风格创作的画作拍卖成功；❹ 2016年，谷歌发布的"品红计划"（Project Magenta）尝试让人工智能学习并生成艺术和音乐创作物；❺ 同年，伦敦科幻电影节发布了一部由纽约大学研究开发的人工智能"本杰明"（Benjamin）创作的时长9分钟的科

---

❶ 熊琦. 人工智能生成内容的著作权认定 [J]. 知识产权, 2017 (3): 7.
❷ 周志华. 机器学习 [M]. 北京: 清华大学出版社, 2016: 2.
梁志文. 论人工智能创造物的法律保护 [J]. 法律科学 (西北政法大学学报), 2017, 35 (5): 158.
❸ 腾讯研究院, 中国信通院互联网法律研究中心, 腾讯 AI Lab, 腾讯开放平台. 人工智能——国家人工智能战略行动抓手 [M]. 北京: 中国人民大学出版社, 2017: 27-29.
❹ 昆山杜克大学. 谷歌的 AI "深梦" 会是下一个梵高或是毕加索吗？[EB/OL]. (2017-10-24) [2021-12-28]. https://www.sohu.com/a/200133477_663437.
❺ 李振伟. 人工智能: 会给艺术带来什么？[EB/OL]. (2017-11-22) [2021-12-28]. https://www.sohu.com/a/205675424_819453.

幻电影《Sunspring》;❶ 2017年5月，微软人工智能"小冰"创作的诗集《阳光失了玻璃窗》由北京联合出版公司出版。❷

在新闻报道领域，2014年3月，洛杉矶时报利用Quakebot机器人在洛杉矶地震发生三分钟后就发布了报道消息；2014年7月，美联社正式使用由人工智能公司与美联社合作开发的写稿软件Wordsmith平台，撰写财经报道；《华尔街邮报》采用人工智能写稿机器人Heliograf生成简单的信息报道并发布在推特上；2015年9月，腾讯人工智能Dreamwriter创作的题为《8月CPI同比上涨2.0% 创12个月新高》的报道发表于腾讯财经，引发了社会各界的关注。❸ 此外，人工智能还通过机器学习大量使用图片和照片，进行计算机视觉领域的动静态图像识别和人脸识别。❹

可见人工智能利用训练数据不断自我学习生成创作物已得到广泛运用。训练数据中有诸如用户浏览网页次数等事实数据，也有人创作的文学美术等领域受版权保护的作品。当人工智能分析和处理的大量训练数据是受版权保护的作品时，未经版权人授权数据化处理作品会产生人工智能复制和演绎作品的版权侵权问题。

### （二）人工智能创作对作品的复制

将作品作为训练数据输入人工智能系统中必然会产生对作品的复制。复制权是版权人拥有的一项控制作品传播的核心权利，只要未经版权人授权对作品进行复制产生了作品的复制件即侵犯了权利人的复制权，未经授权复制作品的目的有可能影响合理使用抗辩。我国《著作权法》列举了12种合理使用的具体情形，其中属于复制权例外情形的主要包括为个人学习、研究或欣赏目的，为学校课堂教学或科学研究目的而少量复制作品。如今拥有强大人工智能数据处理和生成能力的公司为微软、苹果、Facebook、谷

---

❶ 管慕飞. 人工智能都能写剧本了，AI玩起艺术一点儿也不含糊 [EB/OL]. （2016-06-14）[2021-12-28]. https://tech.qq.com/a/20160614/008106.htm.

❷ 窦新颖. "小冰"写诗，版权归谁？[EB/OL]. （2017-06-05）[2021-12-28]. http://www.iprchn.com/cipnews/news_content.aspx?newsId=100544.

❸ 盘点高端媒体都在用的10大写作机器人 [EB/OL]. （2020-11-10）[2021-12-28]. https://www.136.la/tech/show-949109.html.

❹ 国内人工智能行业全梳理 [EB/OL]. （2016-05-05）[2021-12-28]. http://www.geekpark.net/news/215407.

歌、IBM、DeepMind、百度等大型计算机网络公司，❶ 这些公司有可能为科学研究目的而复制作品作为人工智能训练数据，但多数情况仍是为商业目的而复制作品。例如，谷歌开发的一款人工智能电子邮件自动回复系统便是在复制分析 Gmail 用户邮件内容和文学作品的基础上，能自动针对收件内容产生三条智能回复，收件人只需选择一条智能回复即可，无须自己编辑回复内容。❷ 这款人工智能服务的目的旨在增强 Gmail 邮箱的吸引力，使更多用户使用 Gmail 邮箱服务。因此，我国现行著作权法规定的合理使用情形难以涵盖人工智能复制作品的行为。

我国第三次修订后的《著作权法》将三步检验标准的后两步标准纳入合理使用条款中，既不影响作品的正常使用，也没有不合理地损害版权人合法利益。但这两步标准并未赋予法院灵活判定合理使用的自由裁量权，而是用于限制条款已列举出的具体例外情形。人工智能将作品作为训练数据的复制多是对作品全文的复制，全文复制是复制程度最高的行为，北京市第一中级人民法院认为如果全文复制被认定为不与作品的正常使用冲突，将使版权人对复制行为的控制缺乏实质意义的判定似乎不无道理。❸ 从美国合理使用制度和判例中发展出的转换性使用规则在运用于谷歌大规模数字图书扫描案时，才开始认定全文复制作品的合理意义。

人工智能将作品用作训练数据固然会产生作品的复制件，但并不是每件复制件都能永久保存从而产生版权法意义上的复制。例如，谷歌开发的联合学习（federated learning）技术将训练数据定位于原始移动设备中而不是将其永久复制并存储于中心服务器上，移动设备应用已有的数据训练模型，改善模型中的不足，改善后的模型被发送至云端，云端接收多个移动设备发送的模型后再对模型进行完善，得到更好的模型，分散的训练数据始终存储于原始移动设备中而未被复制于云端，模型训练中的数据只是缓存于随机存取存储器中。❹ 如此产生的临时复制件是客观技术现象的产物，没有被利用和传播

---

❶ LEVENDOWSKI A. How Copyright Law Can Fix Artificial Intelligence's Implicit Bias Problem［J］. Washington Law Review，2018，93（2）：579-630.
❷ MIKLOS B. Computer，Respond to This Email：Introducing Smart Reply in Inbox by Gmail［EB/OL］.（2015-11-03）［2021-12-28］. https://www.blog.google/products/gmail/computer-respond-to-this-email/.
❸ 王某诉北京谷翔信息技术有限公司、谷歌公司，（2011）一中民初字第1321号。
❹ MCMAHAN B，RAMAGE D. 邵明译. Google 推出联合学习：实现数百万无集中训练数据的协同机器学习［EB/OL］.（2017-04-07）［2021-12-28］. https://www.sohu.com/a/132508214_642762.

177

的独立经济价值,❶ 不属于版权人控制范围内的复制行为。

(三) 人工智能创作对作品的演绎

人工智能在将作品用作训练生成创作物的过程中不仅会对作品进行复制,还可能对作品进行演绎,产生与原作品风格和创作特征近似的新创作物。例如,微软与荷兰国际银行合作开发了一款名为"下一个伦勃朗"(The Next Rembrandt) 的人工智能项目,该项目通过收集所有荷兰画家伦勃朗的作品,精准分析伦勃朗的绘画风格和画中人物特征,将伦勃朗作品分解成颜色、服装、主题、人口统计学、构图等方面的有用数据,❷ 从而形成类似于伦勃朗画作的创作物。这类创作物并不是对原画作的简单复制,而是在分析处理原画作特征数据基础上产生的近似于原画作特征又有别于原画作细节的演绎物。伦勃朗已去世 300 多年,其画作早已进入公有领域,人工智能对其画作的模仿不存在版权侵权问题。但如果是仍在版权保护期的作品受人工智能模仿而生成演绎物,这样的演绎物是否会侵犯原作品权利人的版权便成为问题。

对作品的演绎由改编权控制。改编权的权利范围包括版权人在创作作品时预期会对作品进行改编的权利,以保证作品能进入除首次发行作品市场以外的其他市场。判定版权人预期的作品将要进入的市场,应综合创作者创作作品的意图、创作者一贯的创作和表达风格、从普通理性人角度看作品可能进入的市场、同时期同类型作品能够进入的市场等多方面因素进行分析。人工智能通过分析汇聚原作品风格特征创作的新生成物定会在创作物表达风格和特征上与原作品一脉相承,落入原作品权利人改编权的范畴。而且相较于原作者创作作品的费时费力,人工智能处理大数据的高效会产生侵占原作者市场和取代原作者的风险。

## 二、转换性使用规则在人工智能创作中的运用

(一) 目的转换性使用规则与人工智能非表达性使用作品

美国法院认可的使用目的转换有以下特征:后续使用有几种目的,但主

---

❶ 王迁. 著作权法 [M]. 北京:中国人民大学出版社,2015:174-175.
❷ 下一个伦勃朗:又一个机器仿制大师画作的项目 [EB/OL]. (2016-04-11) [2021-12-28]. https://www.sohu.com/a/68645978_115640.

要目的不同于原作品创作的目的,原作品创作的目的都被认为是使公众欣赏作品内容。创作的主要目的不同可具体分为以下几种情况。第一类情况为原作品使用者对作品的比例大小、清晰程度进行调整,使公众即使能完全获取作品,也无法达到作品创作者所希望的能让公众欣赏作品的程度,这一类目的转换通常利用图片、照片进行新闻报道、阐述历史事件、便捷缩略图检索。第二类情况为使用者对作品内容进行大幅度调整,虽然使用目的也包括让公众阅读和欣赏第二次创作,但主要目的在于评价原作品,这一类转换性使用者通常创作出滑稽模仿作品。第三类情况为全文复制了原作品,但仅提供作品片段或关键信息供公众检索,公众无法获得作品全文,这一类转换性使用涉及大规模数字化计划与数字图书馆的建设。在目的转换性使用的第一和第三类别中,原作品处于模糊表达的状态,转换性使用原作品的目的与原作品的具体表达无关。

部分人工智能使用作品进行机器学习的目的与转换性使用案例类似,使用作品的目的与作品的具体表达无关,即人工智能是在非表达性地使用作品。最典型的例子为人脸识别,训练人工智能识别人脸特征需要大量人物照片,这些照片可能仍在版权保护期,受版权保护。人面数据库 Labeled Faces in the Wild 包含了 13000 幅从网络收集的人脸图像,每张人脸标记有姓名,其中 1680 人有两幅或更多的图像。❶ 人面数据库使用人脸图像进行识别分析可能侵犯图像版权人的复制权,但人脸识别这一目的并不使用照片或图像中受版权保护的独创性表达,这些独创性表达包括拍摄人物的光线、角度、色彩、取景、清晰程度等,而是重在使用人物的外形这些原本属于被拍摄人物的生理特征。因此,使用人物照片进行人脸识别的目的与使用原作品记录历史事件、方便用户搜索或检索图书的目的一致,都与原作品展示独创性表达无关,属于目的转换性使用,应被认定为合理使用。

(二) 内容转换性使用规则与人工智能表达性使用作品

内容转换性使用的最新发展更多体现在美国法院判定挪用艺术是否构成合理使用的分析上。在 Blanch 诉 Koons❷ 一案中,美国联邦第二巡回上诉法院认为被告将原告照片中女人的腿纳入新创作的画作中只是将原告作品的部分内容当作自己创作的原料,被告的作品并不是对原告作品的重新包装,而是

---

❶ Labeled Faces in the Wild [EB/OL]. [2018-05-16]. http://vis-www.cs.umass.edu/lfw/.
❷ Blanch v. Koons, 467 F. 3d 244 (2nd Cir. 2006).

用于评论大众媒体的社会和美学影响，属于改变原作品而采用了新的表达方式、含义和信息。在 Cariou 诉 Prince❶一案中，被告将原告拍摄的照片进行改动创作挪用艺术，例如将照片进行放大、在照片人物脸部上绘制圆和椭圆、调整色彩、将多组照片进行分装拼贴等。第二巡回上诉法院认为 25 幅被告的作品属于转换性使用，因为这 25 幅作品对原作的风格和色彩进行了很大的改动，将原作的黑白拍摄风格改为合并色彩的、不和谐的、放大十至一百倍的作品。

联邦第九巡回上诉法院在 Seltzer 诉 Green Day 公司❷一案中延续了第二巡回上诉法院的审理思路。该案中，原告创作了一副名为《尖叫图标》的视觉艺术，被告拍摄了原告创作的图画，加以风化处理，并添加了红色十字架，将其作为 Green Day 摇滚音乐会的背景，被告将其背景创作的目的称为诠释歌曲的主题，揭露宗教的虚伪，第九巡回上诉法院判定被告的行为构成转换性使用，因为原作品并未谈及宗教，而新作品却增加了新的表达、含义，涉及对宗教的批判。

由上述典型案例可见，挪用艺术表达着与原作品不同的艺术观念和创作者的思想。对比目的和内容转换性使用案例，新闻报道、阐述历史事件、便捷缩略图检索、提供关键信息供公众检索和数据分析等目的相对客观，对作品的使用与作品的具体表达无关；挪用艺术作品和原美术、摄影作品都是属于艺术表达，供公众欣赏，挪用艺术作品所改变的不是创作的目的，而是原作品的内容、艺术风格以及旨在表达的含义。因此，内容转换性使用挪用的仍是原作品的具体表达，只不过将原作品表达作为素材之一，大幅度增添了新表达，使新作品的风格、特征和内涵达到了不同于原作品特征的转换性。

内容转换性使用规则应视为针对复制权的例外，虽然该规则适用的案例看似在原作品的基础上增添新内容创作出演绎作品，但这些"演绎作品"的艺术风格特征和受众完全有别于原作品，超出了原作者预期会对作品进行的改编范围以及作品能进入除首次发行作品市场以外的其他市场。因此，内容转换性使用规则下产生的作品不应视为原作品的演绎作品，而应视为在复制原作品部分表达基础上创作的新作品。

部分人工智能对作品的使用基于作品中的独创性表达，即表达性地使用作品，例如"下一个伦勃朗"项目中人工智能将伦勃朗画作用作训练数据，

---

❶ Cariou v. Prince, 714 F. 3d 694 (2nd Cir. 2013).
❷ Seltzer v. Green Day, Inc., 725 F. 3d 1170 (9th Cir. 2013).

分析伦勃朗画作的表达性特征，生成伦勃朗风格的新画作。虽然人工智能在新画作中并未直接复制伦勃朗画作的部分表达，但新创作物的生成正是基于对原画作数据的分析和处理。这与目的转换性使用案例不同，生成创作物的目的和画家创作绘画的目的一致，都是为了让观众欣赏画作；与内容转换性使用案例也存在差异，在内容转换性案例中，新作品仅将原作品作为创作素材，新作品不是演绎作品，而在人工智能机器学习的创作过程中，生成物吸收了原作者的创作技巧和特征，落入原作者预期的创作范围和原作品预期可能进入的除首次发行外的其他市场。

人工智能表达性地使用作品进行创作的行为类似于人通过学习吸收原作者独创性表达创作新作品，如果人创作的后续作品在表达上和在先作品构成实质性近似，则会侵犯在先作者的改编权。既然人并不会因为创作了有独创性的改编作品而豁免侵权责任，那么机器也不例外。因此，目的和内容转换性使用规则都难以适用于人工智能表达性地使用作品进行创作的行为。

### 三、合理使用制度运用于人工智能创作的两难

#### （一）合理使用制度的缺失不利于人工智能创作

随着人工智能科学的不断发展，人工智能生成内容会越来越普遍。据美国 Narrative Science 预测，未来 15 年将有 90% 的新闻稿件由人工智能完成，人工智能也将大量地创作美术、音乐等艺术作品。[1] 合理使用制度在人工智能表达性地使用作品情形下的缺失将使大多数人工智能创作成为版权侵权行为，不利于人工智能进行创作。

人工智能科学自产生之初所引起的困惑就一直是人工智能会增强人的能力，帮助他们更好地完成工作、享受生活还是取代人，替代人的工作。经济学理论指出，如果一项工作能够由机器完成，并且成本更低，在大多数情况下，人会选择由机器来完成这项工作，这是时间早晚的问题。[2] 人工智能创作能使人从公式化的写作中抽身出来，从事更具有创造性的工作。例如，谷歌的电子邮件自动回复系统能节省人们回复邮件的时间，让人们有更多时间从

---

[1] 吴汉东. 人工智能时代的制度安排与法律规制 [J]. 法律科学（西北政法大学学报），2017(5): 131.

[2] 约翰·马尔科夫. 人工智能简史 [M]. 郭雪，译. 杭州：浙江人民出版社，2017: 19.

事其他工作；美联社与科技公司合作开发的人工智能新闻写作平台 Wordsmith 能快速完成模式化的新闻报道，❶ 让新闻工作者摆脱程式化的新闻报道，而从事更具挑战性的报道工作；纽约 Amper Music 公司开发的人工智能编曲工具能帮助没有音乐经验或技能的人们轻松完成编曲。❷ 没有合理使用制度的支撑，人工智能创作将陷入大量版权侵权的纠纷中，止步不前。

此外，如果人工智能使用训练数据因为版权问题受到限制，将会产生社会内隐偏见。已过版权保护期，处于公有领域的作品因不存在版权问题，最容易被用作训练人工智能。目前多数国家和地区的版权保护期为作者死后50年，美国和欧盟的版权保护期为作者死后70年，处于公有领域的西方文学作品多数是20世纪前创作的，作者多为西方白人男性。如果人工智能以公有领域文学作品为训练数据进行分析处理，可能会产生20世纪前的社会偏见，忽视黑人、女性和少数群体的观点和意见。❸ 现实中人工智能已出现预测偏差的情形，COMPASS 是一款用于评估美国刑事被告的算法风险分数工具，根据刑事被告对问卷的回答预测被告再犯刑事案件的危险程度，这款工具将种族和性别特征作为预测的主要指标，导致预测结果更偏向于认定黑人和女性被告更危险。❹

（二）合理使用制度的运用有悖于其设立初衷

虽然合理使用制度在人工智能中的缺失会阻碍人工智能技术的发展，但合理使用如完全运用于人工智能使用作品，则人工智能大量使用作品将无须经过版权人的授权，也无须向版权人付费，这使得版权人毫无能力控制人工智能对自己作品的使用。人工智能基于原作品独创性表达生成的新创作物有可能取代原作品，侵占原作品版权人的市场。其结果是人类为某种需要而使用他人作品必须支付报酬，但人工智能却能享有例外。

合理使用制度设立的初衷本就是充当解决市场失灵的手段，❺ 当版权人

---

❶ 袁锋. 人工智能著作权问题的文献综述 [J]. 中国版权，2017（6）：19.

❷ Sykee. 将人工智能融入到音乐创作中，纽约 Amper Music 公司获得400万美元种子轮融资 [EB/OL].（2017-03-06）[2022-01-20]. https://36kr.com/p/1721398231041.

❸ LEVENDOWSKI A. How Copyright Law Can Fix Artificial Intelligence's Implicit Bias Problem [J]. Washington Law Review，2018，93（2）：579-630.

❹ LEVENDOWSKI A. How Copyright Law Can Fix Artificial Intelligence's Implicit Bias Problem [J]. Washington Law Review，2018，93（2）：579-630.

❺ GORDON W. Fair Use as Market Failure：A Structural and Economic Analysis of the Betamax Case and Its Predecessors [J]. Columbia Law Review，1982，82（8）：1600-1657.

不可能授权他人使用自己作品进行创作时，合理使用作为法律机制能够替代市场作用，使后续使用人能在原作品基础上完成新的创作。不同于戏仿作品或谷歌公司开发的将图书大规模数字化并提供搜索的服务，作品版权人基于不愿意让自己作品被讽刺或被全文扫描，难以形成作品许可市场，❶版权人面对人工智能大规模数据化使用作品带来的收益、演绎生成物和技术进步，不太可能使人工智能训练数据许可市场难以形成。因此，人工智能使用作品训练的情形有可能获得版权人的许可授权，未经授权的人工智能使用作品独创性表达行为会对作品的潜在市场产生负面影响，不宜适用合理使用制度。

人工智能使用作品的许可市场实际早已形成，谷歌服务条款中提及当用户将受知识产权保护的内容上传、提交、存储或发送到谷歌服务，以及通过谷歌的服务上传、提交、存储、发送或接收内容时，将授予谷歌及其合作伙伴一项全球性的许可，允许谷歌使用、托管、存储、复制、修改、创建衍生作品、传播、出版、公开演示、公开展示和分发此类内容。❷ 其他诸如脸谱网、亚马逊等大型互联网科技公司也有类似的服务条款。

合理使用制度设立之初本是一种促进大型内容制作者补贴公共利益的资源再分配机制，让普通公众能够从大型内容制作公司处以合理的成本获取和利用文化资源，促进社会文化的繁荣，而互联网改变了文化内容的创作和发行模式，使普通公众成了文化内容的创作者。❸ 文化内容的制作和发行不再仅通过出版社、音像社、电影公司、电视台、院线或媒体公司完成，数字及互联网技术的发展为原创者提供了创作的手段和分享作品的平台，消费者能够打破传统创作和发行模式在时间和地域上的局限性，通过网络在众多的在线阅读和音视频门户中获取各类作品，公众可以随时随地通过互联网分享自己的创作，刺激了用户原创内容的发展，❹ 重混小说、重混音乐、重混漫画、重混音像等作品比比皆是。谷歌等计算机、互联网巨头需要从普通公众处获取使用文化作品的权利才能将作品用作训练数据进行机器学习。如果将合理使用制度完全适用于人工智能机器学习，将通过剥夺普通公众的权利而增强大

---

❶ 谢琳. 网络游戏直播的著作权合理使用研究[J]. 知识产权, 2017 (1): 32-40, 45.
❷ Google 服务条款[EB/OL]. (2017-10-25) [2021-12-28]. https://policies.google.com/terms.
❸ SOBEL B L W. Artificial Intelligence's Fair Use Crisis [J]. Columbia Journal of Law and Arts, 2017, 41 (1): 85.
❹ 张晓峰，杜军. 互联网+国家战略行动路线图[M]. 北京：中信出版集团, 2015: 182-184.

型技术公司的实力，不符合合理使用制度设立的初衷。

## 四、探索有利于人工智能创作的版权权利限制及其他制度

### （一）权利限制制度——推定集体管理机制

鉴于合理使用制度适用于人工智能机器学习的两难之处，需要考虑采用其他更为合适的版权法律机制解决人工智能使用版权作品进行机器学习的问题，使人工智能技术能持续发展，同时又保护版权人的权益。法定许可制度是我国《著作权法》现有的一类与合理使用接近的制度，它与合理使用制度的区别仅在于法定许可中对作品的使用需要向权利人付费，这一制度虽可解决人工智能机器学习需向版权人付费的问题，不过一旦许可产生，法定许可制度一般不允许作者或权利人随时退出该机制，不是保护作者和权利人的最佳方案。

法国为解决绝版图书使用的版权问题，于2012年在《知识产权法典》中引入了推定集体管理机制。该机制授权指定的集体管理组织发放将绝版作品数字化和通过网络提供的许可，❶ 该指定的集体管理组织为法国作者利益协会（SOFIA）。该授权许可机制提供了两类授权模式。第一类为十年期的独占许可模式，❷ 第二类为五年期的非独占许可模式。❸ 该授权许可机制被学者称为"推定集体管理"，因为其提供了两类退出机制，而并非完全强制性地使所有绝版图书权利人被作者利益协会代表，其推定绝版图书权利人同意作者利益协会代表其行使权利，除非权利人明确退出。第一类退出机制为事先退出，绝版图书被列入待许可数据库的六个月内，作者包括作者的继承者以及拥有纸质图书复制权的出版商可以书面告知国家图书馆，其不愿参与作者利益协会代表其行使权利的授权许可计划。❹ 第二类为事后退出，如果作者或拥有纸质图书复制权的出版商没有事先退出，其还可以在权利进入集体管理后，选择事后退出。由于本书第二章已对该推定集体

---

❶ Article L134-4 of the Intellectual Property Code of France. 转引自 BULAYENKO O. Permissibility of Non-Voluntary Collective Management of Copyright under EU Law: The Case of the French Law on Out-of-Commerce Books [J]. Journal of Intellectual Property Information Technology and Electronic Commerce Law, 2016, 7 (1): 51-68.

❷ Article L134-5 of the Intellectual Property Code of France.

❸ Article L134-5, para. 6 and L134-3, para. 1, sub-para. 2 of the Intellectual Property Code of France.

❹ Article L134-4, para. 1, sub-para. 1 of the Intellectual Property Code of France.

管理机制有详细介绍分析，此处不再赘述。

法国的推定集体管理机制与我国现有的一类准法定许可制度有相似之处，准法定许可制度为《信息网络传播权保护条例》第 9 条的规定，网络服务提供者可以通过信息网络向农村地区的公众免费提供中国公民、法人或者其他组织已经发表的种植养殖、防病治病、防灾减灾等与扶助贫困有关的作品和适应基本文化需求的作品。提供作品前应先履行公告程序，公告拟提供的作品、作者以及拟支付报酬的标准。准法定许可还提供了类似于法国推定集体管理制度的事先和事后退出机制，著作权人不同意提供的可以自公告之日起 30 日内提出异议；网络服务提供者提供著作权人的作品后，著作权人不同意提供的，网络服务提供者应当立即删除著作权人的作品，并按照公告的标准向著作权人支付提供作品期间的报酬。之所以将该条款称为准法定许可，正因为其设定了权利人的事先和事后退出机制。

我国可以考虑在已有的准法定许可基础上借鉴法国推定集体管理机制，指定音乐著作权协会、音像著作权集体管理协会、文字著作权协会、摄影著作权协会、电影著作权协会就音乐、文字、摄影、美术、影视作品的人工智能使用制定付费标准，代权利人向计算机、互联网公司发放使用作品进行人工智能机器学习的许可，并向作者或权利人转付版权使用费。同时，应将拟用作人工智能机器学习的作品列入开放性数据库中供公众查阅，并规定退出机制，允许作者和版权人能在许可之前和许可之后选择退出集体管理。这一方案需要提高集体管理组织的透明度、许可费分配效率和配套服务机制才能更好地保障作者和版权人的权益。

（二）税收制度

从更广的范围而言，对人工智能使用作品中各方利益的调整还可通过版权制度之外的例如税收等其他法律制度完成。美国曾在 20 世纪 80 年代针对数字音频磁带进行征税，以弥补数字音频磁带完整录制版权作品对版权人的损害，防止版权人频繁起诉数字音频磁带制造商和销售商。[1] 与帮助人进行创作一样，人工智能可能在更广范围内取代低创造性工作，代替人进行劳动。这种资源使用方式的变更将影响收入的分配，如果人工智能取代人力劳动，工人的收入将下降，政府很有可能通过税收和福利制度重新分配国民收入或

---

[1] SOBEL B L W. Artificial Intelligence's Fair Use Crisis [J]. Columbia Journal of Law and Arts, 2017, 41 (1): 91.

控制对人工智能的使用。❶ 税收是一个非常复杂的政策领域，几乎涉及社会的各个方面，人工智能也不例外。❷ 因此，税收等法律制度能在更广范围调整人工智能所带来的社会变化，包括人工智能使用作品进行机器学习生成创作物对版权合理使用制度带来的挑战。

## 第二节 深度伪造内容的版权侵权与合理使用判定

### 一、深度伪造技术及内容引发的问题

深度伪造内容（Deepfake）是近年来与人工智能技术紧密结合的技术所产生的新现象，通常是利用人工智能深度学习创建的音视频或图像，这类音视频或图像的创建通过换脸或场景更改从而改变原音视频或图像的内容实现。❸ 人工智能技术中的生成性对抗网络（Generative Adversarial Networks，GANs）是创建深度伪造内容的底层工具，同时包含生成算法和判别算法，生成算法用于生成与数据训练集中原数据文件相似的新音视频或图像，判别算法通过分析新生成文件是否来源于已有数据训练集以识别新文件的真实性，这两类算法交互作用，在判别算法的作用下，生成算法不断提高生成文件以假乱真的程度。❹ 深度伪造一词源于 Reddit 网某用户网名，该用户于 2017 年 9 月 30 日发布了演员梅西·威廉姆斯的脸部虚拟视频，并随后公开了他用于创造换脸视频的技术源代码。❺ 深度伪造进而开始指代以"换脸"技术为代表的一类让公众难以识别新生成文件真伪的技术和由此生成的音视频或图像。

---

❶ KIRCHBERGER T. European Union Policy-Making on Robotics and Artificial Intelligence：Selected Issues [J]. Croatian Yearbook of European Law and Policy，2017，13：208.

❷ CALO R. Artificial Intelligence Policy：A Primer and Roadmap [J]. University of California Davis Law Review，2017，51（2）：426.

❸ ICE J. Defamatory Political Deepfakes and the First Amendment [J]. Case Western Reserve Law Review，2019，70（2）：427.

❹ LANGA J. Deepfakes，Real Consequences：Crafting Legislation to Combat Threat Posed by Deepfakes [J]. Boston University Law Review，2021，101（2）：764-765.

❺ CALDERA E. Reject the Evidence of Your Eyes and Ears：Deepfakes and the Law of Virtual Replicants [J]. Seton Hall Law Review，2019，50（1）：185.

深度伪造带来的"非同意色情"、❶ 虚假新闻、名誉破坏、敲诈勒索、❷ 虚假证据、恶性商业竞争、❸ 负面社会消息、恐怖主义等现象引发了对个人和社会两个层面的危害，包括侵犯个人的隐私权、个人信息利益、名誉权、财产权和人身安全，危及司法证据的效力、商业活动的良性竞争、政府公信力、国内社会稳定以及国与国之间的外交安全。这些危害引发立法者和法学学者对深度伪造的高度关注。我国 2021 年 1 月 1 日起施行的《民法典》第 1019 条在对肖像权进行保护时已考虑到深度伪造带来的潜在危害，规定任何组织或个人不得利用信息技术手段伪造等方式侵害他人的肖像权。《民法典》第 1034 和第 1035 条规定，包括生物识别信息在内的自然人的个人信息受法律保护。国家互联网信息办公室、文化和旅游部、国家广播电视总局发布的于 2020 年 1 月 1 日起施行的《网络音视频信息服务管理规定》针对网络音视频信息服务提供者基于深度学习、虚拟现实等新技术新应用上线音视频信息服务规定了安全评估机制、标识非真实信息机制、非真实音视频鉴别机制、辟谣机制。网络音视频信息服务提供者和使用者不得利用基于深度学习、虚拟现实等的新技术新应用制作、发布、传播虚假新闻信息。任何组织和个人不得利用网络音视频信息服务以及相关信息技术从事危害国家安全、社会稳定、侵害他人名誉权、肖像权、隐私权、知识产权和其他合法权益的活动。❹ 2021 年 11 月 1 日起施行的《个人信息保护法》建立个人信息保护制度，规定处理个人信息的一系列原则，明确自然人的个人信息受法律保护，任何组织、个人不得侵害自然人的个人信息权益。以上立法仅涉及不得利用深度伪造技术侵害肖像权、名誉权、个人信息、知识产权的原则性规定以及网络服务提供者平台管理的具体行政规则。我国学者从宏观视野针对深度伪造的技术和法律风险提出规则应对和治理路径，其中虽有论述涉及知识产权保护，但未深入分析。

本节拟从深度伪造内容版权侵权角度入手，详细分析以下四个问题：①深度伪造内容对原音视频或图像的利用是否侵犯了原文件的版权，如果侵权，侵犯了何种权利；②制作深度伪造内容能否落入合理使用范畴，而使得

---

❶ "非同意色情"又称"非自愿色情"，将受害者的脸放入情色视频中，受害者事先对含有自己脸部特征的情色深度伪造的制作并不知情。

❷ 制作"非同意色情"或破坏名誉的深度伪造，利用受害者无法证伪的技术劣势和害怕其隐私和名誉受损的心理，对受害者进行敲诈勒索。

❸ 通过发布竞争企业高管的虚假负面消息等途径实现。

❹ 《网络音视频信息服务管理规定》第 9~13 条。

深度伪造内容制作者免除侵权责任；③新生成的深度伪造内容是否受版权保护；④如果存在侵权，技术提供者、深度伪造内容制作者、传播者应分别就侵权行为承担何种责任。

**二、深度伪造内容是否侵权以及侵犯何种权利**

版权侵权遵循接触加实质性相似的判定模式，即涉嫌侵权者接触过或有可能接触原作品，在接触成立的基础上，新创作物与原作品相似，原作品满足版权保护要件，具有独创性、可复制性以及属于具体的表达。深度伪造内容利用原音视频或图像制作，原音视频或图像构成具体的表达也可复制，如果其属于制作者独立完成且投入一定程度智力劳动产生的成果，则具有独创性，能够受到版权保护。制作深度伪造内容无疑对原音视频或图像有接触，判定深度伪造内容是否构成侵权的关键点在于其是否与原作品构成实质性相似。

我国《著作权法》对实质性相似并无准确定义，司法实践中发展出四类判定实质性相似的方法。第一类为"普通观察者"测试法，即从普通理性人角度看待前后两部作品是否相似，看普通观察者是否能忽略两部作品的差异，从审美角度将两部作品视为相同。第二类为"整体概念和感觉"测试法，即从作品特定信息中传递出的整体感觉看待前后两部作品的相似度。[1] 第三类为"内外两步骤"测试法，外部测试法从客观角度比较前后两部作品在主题、场景、素材等方面的相似度，在运用外部测试法时，需区分受版权保护和不受版权保护的元素，可以采用专家意见；内部测试法更强调从目标观众角度整体上感觉两部作品在表达上的相似度。[2] 第四类为"抽象-过滤-比较"测试法，即首先运用抽象法对原告作品中抽象的思想和原创性的表达进行区分，其次运用过滤法将不受版权保护的思想从作品中分离出来，最后将原告作品中剩下的受版权保护的表达与被告作品进行比较。这四类实质性相似判定方法着力点虽然有别，但都强调对原被告作品中的独创性表达进行比较，从普通理性人角度观察两者的相似性程度。

目前深度伪造内容多为换脸视频或图像，将拟伪造人物的脸部覆盖于原视频或图像之上，同时利用了拟伪造人物的音视频，对该人物的面部表

---

[1] Roth Greeting Cards v. United Card Co., 429 F. 2d 1106 (9th Cir., 1970).

[2] Sid & Marty Krofft TV Productions, Inc. v. McDonald's Corporation, 562 F. 2d 1157 (9th Cir. 1977).

## 第六章　智能算法技术下的权利限制与例外制度建构

情和声音进行深度学习模仿。原视频或图像既有可能是影视剧片段，例如用杨幂脸部覆盖94版《射雕英雄传》朱茵饰演的黄蓉一角，也有可能是人物面对镜头说唱片段，例如伪造美国演员金·卡戴珊（Kim Kardashian）脸部进行说唱的视频。相对于影视剧片段，面对镜头访谈或说唱片段的人物姿势和背景相对单调，独创性程度不高。我国第三次修订后的《著作权法》仍就视频独创性高低区分视听作品和录像制品，影视剧属于独创性程度高的视听作品，其版权由影视剧制作者享有，独创性程度不高的说唱可归为录像制品，受邻接权保护，权利归属于录像制品制作者。深度伪造内容仅进行换脸处理的情形下，新生成视频或图像仅与原视频人物脸部不同，视频其余部分仍相同，会构成实质性相似，侵犯原视听作品制作者或录像制品制作者的复制权。至于新生成视频或图像是否具有独创性，从而侵犯原制作者的改编权，本节将在第四部分结合新生成视频或图像的可版权性详细分析。如果深度伪造内容在网络平台传播，还同时侵犯原制作者的信息网络传播权。对拟伪造人物的面部表情和声音进行数据挖掘和深度学习模仿，需要利用与该人物相关的音视频或图像，虽然这类音视频或图像并不出现在最终生成的深度伪造内容中，但未经授权对此类音视频或图像的大规模复制仍会侵犯制作者享有的复制权。

此外，对影视剧人物进行换脸的深度伪造内容还涉及是否侵犯原剧中演员的表演者权这一问题。现有研究对深度伪造内容会侵犯演员表演者权的结论属于对版权理论的错误理解。❶《著作权法》虽然赋予表演者邻接权，表演者对其表演享有保护表演形象不受歪曲的权利，❷ 但是影视作品中的表演者并不能对其在剧中的表演单独享有权利，因为《著作权法》规定视听作品中影视作品的版权由制作者享有，编剧、导演、词曲作者仅享有署名权。❸ 虽然法律并未提及表演者能否单独行使权利，但根据"举重以明轻"的法律解释方法，《著作权法》对邻接权人的保护水平不会高于狭义版权人，既然编剧、导演等版权人都不能对影视作品行使权利，演员等邻接权人也不能对影视作品行使权利。❹ 因此，深度伪造内容并不会侵犯表演者邻接权。

---

❶ 贾章范.《民法典》视野下深度伪造技术的法律风险与规则应对［J］. 东北农业大学学报（社会科学版），2021，19（1）：75.
❷《中华人民共和国著作权法》（2020年修正）第39条第1款第（二）项.
❸《中华人民共和国著作权法》（2020年修正）第17条第1款.
❹ 王迁. 著作权法［M］. 北京：中国人民大学出版社，2015：304.

### 三、深度伪造内容是否落入合理使用范畴

合理使用制度是针对版权侵权的抗辩。某一使用作品行为落入合理使用范畴并不意味着该行为不构成侵权，而是该行为因落入法定免责事由范畴，行为人无须承担侵权责任。因此，合理使用适用的前提是存在侵权。《著作权法》第24条穷尽式列举了十三类合理使用情形，前十二类为具体情形，第十三类为半开放性条款"法律、行政法规规定的其他情形"。前十二类合理使用情形中与制作深度伪造内容可能相关的情形包括为个人学习、研究或欣赏，使用他人已发表作品；❶为科学研究，少量复制已发表作品，供科研人员使用。❷但制作深度伪造内容并不符合这两类情形，深度伪造内容在网络平台的传播突破了为个人学习、研究或欣赏的限度，即使为科学研究目的进行深度伪造也仅限于少量复制他人作品，而深度伪造内容对拟伪造人物表情及声音的学习模仿需要大量音视频或图像文件作支撑，不符合少量复制的条件，同时深度伪造内容的平台传播也未满足这项条款中不得出版发行的要求。由此看来，制作深度伪造内容似乎无法落入我国《著作权法》规定的合理使用范畴。

但是，著作权合理使用封闭式立法模式早已受到学者和司法实务者的质疑，认为现有穷尽式的合理使用情形含有诸多条件，不足以应对科技发展带来的新问题。❸司法实践也在借鉴吸收域外经验的基础上不断对现有合理使用情形进行突破。最高人民法院于2011年发布的《关于充分发挥知识产权审判职能作用推动社会主义文化大发展大繁荣和促进经济自主协调发展若干问题的意见》第8条已吸收域外开放式判定合理使用的四要素分析法，提出法院判定合理使用时可考虑"作品使用行为的性质和目的、被使用作品的性质、被使用部分的数量和质量、使用对作品潜在市场或价值的影响等"四个要素。其中第一和第四个要素在合理使用判定时起着决定性作用，因为第二要素中被使用作品都是受版权保护的，无论其受版权保护程度高低，都不利于认定合理使用，这一要素在综合平衡四要素时所起作用可忽略不计；第三要素既

---

❶ 《中华人民共和国著作权法》（2020年修正）第24条第1款第（一）项。
❷ 《中华人民共和国著作权法》（2020年修正）第24条第1款第（六）项。
❸ 参见王迁.《著作权法》修改：关键条款的解读与分析（上）[J]. 知识产权，2021（1）：20-35.
蒋舸. 论著作权法的"宽进宽出"结构[J]. 中外法学，2021，33（2）：327-345.
李杨. 著作权合理使用制度的体系构造与司法互动[J]. 法学评论，2020，38（4）：88-97.

要考查被使用部分占原作品整体比例，又要考查被使用部分是否为原作品的核心表达，但这一要素可被第四要素吸收，因为当被使用部分占原作品比例小或不为核心表达时，通常意味着使用不会对原作品市场产生影响。在考查第一要素"使用行为的性质和目的"时需要进一步考虑使用是否具有转换性，即新作品是否仅仅取代了原作品，还是基于进一步的目的或不同特征增加了新内容，改变原作品而采用了新的表达方式、含义和信息，也就是说，使用原作品创作新作品的目的和性质是否以及在何种程度上是转换性的，新作品的转换性越强，例如商业性等不利于认定合理使用的其他因素的重要性就越小。❶ 第一要素通常又与第四要素紧密相关，因为新作品具有转换性意味着其不太可能替代原作品，从而不可能对原作品现有或潜在市场产生影响。❷

近十年的司法实践中，转换性使用成为我国合理使用判定中经常提及的要素。提及合理使用的司法判决主要分为三类，第一类是对文字作品的大规模复制，典型判决是谷歌案。谷歌全文扫描原告作品后将片段提供给北京分公司谷翔，后者在其网站上为公众提供可供检索的作品片段，一审、二审法院均认定谷翔通过网络平台提供作品片段的行为构成转换性合理使用，因为使用原作品的性质和目的在于方便公众进行检索，转换了让公众欣赏内容的原作品创作目的。二审北京市高级人民法院进一步认为，如果复制全文仅为了后续提供片段检索，则复制全文也应视为转换性合理使用。❸ 在上海玄霆娱乐信息科技有限公司、北京乐触无限软件技术有限公司等诉无锡天下九九文化发展有限公司、张某野案中，被告在其制作的网络游戏中使用原告享有版权的《鬼吹灯》小说部分文字内容用于引导玩家游戏，被告在侵权诉讼中抗辩其对原告作品的使用属于转换性合理使用，但被上海知识产权法院否定，认为涉案游戏单纯再现原告作品中的大量文字内容不构成转换性合理使用。❹ 第二类是对美术作品等图像的复制，在上海美术电影制片厂诉浙江新影年代文化传播有限公司、华谊兄弟上海影院管理有限公司案中，法院判定在电影海报中使用缩小的 20 世纪 80 年代代表性卡通图案用以反映

---

❶ Campbell v. Acuff-Rose Music, 510 U. S. 569 (1994).
❷ 参见 Cariou v. Prince, 714 F. 3d 694 (2d Cir. 2013); Blanch v. Koons, 467 F. 3d 244 (2d Cir. 2006).
❸ 王某诉北京谷翔信息技术有限公司、谷歌公司, (2011) 一中民初字第 1321 号; (2013) 高民终字第 1221 号。
❹ 上海玄霆娱乐信息科技有限公司、北京乐触无限软件技术有限公司等诉无锡天下九九文化发展有限公司、张某野, (2017) 沪 73 民终 324 号。

电影时代背景构成转换性合理使用。❶ 在陈某英诉北京奇虎科技有限公司案中，上海知识产权法院支持了将缩略图用于引擎检索的转换性，但该缩略图不能链接商业广告。❷ 在李某晖诉广州华多网络科技有限公司（以下简称华多）案和马某明诉广州网易计算机系统有限公司（以下简称网易）案中，华多将原告拍摄的无锡三国影视城照片用于介绍其开发的三国游戏网络文章中，网易将原告拍摄的某音乐家照片用于该音乐家死讯报道中，虽然被告均主张对原告照片使用的转换性，但广州知识产权法院和上海知识产权法院分别认为被告并未使用照片的缩略图，且使用原告作品并不具备必要性，三国影视城照片与介绍三国游戏文章的关联度不大，有关音乐家的报道中也并不一定要出现音乐家的照片。❸ 第三类是网络游戏直播。在三起游戏直播案中，广东省高级人民法院、广州知识产权法院、广州互联网法院均否认了玩家操作游戏过程中进行直播的转换性，认为直播实质性呈现了游戏画面内容，不合理地损害了游戏版权人的利益。❹ 由此可见，我国法院虽然借鉴吸收了转换性合理使用判定，但对转换性的认定局限于使用作品目的的转换性，即支持非表达性地使用作品进行搜索引擎类数据库创建，或使用图像能与表明背景等目的紧密关联。

深度伪造内容对两类作品进行了复制，一类是被换脸处理的原音视频或图像，另一类是用于模拟拟伪造人物表情和声音的相关音视频或图像。对后一类作品的使用旨在从音视频或图像中提取能够合成拟伪造人物表情和声音的数据，而不会呈现原音视频或图像的具体内容，这类使用类似于大规模复制原作品后创建用于搜索引擎的数据库，属于对原作品非表达性地使用，使用性质和目的有别于让公众欣赏作品内容的原目的，构成转换性合理使用。对前一类作品的使用会呈现除原人物脸部以外的其他内容，且制作深度伪造内容的目的与创作原音视频或图像一样，都是为了让公众欣赏其中的表达性内容，因此使用前一类作品难以构成转换性合理使用。

---

❶ 上海美术电影制片厂诉浙江新影年代文化传播有限公司、华谊兄弟上海影院管理有限公司，（2015）沪知民终字第 730 号。

❷ 陈某英诉北京奇虎科技有限公司，（2020）沪 73 民终 30 号。

❸ 李某晖诉广州华多网络科技有限公司，（2017）粤 73 民终 85 号；马某明诉广州网易计算机系统有限公司，（2017）沪 73 民终 181 号。

❹ 广州网易计算机系统有限公司诉广州华多网络科技有限公司，（2018）粤民终 137 号；深圳市腾讯计算机系统有限公司诉运城市阳光文化传媒有限公司、北京字节跳动科技有限公司，（2019）粤 0192 民初 1756 号；深圳市腾讯计算机系统有限公司诉运城市阳光文化传媒有限公司、今日头条有限公司、北京字节跳动科技有限公司、广州优视网络科技有限公司，（2019）粤 73 知民初 252 号之一。

虽然深度伪造内容有可能对原音视频或图像进行谐谑，但我国法院判决呈现的转换性合理使用尚无法涵盖戏谑嘲讽类使用作品情形，除非这类戏谑嘲讽同时介绍、评论原作品或说明某一问题，可落入《著作权法》列举的第二项合理使用范畴。

**四、深度伪造内容有无受版权保护的可能**

深度伪造内容侵犯原音视频或图像的版权并不必然意味深度伪造内容不能受版权保护。深度伪造内容是否能作为视听作品或美术作品、摄影作品受版权保护的关键在于深度伪造内容是否具有独创性。深度伪造内容因其使用了原作品的部分内容表达，不属于完全独立创造出的智力成果，但如果其有显著区别于原作品的新的表达、含义、内容，这些新的表达、含义、内容属于达到一定程度的智力创造，则深度伪造内容可视为具有独创性的演绎作品。侵权演绎作品满足版权保护作品的条件，仍应受版权保护，只不过侵权演绎作品创作者不能在原作品版权人未授权的情况下积极许可他人使用该侵权演绎作品。深度伪造内容将拟伪造人物脸部覆盖于原作品之上，通过机器深度学习重现拟伪造人物的表情和话语，让拟伪造人物说出从未说过的话，应视为具有独创性的创作。

深度伪造内容属于演绎作品意味着使用原音视频或图像不仅会侵犯原作品复制权，还会侵犯原作品改编权。改编权从产生之初便和复制权紧密联系在一起，因为改编既然基于原作品，定会对原作品部分内容进行复制，与改编者的独创内容整合后，产生改编作品。改编权近似于对复制权的延伸。复制权使版权人掌控的仅是原作品首次发行后进入的市场，而改编权能使版权人享有从作品所有相关市场获取收益的机会。改编权影响着版权人一开始投资创作作品的程度，如果版权人知道他能就翻译、节略、整合、以其小说为基础创作影视作品等发放许可和收取许可费，在创作之初他会投入更多的资金和智力劳动去创作和宣传作品，因为他期待从更多的市场获取回报，而不仅仅从销售原文小说这一单一市场获取收益。改编权所要阻止的并不是未经授权创作的新作品对原作品的替代，而是未经授权创作的新作品对经授权创作的改编作品的替代。那么深度伪造内容是否属于原音视频或图像版权人预期作品会进入的市场呢？在深度伪造技术产生之前，音视频或图像版权人不可能预期其作品会被换脸处理，但版权人对作品的合理预期市场并不是一成不变的。正如游戏开发者和运营者面对游戏直播带来的巨额收益，会逐渐将开发游戏的预期市场从销售游戏延伸至游戏直播，面对深度伪造技术带来的机遇与挑战，音视频或图像版权人也可能将作品合理市场预期延伸至深度伪造领域。现实中已出现影视剧主演因失德被封杀时，用深度伪造技术进行换脸处理以使影视剧能顺利播出的情形。

**五、深度伪造技术提供者、深度伪造内容制作者及传播者是否以及如何承担侵权责任**

深度伪造技术是一项中立的技术，该技术本身并不存在危害性，该技术对个人和社会产生的正负面影响取决于使用者利用技术产生成品的目的。深度伪造虽然有不利于个人权利和社会稳定的一面，但也能产生积极效应，例如研究者和博物馆等文化机构可利用深度伪造技术复原逝者声音相貌，让人们缅怀逝去的亲人，让文化机构能更生动地展示艺术家的一生。深度伪造技术可用于多种有益途径，例如匿名处理易受攻击资源，生成多种语言的语音请愿书，生成保护患者隐私的合成核磁共振图像，合成新闻报道，改进视频游戏画面，依据旧图像制作动画，以及制作同人小说等。❶ 深度伪造技术通常通过开放源代码工具❷或允许用户上传照片等数据并利用用户界面自动创建深度伪造的服务平台❸等途径提供给制作者，深度伪造的技术提供者无法预估技术被后续利用的目的，不应为后续不当利用深度伪造技术的行为承担侵权责任。

深度伪造内容制作者指直接制作深度伪造音视频或图像的个人或组织。由于制作者属于原视听作品或美术、摄影作品的直接使用者，其直接实施了侵犯原作品版权的行为，应当承担直接侵权责任。但要求深度伪造内容制作者承担侵权责任存在一定难度，主要在于深度伪造内容制作者多为平台用户，其真实身份不明，平台出于保护用户隐私和个人信息的目的，未必会积极配合版权人公开侵权者身份。我国《民法典》及《著作权法》并未规定权利人可以要求平台披露涉嫌侵权者的真实身份。仅有《信息网络传播权保护条例》规定版权行政管理部门为查处侵犯信息网络传播权的行为，可以要求平台提供涉嫌侵权用户的姓名或名称、联系方式、网络地址

---

❶ GEDDES K. Ocularcentrism and Deepfakes：Should Seeing Be Believing？[J]. Fordham Intellectual Property, Media and Entertainment Law Journal, 2021, 31 (4)：1044-1045.

❷ 例如微软的开放源代码开发平台 GitHub 就存储了大多数制作深度伪造的工具。

❸ 类似平台有 Faceapp、Zao、Deepnude、Snapchat、TikTok 等。

第六章　智能算法技术下的权利限制与例外制度建构

等资料。❶ 平台无正当理由拒绝提供或者拖延提供涉嫌侵权用户真实信息的，由版权行政管理部门予以警告；情节严重的，没收主要用于提供网络服务的计算机等设备。❷ 该行政规定并未对正当理由的范围加以界定和解释，保护用户隐私是否能作为正当理由使平台有权拒绝提供用户真实信息并不确定。由行政部门以强制手段要求平台提供资料能快速有效撕破面纱，掌握涉嫌侵权用户真实身份，但却存在滥用行政权力侵害用户隐私的风险。我国香港地区采用法院指令程序撕破平台用户面纱，当权利人有真实意愿就侵权行为提起诉讼时才能向法院申请指令，由法院颁发指令要求平台披露涉嫌侵权内容的真实来源。❸ 虽然法院指令程序可能延长披露用户真实身份的时间，但却能较好地平衡权利人、平台和用户三方的权益，值得我国大陆地区借鉴。

　　深度伪造内容传播者指网络平台，尤其是充斥深度伪造内容的社交媒体平台。制作者对其上传深度伪造内容的行为承担直接侵权责任，这里的传播者责任主要分析不直接制作和上传深度伪造内容，但却为深度伪造内容传播提供存储和扩散空间的平台责任。《民法典》及《信息网络传播权保护条例》为平台责任规定了通知删除规则，网络用户利用网络服务实施侵权行为，权利人有权通知平台采取删除、屏蔽、断开链接等必要措施，平台接到通知后应当及时将通知转送相关用户，并根据平台服务类型采取相应的必要措施，未及时采取必要措施的，对损害扩大部分与用户承担连带责任。❹ 平台知道或应当知道存在侵权行为的，未采取必要措施也应与用户承担连带责任。❺ 由于深度伪造内容不易识别，判定平台在何种情形下应当知道存在侵权行为有难度。目前平台采用的智能算法运作下的内容过滤机制能主动筛查可能侵权的用户上传内容，却未必能有效筛查深度伪造内容，因为内容过滤机制依赖于算法比对用户上传内容和正版作品数据库中作品样本的匹配度，❻ 深度伪造内容因演员脸部等关键部分不同于原作品，且其

---

❶《信息网络传播权保护条例》第13条。
❷《信息网络传播权保护条例》第25条。
❸ Angela Wang & Co. Application for Norwich Pharmacal Relief in respect of Online Infringement of Copyright［EB/OL］．［2021-12-28］．https://www.hg.org/legal-articles/ip-law-application-for-norwich-pharmacal-relief-in-respect-of-online-infringement-of-copyright-china-7729.
❹《中华人民共和国民法典》第1195条，《信息网络传播权保护条例》第14~15条。
❺《中华人民共和国民法典》第1197条。
❻ 崔国斌．论网络服务商版权内容过滤义务［J］．中国法学，2017（2）：215.

真伪无法辨识，无法像普通侵权内容一样落入内容过滤机制的自动筛查范围内。真伪无法辨识会导致包括平台在内的社会公众将真实内容视为伪造，将深度伪造内容视为真实信息。平台应采用更有效的措施辨识深度伪造内容，包括与事实核查组织或团体合作，通过切断深度伪造内容制作者和传播者的广告投放，破坏制作和传播深度伪造内容的经济激励，改进排序算法和内容调节算法，❶提高检测和删除机器运行账户的能力，投资研发深度伪造内容检测技术，修订平台服务条款遏制深度伪造内容的传播等。

## 六、结论

深度伪造基于人工智能技术中的生成算法和识别算法，能生成换脸或场景更换的音视频或图像内容。深度伪造内容涉及对两类受版权保护作品的未经授权使用，一类是被换脸处理的原音视频或图像，另一类是用于模拟拟伪造人物表情和声音的相关音视频或图像。对这两类作品的未经授权使用都涉及对原作品或音像制品内容表达的复制，会侵犯原作品或制品权利人的复制权。同时，经改动后的深度伪造内容虽增加了具有独创性的新内容，但会落入原作品权利人对其作品的合理预期市场范围内，侵犯原作品权利人的改编权。一旦深度伪造内容在网络平台传播，还会侵犯原作品或制品权利人的信息网络传播权。

我国第三次修订后的《著作权法》权利限制与例外制度虽仍采用封闭式立法模式，但域外合理使用四要素平衡法与转换性合理使用规则已被我国法院借鉴用于判定法律规定之外的合理使用情形。如果用四要素平衡法与转换性使用规则对两类作品的使用进行分析，可得出前一类难以构成合理使用，而后一类构成转换性合理使用的结论，因为对前一类作品的使用会实质性呈现除原人物脸部以外的其他内容，与原作品构成实质性相似，且制作深度伪造内容的目的与创作原作品的目的都是使公众欣赏表达性内容，而对后一类作品的使用旨在从原作品中提取能够合成拟伪造人物生理特征的数据，属于对原作品非表达性地使用，具有使用目的上的转换性。

对前一类作品使用的版权侵权责任，应由深度伪造内容的制作者承担直

---

❶ 内容调节算法旨在根据内容的确切属性或一般特征识别、匹配、预测或分类某些内容（如文本、音频、图像或视频）。参见 GORWA R, BINNS R, KATZENBACH C. Algorithmic Content Moderation: Technical and Political Challenges in the Automation of Platform Governance [J/OL]. Big Data and Society, 2020 [2021-12-28]. https://journals.sagepub.com/doi/full/10.1177/2053951719897945.

接侵权责任,由对深度伪造内容传播负有注意义务却未尽责的网络平台承担间接侵权责任,由于深度伪造内容难以被平台所采用的内容过滤机制筛查,平台应采用更有效的措施识别深度伪造内容。鉴于深度伪造技术的中立性,深度伪造技术提供者无法预估技术被后续利用的情况,不应为他人后续不当利用行为承担侵权责任。

## 第三节 自动版权执法下算法合理使用的必要性及推进

人工智能的本质是建立在大数据基础上自主学习、分析和决策的算法。❶ 算法是以部分现实世界为研究对象的一种抽象的简化数学结构,其运算机理是用数学语言建构数学模型来描述实际现象。❷ 智能算法引发了诸多版权问题,其中一个问题产生于智能算法运作下的在线侵权内容自动过滤机制,内容过滤机制能自动屏蔽涉嫌侵权内容,而不会考虑和判断涉嫌侵权内容是否落入不视为侵权的版权合理使用范畴。因而是否能将版权合理使用判定规则植入智能算法中,以算法推进版权合理使用决策,确保合理使用制度和相关规则能在自动版权执法环境下继续适用成为亟须解决的问题。本节将在分析算法合理使用必要性和挑战性的基础上,提出推进算法合理使用的建议方案。

### 一、算法合理使用的必要性

(一)内容过滤机制引发假阳性错误遏制合理使用

自 1998 年美国《数字千年版权法案》通过以来,通知删除规则一直是网络服务提供者规避间接侵权责任的重要避风港规则之一。为用户提供内容存储空间的网络服务提供者在不知道或不应当知道用户上传侵权内容,且未从用户侵权行为直接获得经济利益的前提下,只要版权人向其发出屏蔽侵权内容或删除侵权链接的通知,其立即进行屏蔽或删除,则无须承担

---

❶ 李婕. 垄断抑或公开:算法规制的法经济学分析[J]. 理论视野,2019(1):66.
❷ 姜野,李拥军. 破解算法黑箱:算法解释权的功能证成与适用路径——以社会信用体系建设为场景[J]. 福建师范大学学报(哲学社会科学版),2019(4):84.

帮助或替代侵权的间接侵权责任。通知删除规则的实施以及智能技术的发展使得版权人采用智能算法技术自动检测和发送要求屏蔽或删除涉嫌侵权内容的通知，导致大量通知涌入网络服务提供者，网络服务提供者疲于应付，例如谷歌仅2016年2月一个月收到的要求屏蔽或删除涉嫌侵权内容或链接的通知就超过7500万条。❶

　　网络服务提供者担心因未及时屏蔽或删除侵权内容而承担侵权责任，开始采取智能算法运作下的内容过滤机制，主动筛查可能侵权的用户上传内容。内容过滤机制的通常做法是，网络服务提供者先建立正版作品数据库；用户上传内容时，网络服务提供者通过技术措施扫描该内容，确定是否含有正版作品数据库中的内容；如果有，则阻止用户的上传行为。❷ YouTube于2007年建立的Content ID系统便是一款典型的内容过滤机制，YouTube数据库中存有版权人提供的作品样本，Content ID系统通过24小时不间断对比用户上传内容与作品样本的匹配度，查找涉嫌侵权内容；比对查找完成后，版权人可以选择是屏蔽或删除内容，是与网络服务提供者分享广告收益，抑或是追踪内容浏览次数。❸ 内容过滤机制在屏蔽或删除涉嫌侵权内容后，会阻止相同内容之后被重复上传。

　　网络服务提供者主动采用的内容过滤机制于2019年被欧盟《数字单一市场版权指令》纳入立法中。该指令第17条第4款和条文解释（66）第4段规定在线内容分享服务提供者应对未经授权通过信息网络传播作品的行为承担责任，除非服务提供者表明：他们已尽最大努力获取授权；尽最大努力确保版权人提供给服务提供者相关和必要信息的具体作品不被获取；在收到版权人充分证实的通知后，立即从其网页上禁止访问或删除通知作品，并且尽最大努力防止该作品之后被上传。❹ 尽最大努力防止被删除作品之后被上传实则要求在线内容分享服务提供者采取内容过滤机制对上传内容进行过滤筛查。

---

❶ WELCH C. Google Received Over 75 Million Copyright Takedown Requests in February［EB/OL］.（2016-03-07）[2021-12-28]. https://www.theverge.com/2016/3/7/11172516/google-takedown-requests-75-million.
❷ 崔国斌. 论网络服务商版权内容过滤义务[J]. 中国法学, 2017（2）: 215.
❸ 黄炜杰. "屏蔽或变现"：一种著作权的再配置机制[J]. 知识产权, 2019（1）: 35-36.
❹ Directive (EU) 2019/790 of the European Parliament and of the Council on Copyright and Related Rights in the Digital Single Market and Amending Directive 96/9/EC and 2001/29/EC［EB/OL］.［2021-12-23］: Article 17（4）. https://eur-lex.europa.eu/legal-content/EN/TXT/PDF/?uri=CELEX:32019L0790&from=EN.

内容过滤机制虽然能降低网络服务提供者应对海量通知和用户上传内容侵权的成本，但却可能屏蔽或删除非侵犯版权的内容，包括已被版权人授权上传的内容、落入合理使用范畴的内容、落入公有领域的内容以及侵犯他人隐私权等其他权利却并未侵犯版权的内容，产生统计学意义上的假阳性错误（false positive）。假阳性错误和假阴性错误（false negative）是统计学上的第一类错误和第二类错误，假阳性错误即错误的肯定，如错抓好人、错误地诊断本不存在的病；假阴性错误即错误的否定，如错放坏人，有病没诊断出来。❶ 就这两类错误而言，内容过滤机制所产生的是假阳性错误，阻碍了合法内容的传播分享，限制了用户的表达自由。

合理使用制度在激励创作和保护表达自由中发挥着重要作用。首先，合理使用制度在获得授权的交易成本大于使用他人作品创作所产生价值时能发挥作用，因为获得授权成本过高，后续创作价值又较小，后续创作者便不太可能获取授权使用他人作品进行创作。合理使用制度能保证后续创作者无须获得授权也能合理使用他人作品进行创作。其次，部分后续创作意在评论、批评甚至讽刺原作品，不可能获得原作者授权，鉴于评论、批评等自由表达的创作具有促进文化多样性等社会价值，合理使用制度能保证这类创作不因无可能获得授权而枯萎。

内容过滤机制引发的假阳性错误遏制了合理使用制度在在线内容创作和传播中的适用。在网络服务提供者普遍采用内容过滤机制，以及内容过滤机制被纳入法律规范的情况下，合理使用制度在版权理论上仍然存在，却在实践中化为乌有。❷ 内容过滤机制能及时筛查删除与作品数据库匹配的上传内容，没有给考虑和判断上传内容是否落入合理使用范畴留下任何空间。

（二）反通知机制失效无法救济错误的内容移除

反通知是美国《数字千年版权法案》通知删除规则中的一项修正错误屏蔽或删除的机制，同时也被我国《信息网络传播权保护条例》所吸收。用户上传内容因版权人通知被网络服务提供者屏蔽或删除后，其可以向网络服务提供者发出反通知，说明所屏蔽或删除内容没有侵权。反通知应当包括：用

---

❶ Tangload. 假阳性错误和假阴性错误——笔记［EB/OL］.（2019-03-21）［2021-12-29］. https://www.jianshu.com/p/f8e5ee346ec9.

❷ DEPOORTER B, WALKER R K. Copyright False Positives［J］. Notre Dame Law Review, 2013, 89（1）: 335.

户签名、所移除内容及其位置；用户善意相信其上传内容被错误移除的声明；用户的姓名、地址及电话等联系方式。❶ 网络服务提供者收到反通知后，如果版权人在10~14天内未通知网络服务提供者其已提起侵权诉讼，则网络服务提供者将恢复被移除内容。❷

　　反通知在通知删除规则适用中很少被用户提起，归因于三个主要原因：第一，反通知程序过于复杂，对版权法规则不甚了解的用户很难发起反通知；第二，发起反通知存在披露用户个人信息的风险，例如YouTube就提醒用户发起反通知后的用户个人信息会传至版权人处；第三，用户会因发起错误的反通知而承担赔偿责任。❸ 虽然版权人也可能因发起错误的移除通知而承担赔偿责任，但相较于处于弱势经济地位的个体用户而言，对视听、音乐、文字作品享有版权的权利人通常是具有一定经济实力的公司，更有能力承担因错误通知而带来的风险和损失。所以，反通知虽然理论上可以救济因版权人错误通知给用户造成的伤害，但实际中却很难发挥作用。尤其对于时效性强的内容，即便用户在内容被移除后发起了反通知，仍需等待10~14天，视版权人是否提起侵权诉讼而决定是否恢复被移除内容，极大地阻碍了时效性内容的发布和传播。

　　在网络服务提供者自愿或必须采取内容过滤机制的大环境下，反通知更难发挥作用，几近失效。内容过滤机制由智能算法自动识别与数据库中作品匹配的内容并进行过滤，而非由版权人发出通知后再对侵权内容进行屏蔽或删除，鉴于通知删除规则下的反通知是针对版权人发出的通知，用户无法针对不存在版权人通知的内容过滤机制发出反通知。同时，用户在使用网络服务提供者提供的平台服务时，已接受了网络服务提供者制定的格式条款，难以针对服务提供者的自动过滤提起异议。例如，在YouTube的Content ID系统中，涉嫌侵权的用户只能在选择对侵权通知提出异议的情况下，才能发起反通知，否则用户只能默示让版权人屏蔽或删除涉嫌侵权内容或分享内容传播所得收益。此外，网络服务提供者基于与合作公司签订的协议，即使收到涉嫌侵权用户发出的反通知，表明上传内容落入不视为侵权的合理使用范畴，

---

❶ Copyright Law of the United States [EB/OL]. [2021-12-22]: Section 512（g）（3）. https://www.copyright.gov/title17/title17.pdf.
《信息网络传播权保护条例》第16条。

❷ Copyright Law of the United States [EB/OL]. [2021-12-22]: Section 512（g）（2）. https://www.copyright.gov/title17/title17.pdf.

❸ ELKIN-KOREN N. Fair Use by Design [J]. UCLA Law Review, 2017, 64（5）: 1092.

网络服务提供者因受制于合约义务也不会恢复由其合作公司享有版权的被移除内容。❶

反通知本是纠正错误移除的一项机制,能让落入合理使用范畴的被移除内容恢复,保障合理使用制度在通知删除规则中仍能适用。但反通知机制在实际运用中的缺失,以及在内容过滤机制下的失效,使得合理使用制度在智能算法支配的自动版权执法环境下完全丧失了效能和存在空间。

(三) 智能算法运用已成版权及隐私保护领域的必然趋势

随着大数据和机器学习技术的发展,算法在人工智能时代逐渐脱离纯粹的工具性角色,具有了自主性和认知特征。❷ 机器学习使智能算法产生了能从原始数据中提取模式的能力,这种能力即为智能算法自己获取知识的能力。❸ 算法被广泛地运用于包括法律行业在内的各类行业中,例如诊断疾病、银行贷款评估、证券风险识别、律师尽职调查、法院预测罪犯未来犯罪风险等。❹

早在20世纪90年代,美国法学学者Joel Reidenberg和Lawrence Lessig就提出将法律规则编程为计算机算法并进行运用的设想。Reidenberg在《信息法:通过技术制定信息政策规则》一文中提出利用技术为信息政策规则的制定提供解决方案;❺ Lessig在《代码2.0:网络空间中的法律》一书中对算法替代法律在网络空间中进行行为规制进行论述。❻

如前所述,智能算法主导的内容过滤机制已成为网络环境自动版权执法的趋势,它解决了网络服务提供者面对海量侵权移除通知的应接不暇,节省了网络服务提供者消除网络平台侵权的成本,降低了网络服务提供者因屏蔽或删除侵权内容不及时而需承担侵权责任的风险,欧盟《数字单一市场版权指令》进一步将算法主导的自动版权执法机制纳入立法,将这一趋势变为必然。

此外,在隐私保护领域,"通过设计保护隐私"(Privacy by Design)这一

---

❶ MAXWELL A. YouTube's Deal with Universal Blocks DMCA Counter Notices [EB/OL]. (2013-04-05) [2021-12-29]. https://torrentfreak.com/youtube-deal-with-universal-blocks-dmca-counter-notices-130405/.

❷ 张凌寒. 算法规制的迭代与革新 [J]. 法学论坛, 2019, 34 (2): 20.

❸ 周志华. 机器学习 [M]. 北京: 清华大学出版社, 2016: 2.

❹ ELKIN-KOREN N. Fair Use by Design [J]. UCLA Law Review, 2017, 64 (5): 1096-1097.

❺ REIDENBERG J. Lex Informatica: The Formulation of Information Policy Rules Through Technology [J]. Texas Law Review, 1998, 76 (3): 553-594.

❻ 劳伦斯·莱斯格. 代码2.0: 网络空间中的法律 [M]. 李旭, 沈伟伟, 译. 北京: 清华大学出版社, 2018.

概念早在 20 世纪 90 年代中期便由加拿大安大略省前信息和隐私专员 Ann Cavoukian 博士提出，并于 2018 年被纳入欧盟《通用数据保护条例》中。"通过设计保护隐私"机制实则是将算法运用于隐私保护，要求企业将隐私保护的规则内置于产品或服务中，隐私和数据保护贯穿于产品或服务的整个生命周期，从产品生产和服务提供源头掐断侵犯隐私的情形，更好地保护个人隐私和信息数据。因此，我国研究者又将该机制称为"隐私内置机制"。❶

"通过设计保护隐私"机制体现了 Lessig 所提出的算法替代法律进行行为规制，该机制共有七条原则，其中前五条原则恰好说明了算法内置用以规范行为的要求：（1）主动而非被动，预防而非补救（Proactive not Reactive；Preventative not Remedial）；（2）将隐私保护作为默认设置（Privacy as Default Setting）；（3）隐私保护嵌入设计中（Privacy Embedded into Design）；（4）完整功能：正和而非零和（Full Functionality：Positive-Sum，not Zero-Sum），寻求以一种正和和双赢的方式实现所有合法利益和目标，而非通过过时的、零和的方式进行不必要的权衡；（5）端对端安全性：全生命周期保护（End-to-End Security：Full Lifecycle Protection），在信息的首个元素被收集之前就嵌入系统中的"通过设计保护隐私"机制安全地延伸至所收集数据的整个生命周期。❷欧盟《通用数据保护条例》第 25 条以立法形式确认了"通过设计保护隐私"机制，要求数据控制者以有效的方式实施适当的技术和组织措施保护数据主体的权利。❸

鉴于智能算法在法律规则适用和网络环境执法过程中发挥功效已成为网络服务提供者等商业主体以及欧盟等地区立法者所认同的必然趋势，在自动执法环境下将合理使用法律规则转化为智能算法，确保合理使用制度在自动

---

❶ 桂畅旎. 欧盟《通用数据保护法案》的影响与对策［J］. 中国信息安全，2017（7）：91-93.

❷ CAVOUKIAN A. Privacy by Design：Strong Privacy Protection-Now, and Well into the Future-A Report on the State of PbD to the 33rd International Conference of Data Protection and Privacy Commissioners［EB/OL］. (2011-11)［2021-12-29］. https://www.ipc.on.ca/wp-content/uploads/Resources/PbDReport.pdf. 后两条原则为（6）可视性和透明度：保持开放性（Visibility and Transparency：Keep it Open），"通过设计保护隐私"机制旨在确保所有利益相关方，无论其商业实践或技术如何，实际上都根据其陈述的承诺和目标进行操作，并进行独立验证；（7）尊重用户隐私：以用户为中心（Respect for User Privacy：Keep it User-Centric），"通过设计保护隐私"机制要求设计者和运营者通过提供强有力的隐私默认、适当通知和采用方便用户的选项等措施最大化地保护用户个人利益。

❸ Regulation (EU) 2016/679 of the European Parliament and of the Council of 27 April 2016 on the Protection of Natural Persons with regard to the Processing of Personal Data and on the Free Movement of Such Data, and Repealing Directive 95/46/EC (General Data Protection Regulation)［EB/OL］.［2021-12-29］：Article 25. https://eur-lex.europa.eu/eli/reg/2016/679/oj.

执法过程中的实际运用势在必行。以色列学者 Niva Elkin-Koren 因此提出了与"通过设计保护隐私"概念相对应的"通过设计保护合理使用"（Fair Use by Design），[1] 究其实质，就是利用智能算法推进自动合理使用决策。

## 二、算法合理使用的挑战性

### （一）合理使用灵活性难融入算法确定性中

美国普林斯顿大学计算机科学学者 Kevin Wayne 将算法定义为一种有限、确定、有效的并适合用计算机程序来实现的解决问题的方法。据其定义，算法具有有限、确定和有效的核心特征，有限性指算法必须能在执行有限步骤后终止；确定性指算法的每个步骤都有确切定义；有效性指算法中执行的任何步骤都可以被分解为基本的、可执行的操作步骤。[2]

合理使用制度与确定性强的算法有所不同。就合理使用制度而言，虽然存在灵活度高的美国合理使用（fair use）制度和相对稳定的欧洲国家版权权利例外（copyright exceptions），美国的合理使用判定方法对其他国家权利例外判定的影响越来越大。我国《著作权法》采用了与德国等欧洲国家一致的穷尽列举式方法规定权利例外，列举了十二种具体的使用他人作品无须经过权利人授权并且无须向权利人支付费用的例外情形，这十二种例外同时需要符合不影响他人作品正常使用、不得不合理损害权利人合法利益的三步检验标准。2020年11月修订后的《著作权法》第24条才在十二种具体例外之外增加了兜底性例外"法律、行政法规规定的其他情形"，允许相关行政法规做出额外规定以应对可能出现的其他例外情形。

由于修法前过于确定的例外规定无法应对司法实践中出现的所有可能情形，我国法院早已逐步突破确定性例外的限制，借鉴吸收美国判定合理使用的四要素平衡法。我国最高人民法院于2011年发布的《关于充分发挥知识产权审判职能作用推动社会主义文化大发展大繁荣和促进经济自主协调发展若干问题的意见》第8条已提及法院判定权利例外时可"考虑作品使用行为的性质和目的、被使用作品的性质、被使用部分的数量和质量、使用对作品潜在市场或价值的影响等因素"。

美国司法实践在判定第一要素"使用行为的性质和目的"时，延伸出转

---

[1] ELKIN-KOREN N. Fair Use by Design [J]. UCLA Law Review, 2017, 64 (5): 1094.
[2] 蒋舸. 作为算法的法律 [J]. 清华法学, 2019, 13 (1): 65-66.

换性使用,即考察新作品是否仅仅取代了原作品,还是基于进一步的目的或不同特征增加了新内容,改变原作品而采用了新的表达方式、含义和信息,也就是说,使用原作品创作新作品的目的和性质是否以及在何种程度上是转换性的。❶ 我国北京、上海、广东地区的法院在进行权利例外的分析时,已经提及"转换性使用"的字眼,例如在王某诉谷翔公司和谷歌公司案中,北京高级人民法院认可扫描整本图书及提供图书片段属于转换性使用;❷ 在上海美术电影制片厂诉浙江新影年代文化传播有限公司、华谊兄弟上海影院管理有限公司案中,上海知识产权法院判定将20世纪80年代动画片人物形象缩小用于电影海报背景构成转换性使用;❸ 在李某晖诉广州华多网络科技有限公司案中,广州市南沙区人民法院认可了将景点照片缩略图用于介绍网络游戏的转换性。❹

四要素平衡法以及转换性使用判定的采用增加了合理使用判定的灵活性,将合理使用判定从确定性强的一刀切似的具体例外规定带入灵活度高的个案分析。四要素平衡法中决定是否属于合理使用的核心要素在于使用行为的性质和目的是否具有转换性,使用部分的质与量占原作品的比例,以及使用对作品潜在市场或价值的影响。其中除了使用部分的量占原作品的比例能通过算法比对决定以外,其余要素很难通过确定的算法判定。例如算法可以将新作品与原作品相似处低于20%设定为合理使用用以判定使用原作品的数量,却难以判定相似的20%部分中是否存在属于原作品核心质量的部分,也难以判定使用原作品是否存在转换性,以及是否影响到原作品的潜在市场或价值,因为使用是否增加了新的表达含义和信息,是否会替代原作品取决于对人文和艺术表达的理解,而非算法更擅长的定量判断。

算法确定性与合理使用灵活性之间的区别正如规则(rule)与标准(standard)之间的区别。规则是确定的法律要求,往往通过立法事先颁布,易于理解和执行,但缺乏灵活性;标准是可延展的与事实相关的指向,往往由法院或其他裁判机关事后依据案件事实决定,具有灵活性,却缺乏足够的可预见性和清晰度。❺ 算法的有限、确定和有效与立法规则对概念的清晰界定

---

❶ Campbell v. Acuff-Rose Music,510 U.S. 569 (1994).
❷ 王某诉北京谷翔信息技术有限公司、谷歌公司,(2013) 高民终字第1221号。
❸ 上海美术电影制片厂诉浙江新影年代文化传播有限公司、华谊兄弟上海影院管理有限公司,(2015) 沪知民终字第730号。
❹ 李某晖诉广州华多网络科技有限公司,(2017) 粤73民终85号。
❺ BURK D L. Algorithmic Fair Use [J]. University of Chicago Law Review, 2019, 86 (2): 287.

和释义遥相呼应，算法的设计需要程序员事先知晓清晰确定的规则才能将法律语言转化为计算机代码。而合理使用制度的真正运用通常是在使用者未经授权使用作品引发版权人启动侵权诉讼之后，法院根据使用的实际情况采用三步检验标准以及四要素平衡法进行分析判断，最终得出使用是否侵权的结论。算法设计无法事先将不断出现的新的使用情形和法院的事后分析纳入其中。

（二）算法偏见带来技术阻碍

智能算法依赖于机器学习，机器学习包含无监督学习和监督学习能力，无监督学习应用于聚类问题，人工智能通过从给定数据中发现信息，输出聚类后的数据；监督学习应用于预测问题，人工智能通过分析给定数据，发现数据之间的关联性，输出依据模型所做出的预测。❶ 无监督学习能力和监督学习能力都需要人工智能分析和处理大量给定的训练数据才能完成。训练数据的偏见和不完善会导致输出数据的偏见和算法黑箱，算法黑箱已成为智能算法发展中不可忽视的问题，算法黑箱是指算法提供了聚类或预测结果，却不能解释这些结果是如何形成的，错误的输出结果正是源于错误、不准确、有偏见的训练数据，计算机术语将其俗称为"无用数据入，无用数据出"（garbage in, garbage out）。❷

训练数据可能因其属于受版权保护的表达而让人工智能使用该训练数据受到限制，诸如 Facebook 或 IBM 等大公司可通过取得用户授权组建训练数据或合作购买训练数据，以尽量形成庞大的训练数据解决使用训练数据受限的问题。但即使训练数据庞大，仍因用户性别、年龄、种族、职业等因素不同带有用户自身表达的偏见；而众多中小公司只能使用不受版权保护限制、已过版权保护期、处于公有领域的作品作为训练数据。❸ 目前多数国家和地区的版权保护期为作者死后 50 年，美国和欧盟的版权保护期为作者死后 70 年，处于公有领域的西方文学作品多数是 20 世纪前创作的，作者多为西方白人男

---

❶ 腾讯研究院，中国信通院互联网法律研究中心，腾讯 AI Lab，腾讯开放平台. 人工智能——国家人工智能战略行动抓手［M］. 北京：中国人民大学出版社，2017：27-29.

❷ BROWN L. Garbage In Garbage Out: the Dangers of Training Algorithms on Biased Data［EB/OL］.（2017-06-22）［2021-12-29］. https://www.thinkdigitalpartners.com/news/2017/06/22/garbage-garbage-dangers-training-algorithms-biased-data/.

❸ LEVENDOWSKI A. How Copyright Law Can Fix Artificial Intelligence's Implicit Bias Problem［J］. Washington Law Review, 2018, 93（2）：606-616.

性。如果人工智能以公有领域文学作品为训练数据进行分析处理,可能会产生 20 世纪前的社会偏见,忽视黑人、女性和少数群体的观点和意见。❶ 现实中人工智能已出现预测偏差的情形,COMPASS 是一款用于评估美国刑事被告的算法风险分数工具,根据刑事被告对问卷的回答预测被告再犯刑事案件的危险程度,这款工具将种族和性别特征作为预测的主要指标,导致预测结果更偏向于认定黑人和女性被告更危险。❷

因此,在将合理使用规则植入智能算法时,需考虑算法偏见和算法黑箱对合理使用判定的不良影响。在算法合理使用中植入错误、不准确、有偏见的训练数据,所得出的合理使用结论也必定是错误、不准确、有偏见的。得出的偏见结论被作为新的数据训练机器学习能力时,会产生更多新的错误、有偏见的结论,形成恶性循环。合理使用制度保障的是作品使用者和后续创作者的权益,而非原作品版权人和网络服务提供者的权益。如果让版权人或网络服务提供者在内容过滤机制下设计算法合理使用,可能会导致这两者利用更多资源和优势让算法合理使用偏向于满足自身利益,而非遵循法律建立合理使用制度的本意,作品使用者或平台内容上传者更易受到算法偏见和算法黑箱的负面影响。

(三) 反规避技术措施规则和商业秘密保护带来法律阻碍

知识产权制度安排中的反规避技术措施规则和商业秘密保护会进一步阻碍算法合理使用的推进。反规避技术措施规则最早出现在美国《数字千年版权法案》,后被我国《信息网络传播权保护条例》吸收,该规则通过立法形式阻止公众为获取或使用作品而规避用以保护作品不被获取或使用的技术措施,同时禁止生产销售主要用于规避控制获取和复制作品的技术措施的技术、服务或装置。❸ 反规避规则中针对规避控制获取和复制作品技术措施的例外及限制极为有限。

反规避规则在其产生前 20 年里对公众使用作品的影响有限,因为当时的技术措施主要为 CD 光盘、音乐文件等作品载体中的加密计算机代码,用以防

---

❶ LEVENDOWSKI A. How Copyright Law Can Fix Artificial Intelligence's Implicit Bias Problem [J]. Washington Law Review, 2018, 93 (2): 606-616.

❷ LEVENDOWSKI A. How Copyright Law Can Fix Artificial Intelligence's Implicit Bias Problem [J]. Washington Law Review, 2018, 93 (2): 599-601.

❸ Copyright Law of the United States [EB/OL]. [2021-12-22]: Section 1201 (a) (1), 1201 (a) (2), 1201 (b). https://www.copyright.gov/title17/title17.pdf. 《信息网络传播权保护条例》第 4 条。

## 第六章 智能算法技术下的权利限制与例外制度建构

止未经版权人许可对作品的复制和向公众传播。这意味着反规避规则起初仅适用于控制获取特定内容的技术,而非特定的传播渠道,绝大多数普通计算机用户获取和使用作品的处境被推定为与反规避规则颁布前相差无几。❶ 但这一推断在网络服务提供者采用内容过滤机制后瓦解,因为反规避规则最初的目的是防止用户开发解构控制访问单一内容的技术,如今却可被解释为禁止网络平台用户破坏用以监控流行内容分发渠道的技术措施。❷ 用户本可通过反向工程破解控制内容分发平台的技术措施,以了解算法合理使用在内容过滤机制中如何运作,推动算法合理使用的完善。反规避规则却可能阻止用户规避相关技术措施。司法实践中已出现内容过滤机制设计者成功地利用反规避规则阻止用户通过反向工程解密分析被屏蔽网站名单的情形。❸

除反规避规则之外,商业秘密保护同样阻碍自动合理使用决策中的算法代码被他人获取,因为算法可被企业作为自己的商业秘密予以保护,企业可阻止他人非法获取自己研发设计的算法。在 Viacom 诉 YouTube 案中,美国纽约南区联邦地区法院拒绝强迫 YouTube 向 Viacom 提供控制 YouTube.com 搜索功能和谷歌互联网搜索工具 Google.com 的计算机源代码。法院认为 YouTube 和谷歌的源代码是一千多人多年工作的成果,作为商业秘密具有巨大的价值;获取源代码的人很容易理解它的基本设计原理,并通过与他人共享这些原理给 YouTube 和谷歌带来灾难性的竞争损害,因为他人可以在不进行同样投资的情况下创建自己的计算机程序。❹ 尽管据 Viacom 所言,获取和检查源代码是查明 YouTube 搜索算法是否提高了被控侵权内容相对于非侵权内容等级或可见性的唯一途径,法院仍驳回了 Viacom 要求 YouTube 提供源代码并因此失去商业秘密的动议。❺

将合理使用规则设置为智能算法与 YouTube 算法执行下的搜索功能一样,都是由计算机编程员设计的代码,属于设计者的商业秘密,具有经济价值,披露算法代码会给算法合理使用的设计者带来竞争损害。商业秘密对算法的保护会加重算法运行的不透明和偏见,给设计可靠的算法合理使用增加阻碍。

---

❶ WAGNER R P. Reconsidering the DMCA [J]. Houston Law Review, 2005, 42 (4): 1125.

❷ PEREL M, ELKIN-KOREN N. Accountability in Algorithmic Copyright Enforcement [J]. Stanford Technology Law Review, 2016, 19 (3): 521.

❸ In Legal First, ACLU Sues over New Copyright Laws: Says Blocking Program Lists Should Be Revealed [EB/OL]. (2002-07-25) [2021-12-29]. https://www.aclu.org/press-releases/legal-first-aclu-sues-over-new-copyright-law-says-blocking-program-lists-should-be.

❹ Viacom International, Inc. v. YouTube, Inc., 253 F.R.D. 256 (S.D.N.Y. 2008).

❺ Viacom International, Inc. v. YouTube, Inc., 253 F.R.D. 256 (S.D.N.Y. 2008).

只要算法是潜在的商业秘密，调查不当的算法设计便永远不可能有结论。❶

### 三、推进算法合理使用的建议

#### （一）视技术发展逐步推进算法合理使用

推进算法合理使用具有挑战性并不意味着其不可行。虽然目前算法的确定性不可能应对所有合理使用情形，但可尝试在更有限的范围内部署算法。❷早在《数字千年版权法案》出台反规避技术措施规则之时，就有学者探讨过可考虑将合理使用规则编程为代码植入数字权利管理系统里，以保证合理使用制度在技术保护版权内容的情形下仍能继续发挥作用。美国法学学者 Peter Yu 提出，合理使用的范围和界限是不确定的，目前技术状态下的计算机代码可能无法捕获版权体系下的所有例外和限制，但这并不意味着不应将合理使用纳入数字权利管理系统中。❸

虽然要实现美国律师 Fred von Lohmann 所提及的"芯片上的法官"（a judge on a chip）仍遥不可及，但当前的机器学习技术通过创建识别数据模型的例程，并允许例程根据已找到模型中的值进行操作，而不是试图预先指定值，来避开设置算法合理使用所遇到的困难，这增加了算法合理使用参数不必显性定义和编码的可能性。❹美国法学学者 Barton Beebe 对联邦法院有关合理使用判决的实证分析表明，合理使用遵循着特定的司法决策模式。❺机器学习系统可以在过往案例数据中检测到相关模式，并将它们与未来合理使用事件和场景数据中的类似模型相匹配，而无须对合理使用因素进行正式的编程定义。❻因此，算法合理使用所追求的不是精准度，而是高概率，❼即算法合理使用得出的只是落入合理使用范畴的可能性，而非精准判定，除非需要算法判定的使用与过往判决中的使用完全或几乎相同。

---

❶ PEREL M, ELKIN-KOREN N. Accountability in Algorithmic Copyright Enforcement [J]. Stanford Technology Law Review, 2016, 19 (3): 523.

❷ YU P K. Can Algorithms Promote Fair Use? [J]. FIU Law Review, 2020, 14 (2): 339.

❸ YU P K. Anticircumvention and Anti-anticircumvention [J]. Denver University Law Review, 2006, 84 (1): 63.

❹ BURK D L. Algorithmic Fair Use [J]. University of Chicago Law Review, 2019, 86 (2): 292-293.

❺ BEEBE B. An Empirical Study of U. S. Copyright Fair Use Opinions, 1978-2005 [J]. University of Pennsylvania Law Review, 2008, 156 (3): 594-621.

❻ BURK D L. Algorithmic Fair Use [J]. University of Chicago Law Review, 2019, 86 (2): 293.

❼ YU P K. Can Algorithms Promote Fair Use? [J]. FIU Law Review, 2020, 14 (2): 353.

尽管算法合理使用存在精准度的问题，但其能大概率地确定法律是否允许此类使用，并且随着算法合理使用能更好地利用大数据分析和机器学习能力，算法合理使用将会日趋准确。❶ 以合理使用判定的四要素为例，就第一要素"使用的目的和性质"而言，算法可以根据域名（例如代表政府机构的.gov，代表教育机构的.edu）或通过检查域名注册数据库中的信息检测使用者的性质，或者检测上传者所标记的使用类型是为教育目的、商业目的抑或是个人使用来进行判定。❷ 就第三要素"使用的质与量"而言，目前内容过滤机制就已经能识别使用占原作品量的比例；现实中 Kindle 电子书用户所标注的重点页面或句子为判定哪些内容属于作品的核心提供了数据，虽然 Kindle 用户标注的重点未必是作品核心，但却能一定程度上为确定体现作品质的核心内容提供依据。❸ 就第四要素"使用对作品潜在市场或价值的影响"而言，则可将为商业目的的使用作为替代参数进行考量，并可以经济学分析中需求的交叉价格弹性创建模型确定使用原作品创作的新作品是否会构成对原作品的市场替代。算法合理使用提供的应是最低限度的合理使用，而非最高限度的合理使用。❹

（二）以人工审查为算法合理使用提供保障

智能算法的确定性和非精准决策无法涵盖所有可能落入合理使用范畴的情形，也无法对较为复杂的情形做出准确判断。因此算法合理使用应涉及两层审查，首先进行算法筛查，在算法标记为不确定的情形下，进行人工审查。❺ 人工审查是算法判定合理使用的第二道防线，只有在算法无法给出高概率指向的复杂情形下，才需进行人工审查，如果每一次算法合理使用决策都需人工审查，将使算法合理使用沦为虚设。

算法合理使用辅之以人工审查更能提高其可信度。这一论断在 2015 年美国联邦第九巡回上诉法院判决的 Lenz 诉环球音乐公司一案中已有涉及。该案中，Lenz 在 YouTube 视频平台发布了一段 29 秒的视频，内容是她的孩子随着歌手 Prince 的歌曲《让我们疯狂吧》翩翩起舞，该视频的背景音频中，可以听到远处播放的音乐声。享有该歌曲版权的环球音乐公司监测到 Lenz 未经授

---

❶ YU P K. Can Algorithms Promote Fair Use? [J]. FIU Law Review, 2020, 14 (2): 353.
❷ ELKIN-KOREN N. Fair Use by Design [J]. UCLA Law Review, 2017, 64 (5): 1095-1096.
❸ YU P K. Can Algorithms Promote Fair Use? [J]. FIU Law Review, 2020, 14 (2): 344-345.
❹ BURK D L, COHEN J E. Fair Use Infrastructure for Rights Management Systems [J]. Harvard Journal of Law and Technology, 2001, 15 (1): 57.
❺ ELKIN-KOREN N. Fair Use by Design [J]. UCLA Law Review, 2017, 64 (5): 1098.

权使用歌曲，遂根据通知删除规则向 YouTube 发起通知，要求删除视频，并导致 Lenz 对删除视频要求的正当性提起反诉。❶

该案的一个主要法律问题是，环球音乐公司在提起删除视频的要求前是否善意相信视频侵权，善意相信侵权应当对合理使用或其他版权例外情形进行考虑。法院认可在要求删除在线内容之前必须考虑合理使用，但想到内容过滤机制通过算法自动监测并发出侵权移除通知的情形，法院提及，"在没有通过人工判断的情形下，计算机算法的实施似乎是处理海量内容的一个有效且善意的中间基础，同时满足了以某种方式考虑合理使用的要求"。❷ 这实际指出了算法可用以设计自动合理使用决策。然而，法院在 2016 年发表的意见中撤回了这段特别的表述，环球音乐公司最终采用人工审查完成对在线视频是否属于合理使用的判断。

对算法合理使用决策进行人工审查的机构最好是除版权人和网络服务提供者以外的中立裁判机构，可以是法院或其他裁判机构，因为版权人和网络服务提供者在审查用户上传内容是否属于合理使用时可能更多考虑自身利益而将其认定为侵权，无法做到中立审查。此外，在人工审查机制发展日趋完善的状态下，需考虑对算法合理使用进行持续审计，以确保系统中立，其运行结果符合版权法的要求。❸ 诚如倡导全球在线公民自由和人权的非政府机构民主与技术中心（Center for Democracy and Technology）所提及的，审计是一种在不损害商业模式背后知识产权的情况下提供解释和纠正的方法，设计易于审计的算法系统增加了算法可靠性，并提供了跨行业最佳实践标准化的框架，审计对于系统化且长期检测不公平结果是必要的。❹

（三）在知识产权制度安排中增加推进算法合理使用的例外规定

为提升机器学习能力、增强合理使用识别的精准度、克服算法偏见和算法黑箱造成的错误判断，应在知识产权制度安排中加入有利于推进算法合理使用的例外规定。

首先，应在反规避技术措施规则中增加例外规定，允许为了了解算法合理使用如何运行，通过反向工程破解获取和复制其算法的代码。从而鼓励相

---

❶ Lenz v. Universal Music Corp., 815 F3d 1145 (9th Cir. 2016).
❷ Lenz v. Universal Music Corp., 801 F3d 1126 (9th Cir. 2015): 1135.
❸ YU P K. Can Algorithms Promote Fair Use? [J]. FIU Law Review, 2020, 14 (2): 359.
❹ Center for Democracy and Technology. AI & Machine Learning [EB/OL]. [2021-12-29]. https://cdt.org/ai-machine-learning/.

关领域研究者或社会公众进行反向工程研究，披露算法合理使用的运作方式。《数字千年版权法案》反规避规则列举了具体的例外规定，包括反向工程，即允许合法获得计算机软件的使用者为了识别及分析计算机程序的组成以便达到与其他程序兼容的目的而规避技术措施；以及加密研究，即允许为了识别加密技术的缺陷和弱点而规避技术措施。❶ 为了了解合理使用决策的算法而破解技术措施实则为了识别算法的缺陷和弱点，更近似于加密研究的例外，而非为了达到兼容目的的反向工程。我国《信息网络传播权保护条例》第12条针对反规避规则仅规定了四项例外：为课堂教学或研究提供已发表作品、向盲人提供已发表文字作品、国家机关执行公务、对计算机系统及网络的安全性能进行测试。第三次修订后的《著作权法》第50条将这四项例外纳入法律层面，并增加了第五项例外"进行加密研究或者计算机软件反向工程研究"，将为识别算法缺陷和弱点的反向工程及加密研究规定为规避技术措施的例外，已能实现为了解合理使用决策算法而合法规避技术措施。

其次，应在商业秘密保护的制度安排中规定以下情形不属于侵犯商业秘密：为了了解合理使用决策算法，通过反向工程破解技术措施，但未给算法设计者带来商业性损害。我国在《反不正当竞争法》中规定有涉及商业秘密保护的条款，商业秘密侵权例外的规定最好也纳入《反不正当竞争法》中，增加通过反向工程识别算法运作、缺陷和弱点的例外。基于反向工程而披露的算法不应再作为商业秘密受到保护。当然，反向工程不应故意给算法设计者和拥有者造成商业损害，从事算法反向工程的研究者应避免对底层代码造成任何损害，将他们的反向工程限制在给定的代码上，而不试图篡改其操作。❷

最后，应在版权法中规定文本和数据挖掘例外。文本和数据挖掘是推动算法合理使用形成的另一重要方式。文本和数据挖掘的本质是从数据中提取隐含的、潜在的有用信息。机器学习为提取信息提供了技术基础，包括自动处理文本、数据、声音、图像或这些元素的组合等数字材料，以便发现新的知识或见解。❸ 文本和数据挖掘与机器学习紧密相关，通过数据挖

---

❶ Copyright Law of the United States [EB/OL]. [2021-12-22]: Section 1201 (g). https://www.copyright.gov/title17/title17.pdf.

❷ PEREL M, ELKIN-KOREN N. Accountability in Algorithmic Copyright Enforcement [J]. Stanford Technology Law Review, 2016, 19 (3): 526.

❸ TRIAILLE J, D'ARGENTEUIL J M, FRANCQUEN A. Study on the Legal Framework of Text and Data Mining (TDM) [EB/OL]. (2014-03) [2021-12-29]: 17. https://www.fosteropenscience.eu/sites/default/files/pdf/3476.pdf.

掘从一项算法任务中获取的信息能更好地作用于该任务，形成数据形式的新信息，因此文本和数据挖掘能更好地促进复杂算法的发展，更好地区分侵权使用与合理使用。❶

欧盟《数字单一市场版权指令》第 3 条和第 4 条已将文本和数据挖掘规定为强制例外，要求成员国应引入概括而宽泛的文本和数据挖掘例外规定，而无论受益机构的性质或行为的目的为何。❷ 这一例外规定为众多机构提供了更易于推进算法合理使用的机会。我国也应考虑在权利限制与例外中规定文本和数据挖掘例外，使更多更优质的数据能被无偿使用，创造推进算法合理使用形成的良好法律环境。

---

❶ TOTH A K. Algorithmic Copyright Enforcement and AI: Issues and Potential Solutions, Through the Lens of Text and Data Mining [J]. Masaryk University Journal of Law and Technology, 2019, 13 (2): 377-378.

❷ Directive (EU) 2019/790 of the European Parliament and of the Council on Copyright and Related Rights in the Digital Single Market and Amending Directive 96/9/EC and 2001/29/EC [EB/OL]. [2021-12-23]: Article 4. https://eur-lex.europa.eu/legal-content/EN/TXT/PDF/?uri=CELEX:32019L0790&from=EN.

# 第七章
# 权利限制与例外的特别规定
## ——反规避技术保护措施法律规则及规避技术措施的例外

## 第一节 数字作品交易保护困境

### 一、数字作品交易带来的新变化

数字技术的发展给传统作品交易产业带来了新的机遇和挑战。一方面，数字技术的出现加快了作品被复制和传播的速度，为作品交易产业的效率提高和业务扩张创造了条件；另一方面，复制作品的时间和成本大幅下降使得侵权、盗版更加容易，数字技术的发展也为版权侵权的滋生泛滥提供了土壤。

在非数字环境下，交易产业对作品发行的流程是在获得版权人授权的基础上，将作品复制到有形载体上，并进行发行和销售，交易产业所行使的是版权人一揽子权利中的复制权和发行权，消费者所购买的是作品的有形载体，这些有形载体成为传统作品交易产业的终端，发挥着传播文化的作用。而在数字环境下，作品交易产业不再通过有形载体传播作品，而是将作品制作成数字化格式，通过计算机、数字阅读器等电子设备终端向消费者传输作品。消费者阅读、观看作品所使用的电子设备终端不是专门承载作品的有形载体，而是一种学习、娱乐的技术工具，作品不再通过有形形式传播，而是以电子格式这种无形化的方式被消费者获取。在数字环境下，交易产业将作品制作成数字化格式是对作品进行了复制，而通过互联网将作品的数字化格式传送至消费者的电子设备终端，则行使了版权人授予的信息网络传播权。因此，不同于传统交易产业的"复制+发行"模式，数字环境下的交易产业传播作品的模式为"复制+信息网络传播"。

在传统"复制+发行"模式下的作品销售中，消费者最终获得了作品有形载体的所有权，享有占有、收益、处分该有形载体的权利，销售方和消费者之间一方出售作品有形载体，另一方支付对价购买该有形载体的行为构成了买售行为。而在数字出版"复制+信息网络传播"的新模式下，消费者虽然支付了对价，却并不享有作品数字化格式的所有权，因为作品的数字化格式与作品本身很难区分，如果消费者通过支付对价享有的是作品数字化格式的所有权，那么当第一位消费者下载该作品的数字化格式后，其他消费者就无权下载该作品，除非第一位作者转售该数字作品。这明显不符合出版业传播、销售作品的本意。因此，在数字作品交易模式下，消费者通过支付对价得到的只是能够阅读、观看数字作品的许可，消费者不享有数字作品的所有权，也无权对数字作品进行转售，在销售方的许可下，不同的消费者可依据被许可的权限下载同一数字作品。

## 二、权利穷竭原则在数字环境下的失灵

权利穷竭原则作为版权法中一项重要的理论保证了作品二手市场的存在和发展，使得作品能够在最大商业程度上被推广和再销售。权利穷竭原则是对版权人权利的限制，允许购买合法作品原件或复制件的消费者能够自由地向他人转售、出租或赠与其购得的作品原件或复制件。但在数字作品交易模式下，消费者不能将他从亚马逊购得的电子图书或是从苹果商店购得的音乐或电影随意转售给他人，因为消费者并没有取得该图书、音乐或电影电子文件的所有权，而只是取得许可，能够在许可条件范围内阅读图书、聆听音乐和观看电影。

这时，权利穷竭原则处于失效的状态，因为首先，权利穷竭原则针对的版权人权利为发行权，旨在限制版权人对已发行作品有形载体的再度发行进行控制，而数字作品交易模式并不涉及发行权，因此权利穷竭原则无法适用于不涉及发行权的数字作品交易领域；其次，权利穷竭原则又称为首次销售原则，所针对的行为是对已合法销售作品的再次销售，而数字作品交易模式中并不存在法律意义上的销售，因为消费者虽然支付了对价，但并未取得所购产品的所有权，而只是产品使用权，因此权利穷竭原则无法适用于不存在销售行为的数字作品交易领域。

权利穷竭原则对作品的传播有着积极意义，一定程度上促进了消费者对于作品的获取，减少了盗版和侵权。对于作品的获取主要取决于两方面：消费者价格承受能力和作品的可获取度。[1] 如果没有权利穷竭原则，将不存在作

---

[1] PERZANOWSKI A, SCHULTZ J. Digital Exhaustion [J]. UCLA Law Review, 2011, 58 (4): 889-946.

第七章　权利限制与例外的特别规定——反规避技术保护措施法律规则及规避技术措施的例外

品的二手市场，也就不存在通过市场手段使作品价格下降的压力，因为只有在二手市场中，消费者才有可能以较低的价格获得同一内容的作品。

此外，作品二手市场的存在除了使消费者能够以较低价格获取合法作品之外，还能使作品的首次购买者通过再次销售作品弥补采购成本。正如亚马逊公司的创始人和首席执行官 Jeff Bezos 所说，当某人购买一本书时，他同时购买了能够转售、出租以及赠与这本书的权利，二手图书的经营使得消费者可以不必花费全价去尝试一位新作者创作的作品，因为消费者在阅读完整本书后可以将书转售给他人而收回一部分购书成本。❶ 因此，作品的二手市场能让消费者既从转售二手书中得利，又从购买二手书中获取更多作品。

而当数字技术的发展迫使作品的二手市场逐渐萎缩时，消费者只能购买原价作品，而无法获取使用后的打折作品，或出售使用后的二手作品，这使得一部分经济能力有限的消费者铤而走险，去获取低价格甚至零价格的盗版作品，导致盗版市场的泛滥。为控制数字作品交易中盗版作品的泛滥，作品交易产业开始大量运用技术保护措施和权利管理信息去监控消费者对数字作品的使用，新的营销模式随之诞生。

### 三、数字作品交易引发的新模式

为了防止数字作品被盗版，作品交易产业开始依赖技术保护措施和合同条款去规制未经其许可对作品的转让和使用。全球主要的图书出版商依靠技术保护措施和电子权利管理系统去限制消费者将电子图书转让给他人；音乐产业在 iTunes 上销售在线歌曲时，也同样利用技术保护措施和电子权利管理系统去防止音乐被盗版。在采用技术保护措施和电子权利管理系统的基础上，数字作品交易产业还在许可消费者使用数字作品时附加了格式化的使用条件，要求消费者严格地按照合同条款对作品进行使用，不符合条款规定的使用将构成违约。

由此可见，数字作品交易引发了新的版权交易模式。在传统作品交易环境下，版权交易的基本规则都是由法律确定的，版权人享有哪些可以用来交易的权利，如何授权出版商进行作品发行都是由版权法直接规定的。而在数字作品交易环境下，版权交易存在着两层交易规则：第一层规则是由版权法规定的版权人享有的权利和销售者可以依据授权行使的权利；第二层规则是

---

❶　KANE M. Amazon Defends Used-Book Sales ［EB/OL］. （2002-04-21）［2021-12-29］. https://www.cnet.com/news/amazon-defends-used-book-sales/.

数字作品销售者自己制定的规则，要求消费者必须按条款规定使用数字作品，消费者对作品的使用既受到销售者规则的限制，又受到数字作品中嵌入的技术保护措施的限制。数字作品交易领域的版权交易结构为一种二元叠加模式，技术和合同开始充当着"第二立法者"的角色。

## 第二节 技术保护措施与反规避技术保护措施法律规则

### 一、技术保护措施的产生和失灵

（一）技术保护措施的产生

技术保护措施是版权人采用的防止他人未经其允许访问和使用作品的技术措施。它是权利人为防止侵权所采用的一种自救措施，从技术层面对自己的作品进行保护。常见的技术保护措施包括：密码保护、加密技术、区域编码、秘密握手方法、水印和模拟拷贝保护。

密码保护是最常见的一种技术保护措施，可以控制对不同类型作品的访问，通过密码控制对作品的访问取决于作品被存储于何种介质之内。如果作品被存储于硬盘中，当处理器想要读取数字作品时，会弹出密码提示，购买作品的消费者一定要输入密码才能阅读作品。密码保护只能控制对作品的访问，而无法控制对作品的复制。消费者可以复制受密码保护的作品，只不过当其试图打开复制件时，同样会弹出密码提示，要求输入正确的密码才能获取作品内容。如果作品被存储于一个通过互联网连接的远程位置，则在该远程位置被首次访问时会弹出密码提示，不输入正确密码便无法获取存储于该远程位置中的作品。在这种情况下，无正确密码既不可能访问作品，又不可能对作品进行复制。[1]

加密技术有很多种形式，但最常见的为适用于 DVD 上的加密技术，即内容扰乱系统。内容扰乱系统算法能够通过加密 DVD 阻止在许可范围之外的播放器读取 DVD 光盘中的内容，除非加密的 DVD 被解码。内容扰乱系统在每

---

[1] KLEIN D V. "Foiling the Cracker": A Survey of, and Improvement to, Password Security [EB/OL]. [2021-12-29]. http://www.klein.com/dvk/publications/passwd.pdf.

第七章　权利限制与例外的特别规定——反规避技术保护措施法律规则及规避技术措施的例外

一张 DVD 光盘中加入了独特的密钥，防止视频内容被无条件地读取。与这些独特密钥对应的播放器密钥会通过许可协议分配给 DVD 播放器制造商，制造商在同意许可协议条款的前提下才能获得播放器密钥，使得播放器密钥与 DVD 光盘密钥相匹配，从而能够读取 DVD 光盘中的内容。❶

区域编码同样适用于 DVD，区域编码能够阻止国外生产的 DVD 在本国播放器上播放。采用区域编码的主要为 DVD 播放器制造商，为了赚取价格差价中的利润，DVD 播放器制造商倾向于在 DVD 光盘中加入区域编码标志以显示该 DVD 发行的区域，DVD 播放器在读取光盘时会检查 DVD 是否来自授权区域，如果不是，则拒绝读取 DVD 光盘。❷

秘密握手方法是通过在服务器中加入挑战响应序列来认证购买数字作品的用户。当用户想要读取作品时，会首先发起认证程序，让服务器能够认证用户身份。服务器接到指令后会向用户发出包含有随机数字的挑战响应信息，用户需要将这个随机数字放入预设定的散列函数中获取结果，并将该结果返回服务器。服务器会比较用户的响应结果与自己的散列计算结果，如果两结果值互相匹配，则用户身份认证成功，用户能够获取和复制作品；如果两结果值无法匹配，或者用户无法完成秘密握手方法，则用户不能获取和复制作品。❸

水印和模拟拷贝保护是在视听作品的制作过程中加入标签，阻止或追踪盗版制品，这两种技术本身并不能控制未经授权的消费者对作品的访问和复制。水印技术是在作品中加入难以监测的信号，每部作品都有独特的水印信号，因此当发现侵权制品时，能够通过水印追溯到该作品的合法源头，并识别出侵权人。❹ 模拟拷贝保护是在数字媒介的输出流加入信号，使用户无法清楚地观看作品的复制件。模拟拷贝保护并不能阻止用户对作品的复制，只是

---

❶ CAMP L J. DRM：Doesn't Really Mean Digital Copyright Management [EB/OL]. [2021-12-29]. http://home.eng.iastate.edu/~daji/seminar/papers/C02.ACMCCS.pdf.

❷ SUN Q. The DMCA Anti-Circumvention Provisions and the Region Coding System：Are Multi-Zone DVD Players Illegal After the Chamberlain and Lexmark Cases？[J]. Journal of Law, Technology and Policy, 2005 (2)：317-338.

❸ IWAHASHI R. How to Circumvent Technological Protection Measures Without Violating the DMCA：An Examination of Technological Protection Measures Under Current Legal Standards [J]. Berkeley Technology Law Journal, 2011, 26 (1)：491-526.

❹ MAES M et al. Digital Watermarking DVD Video Copy Protection：What Issues Play a Role in Designing an Effective System？[EB/OL]. (2000-09) [2021-12-29]. https://citeseerx.ist.psu.edu/viewdoc/download;jsessionid=442303A38B7CFB1702BE978A09B306C7?doi=10.1.1.29.1705&rep=rep1&type=pdf.

在作品输出流加入额外一层的数据使得作品复制件不可用。❶

（二）技术保护措施的失灵

以上的数字保护措施并不是完美的，黑客技术的发展使得任一技术保护措施都能被规避。例如，在运用密码保护的情况下，黑客可以通过破解密码、破解应用程序使其不能弹出密码提示或是盗用用户的密码，来实现对作品的获取和复制；在运用内容扰乱系统的情况下，黑客可以通过查找和发现解密的密钥来实现对加密技术的规避，目前市场中已存在通过盗用播放器密钥来提取 DVD 密钥从而破解 DVD 加密的技术；在运用区域编码的情况下，用户可以简单地通过购买多区域 DVD 播放器或是修改播放器从而跳过区域编码检查来规避区域编码；在运用秘密握手方法的情况下，黑客可以通过"中间人攻击"来对技术保护措施进行规避，即在攻击者与通信的两端分别创建独立的联系，并交换其所收到的数据，使通信的两端认为他们正在通过一个私密的连接与对方直接对话，但事实上整个会话都被攻击者完全控制。在中间人攻击中，攻击者可以拦截通信双方的通话并插入新的内容。在运用水印技术和模拟拷贝保护的情况下，黑客可以通过技术去除水印和模拟拷贝保护的额外数据，使得侵权人的身份无法被识别，或是让其能够清楚地观看作品的复制件。

正如微软公司四位工程师在"微软地下网络文件"❷中提到的，首先，技术保护措施始终会被攻破，从来没有过完美的电子锁，也从来没有过为娱乐产品所设计的不被破解的技术保护措施和电子权利管理系统，很多技术保护措施还未被广泛应用就已经被破解。其次，人们习惯于复制作品，而且持续地享有复制作品的工具和能力。一旦技术保护措施和电子权利管理系统被破解，人们便能快速简洁地对作品进行复制。最后，人们习惯于分享和传播作品的复制件，在数字网络环境下，人们可以通过高速的宽带链接分享作品的复制件。

这四位工程师预想的情况已被现实证明。数字技术的发展使版权人能够

---

❶ MAES M et al. Digital Watermarking DVD Video Copy Protection：What Issues Play a Role in Designing an Effective System？［EB/OL］.（2000-09）［2021-12-29］. https：//citeseerx.ist.psu.edu/viewdoc/download；jsessionid=442303A38B7CFB1702BE978A09B306C7？doi=10.1.1.29.1705&rep=rep1&type=pdf.

❷ BIDDLE P，ENGLAND P，PEINADO M，WILLIAM B. The Darknet and the Future of Content Distribution［EB/OL］.（2003-10-31）［2021-12-29］. https：//crypto.stanford.edu/DRM2002/darknet5.doc.

第七章　权利限制与例外的特别规定——反规避技术保护措施法律规则及规避技术措施的例外

采用自救措施来防止未经其许可对作品的访问和使用，但同样能使用户破解技术保护措施，自由地获取和使用作品。一旦技术保护措施被破解，作品便能被广泛地复制和传播。那些认为技术保护措施可以使诚实的人们继续诚实，大多数人不会费力去获取规避工具和技术的想法已经过时，在数字技术和互联网快速发展的环境下，任何措施都面临被规避和破解的危险。技术保护措施已在数字网络环境下失灵。

### 二、反规避技术保护措施法律规则的形成

考虑到技术保护措施在数字网络环境下失灵的危险，版权人开始游说政府制定新法律去阻止规避技术措施。反规避规则应运而生，满足了数字网络时代权利人强化其版权保护的诉求。在反规避规则下，版权法从法律层面上为保护权利人利益提供了第一层保护机制；技术保护措施从技术层面上为权利人提供了第二层保护机制；反规避规则为权利人提供了保护其技术措施的第三层保护机制。

美国在推动反规避规则的形成和国际化过程中起了重要的作用。早在1995年，克林顿政府出台的"知识产权与国家信息基础设施白皮书"就承认了对权利人所采用的防止其作品被侵权的技术措施的保护。同样，这份白皮书支持出台新法律以禁止生产或销售主要用于规避技术措施的装置。同时，美国政府从1996年开始积极促成反规避规则成为国际版权条约中的一部分。最终《世界知识产权组织版权条约》将反规避规则纳入其中，要求成员国为技术措施提供合适的法律保护及有效的法律补救方法。该国际条约的达成又反过来促使美国修改立法，催化了1998年美国《数字千年版权法案》的出台。

此后，美国通过双边及多边自由贸易协定将其立法模式传播到境外，敦促其他国家也采用类似于美国的反规避规则。与美国签订双边协定的中南美洲及其他地区国家采用了美国立法模式的反规避规则，包括澳大利亚、智利、哥斯达黎加等。而还有一些国家，则通过法律移植吸收了美国立法模式的反规避规则，例如我国。

### 三、反规避技术保护措施法律规则的内容

（一）《世界知识产权组织互联网条约》中的反规避规则

《世界知识产权组织互联网条约》是解决保护技术措施问题的最主要国际

219

条约。《世界知识产权组织版权条约》第 11 条规定，"缔约方应规定适当的法律保护和有效的法律补救方法，制止规避由作者为行使本条约或《伯尔尼公约》所规定的权益而使用的、对就其作品进行未经该有关作者许可或未由法律准许的行为加以约束的有效技术措施"。《世界知识产权组织表演和录音制品条约》第 18 条也有类似的规定，要求缔约方应规定适当的法律保护和有效的法律补救方法，保护表演者及录音制作者在其表演及录音制品中所采用的技术措施。

以《世界知识产权组织版权条约》第 11 条为例分析国际反规避规则的主要特点包括以下几点：第一，作者所采用的技术措施必须是有效的。如果技术措施不能控制获取或使用作品，则被视为无效。技术措施的有效性可由未授权方实施规避的能力、权利人采用技术措施的意图、技术措施的具体情况以及技术措施的实际效果等因素决定。例如，如果一般作品使用者运用普通技术而无需任何特别技术工具就能规避技术措施，则该技术措施不被视为有效。第二，有效的技术措施应用于保护作者为行使《世界知识产权组织版权条约》或《伯尔尼公约》所规定的权益。第三，该条文制止的规避行为是对作者作品进行未经该有关作者许可或未由法律准许的行为。因此，如果作品使用者经作者授权而对技术措施进行规避，或者规避技术措施是为合理使用作品，则该规避行为应被允许。第四，该条文规定缔约方应提供适当的法律保护和有效的法律补救方法来制止对技术措施的规避。

但需注意的是，首先，《世界知识产权组织版权条约》并没有强制成员国将反规避规则引入国内版权保护法律中，成员国可以采用其他法律，例如特别法或竞争法来为技术措施提供保护；其次，《世界知识产权组织版权条约》没有强制成员国通过立法规定在产品中安装技术措施，是否规定在产品中安装技术措施可以由成员国自由决定。

(二) 美国《数字千年版权法案》中的反规避规则

美国《数字千年版权法案》第 1201 条款为保护技术措施的反规避条款。第 1201 条款将技术措施分为两类：控制未经许可获取作品的技术措施；控制未经许可复制作品的技术措施。

反规避规则可以归纳为以下三条：第一，第 1201（a）（1）条款禁止规避控制获取作品的技术措施；第二，第 1201（a）（2）条款禁止生产或销售主要用于规避控制获取作品的技术措施的技术、服务或装置；第三，第 1201

第七章　权利限制与例外的特别规定——反规避技术保护措施法律规则及规避技术措施的例外

（b）条款禁止生产或销售主要用于规避控制复制作品的技术措施的技术、服务或装置。因此，第1201（a）（2）和1201（b）条款又被称为"防装置条款"。

被禁止生产或销售的装置为以下三种中的一种：主要设计目的是为规避有效控制获取和复制作品的技术措施；除规避外只有其他有限的商业利用价值；或者是生产者或销售者知道该装置主要用于规避技术措施还对其进行市场推销。防装置条款的制定主要是为了控制不断泛滥的规避行为及版权侵权，因为监控每一名作品使用者的规避行为费时费力，而打击生产或销售用于规避技术措施的装置是一种实际而有效的保护技术措施的方式。

## 第三节　反规避技术保护措施法律规则的合理性及不利之处

### 一、反规避技术保护措施法律规则的合理性

反规避规则的制定有其合理的一面。由于美国《数字千年版权法案》中的反规避规则模式影响了众多国家包括我国，以美国反规避规则模式为例来说明该规则制定的合理性具有代表性。

（一）控制获取作品规则的合理性

反规避规则禁止未经权利人许可为了获取作品而规避技术保护措施。该条款规定一度被理解为为版权人创设了一种新的权利——访问权，即在反规避规则下，版权人有禁止他人未经其许可访问作品的权利。这种权利不属于传统版权权利的范畴，极大地限制了消费者的利益。例如，在传统版权领域，消费者可以不经版权人同意，随意地在书店翻阅、选购自己需要购买的图书，消费者并没有受到版权人"访问权"的限制，而在数字出版环境下，由于控制获取作品技术措施的存在，消费者不能随意浏览自己想要下载的作品，以确定是否对作品进行付费下载。

而且控制未经权利人许可访问作品并不总与阻止版权侵权直接挂钩，在某些情况下，消费者规避了技术保护措施已达到访问作品的目的，仅仅是为了个人阅读或观看作品，并未对作品进行复制、传播或公开展示，个人阅读或观看作品并不属于版权侵权的范畴。而在数字作品交易环境下，仅仅是为

了进行原本不属于版权侵权的活动，规避技术保护措施则会被认定为违法。

立法者之所以创设法律保护控制获取作品的技术措施，其根本目的源于控制获取作品的技术措施所保护的版权人利益的正当性。只有维护权利人在版权法中合法权益的技术措施才能予以保护。例如，电影作品版权人不能针对那些购买盗版电影并观看盗版电影的消费者提起版权侵权之诉，但却可以采取其他不为法律禁止的自救方式来降低消费者购买和观看盗版电影的概率，从消费者购买正版电影中获得收益，这种收益正是版权法认可的权利人的正当利益。❶ 虽然访问权不是固有的版权权利，版权人不能对未经其许可访问作品的消费者提起侵权之诉，但这并不意味着版权人只能消极地让消费者自由地访问作品，而不能采取任何法律不禁止的措施，版权人完全可以采取版权法定权利之外的其他措施限制消费者对于作品的访问，让支付合理对价的消费者访问作品，而排斥对于作品的免费获取。这样能保证权利人从作品利用中获取收益，这是版权人应当享有的正当利益。

实际中有相当大一部分控制获取作品的技术措施都不是直接用于阻止版权侵权，而是为了限制消费者阅读和使用作品从而为权利人收取作品观看费。例如，Kindle商店在数字图书中设置了技术保护措施，防止消费者未付费就下载整部图书，未付费之前，消费者只能浏览整部书有限的几页，而付费后，消费者才能获取整部图书。Kindle所采用的技术保护措施并不主要为了防止消费者通过网络复制和传播作品，而是阻止未付费用户阅读整部作品。这样的技术保护措施虽然能在一定程度上减弱盗版，但并不直接与禁止版权侵权行为挂钩。

正是由于向用户收取阅读或观看作品的费用是版权法中权利人合法及合理的权益，因此，对技术措施的保护应该集中在权利人在版权法中合法权益的保护上，而不应仅限于制止版权侵权。

（二）禁止提供规避手段规则的合理性

反规避规则禁止生产或销售主要用于规避控制复制作品的技术措施的技术、服务或装置，即禁止提供规避手段。这些手段主要设计目的是为规避有效控制获取和复制作品的技术措施；除规避外只有其他有限的商业利用价值；生产者或销售者知道该装置主要用于规避技术措施还对其进行市场推销，即三类情形的判定标准为"设计目的标准""商业价值标准"以及"推销目的

---

❶ 王迁. 版权法保护技术措施的正当性［J］. 法学研究，2011，33（4）：86-103.

标准"。[1] 这三类标准仅在于过问技术手段的设计目的、商业价值或推销目的，并不在意使用这些技术手段的人是否进行了侵犯版权的行为，即使使用这些技术手段的人是为了诸如进行课堂教学、科学研究等合理使用的目的而规避技术措施，从而获取和复制作品，只要这些技术手段的设计目的、商业价值或推销目的属于反规避规则所禁止的情形，则生产或销售这些技术手段便属于违法行为，为法律所不允。

由此可见，禁止提供规避手段这一规则与规避行为本身是否违法并无直接关联，而是法律单独将提供规避手段规定为一种独立于版权侵权的违法行为。这种立法规定主要是因为确定规避行为本身是否违法存在着复杂性和难以预见性，需要根据具体情况具体分析，有的规避技术措施是为了合理使用作品，例如为个人学习、研究而使用作品；有的规避技术措施是为了免费获取作品，但并不进一步实施复制、传播等侵权行为；有的规避技术措施是为了实施侵权行为。如果每一次判定提供规避手段都要以判定规避行为本身是否侵权为前提，则会增加判定成本，而且要追踪每一位规避手段使用者的最终规避目的也不现实。

与其耗时耗力地去判定每一位使用者的最终规避目的，立法者更倾向于通过遏制提供规避手段，从源头上减少规避行为，因为并不是每一位消费者都有能力去自行规避技术措施，提供规避手段为普通消费者创造了更多规避技术措施的机会。因此，禁止提供主要为规避技术措施而设计、销售且只有有限的其他商业利用价值的装置是合理的。

（三）反规避规则中的版权例外规定

美国《数字千年版权法案》中的反规避规则还为合理使用作品预留了空间，进行了相应的制度设计。

第一，反规避条款只禁止规避控制获取作品的技术措施，不禁止规避控制复制作品的技术措施。因为在多数情况下，未经权利人许可而规避控制复制作品的技术措施，进而复制作品，会构成侵权。更重要的是，立法者希望给合理使用留下空间，因为在合理使用范围内，作品使用者可以不经权利人许可而复制作品。

第二，反规避规则中有一原则性条款，规定"本条款中的任何部分都不

---

[1] 王迁. 论提供规避技术措施手段的法律性质［J］. 法学，2014（10）：31-45.

影响制衡版权侵权的权利、法律补救方法、限制及抗辩,包括合理使用"。❶

第三,反规避条款列举了具体的限制和例外,包括对非营利性图书馆、档案馆和教育机构的免责,即允许非营利性图书馆、档案馆和教育机构为获取作品而规避技术措施;执法、监督和其他政府行为,即允许政府为执法、监督及其他政府目的而规避技术措施;反向工程,即允许合法获得计算机软件的使用者为了识别及分析计算机程序的组成以便达到与其他程序兼容的目的而规避技术措施;加密研究,即允许为了识别加密技术的缺陷和弱点而规避技术措施;保护未成年人利益,即允许为了研究防止未成年人接触互联网上的某些资料的技术措施,而规避该类技术措施;保护个人隐私,即允许规避技术措施,如果该技术措施保护的作品能够收集和传播某个自然人在网络上的个人身份信息;以及安全测试,即为了测试计算机、计算机系统或计算机网络的安全性而规避技术措施。❷

第四,美国国会建立了一个不断更新的行政性规则制定程序去评估禁止规避控制获取作品的技术措施所造成的影响。这个机制为规避控制获取作品的技术措施提供了例外,该例外取决于反规避规则影响或可能影响特定种类作品使用者合理使用该类作品的能力。美国国会图书馆从2000年起,每三年更新一次该程序下的例外种类,迄今已经有八次程序更新。❸

---

❶ Copyright Law of the United States [EB/OL]. [2021-12-22]: Section 1201 (c) (1). https://www.copyright.gov/title17/title17.pdf.

❷ Copyright Law of the United States [EB/OL]. [2021-12-22]: Section 1201 (d)-(j). https://www.copyright.gov/title17/title17.pdf.

❸ U. S. Copyright Office. Rulemaking Proceedings Under Section 1201 of Title 17 [EB/OL]. [2022-01-04]. https://www.copyright.gov/1201/.

2000年例外包括:(1)网页目录的汇编,如果这些网页被过滤软件阻挡无法访问;(2)被控制获取作品的技术措施所保护的文字作品(包括计算机程序和数据库),如果因为故障、损坏或过时而无法访问。

2003年例外包括:(1)网页目录的汇编,如果这些网页被商业过滤软件阻挡无法访问,该些商业过滤软件专门用于阻止访问域名、网页或网页的一部分;(2)被控制获取作品的加密技术所保护的计算机程序,如果因为故障、损坏或过时而无法访问;(3)计算机程序和视频游戏在过时的格式中传播,需要通过原本的媒体或硬件才能被访问;(4)通过电子书格式传播的文字作品,如果控制访问该类作品的技术措施阻止了该电子书的朗读功能和阻止了屏幕阅读器将文本转化为特殊格式。

2006年例外和2003年例外(2)~(4)相同;此外还包括:(1)大学电影或媒体学院的图书馆所拥有的视听作品,如果规避技术措施是为了完成教授课堂教学而对该视听作品的部分进行汇编;(2)规避保护计算机程序的技术措施是为了使无线网络手机合法地连接无线电话通信网络;(3)为测试、调查、纠正安全漏洞而规避保护录音制品的技术措施。

2009年例外包括:(1)大学电影或媒体学院的图书馆所拥有的视听作品,如果规避技术措施是为了完成教授课堂教学而对该视听作品的部分进行汇编;(2)在使无线电话能够执行软件应用程序的计

第七章 权利限制与例外的特别规定——反规避技术保护措施法律规则及规避技术措施的例外

## 二、反规避技术保护措施法律规则的不利之处

虽然反规避规则的设立有其合理的一面，但该规则中仍然存在着不利于消费者使用作品的一面。不利之处主要由两类条款引起，一是禁止规避控制获取作品的技术措施；二是禁止生产或销售主要用于规避技术措施的技术、设备或装置。此外，反规避规则还容易引发诸如不正当竞争、侵犯消费者隐私权及知情权等方面的问题。

### （一）反规避条款禁止规避控制获取作品的技术措施

尽管反规避条款并没有禁止规避控制复制作品的技术措施从而为合理

---

（接上注）

算机软件中为达到程序兼容性目的而规避技术措施；（3）规避保护计算机程序的技术措施是为了使无线网络手机连接无线电话通信网络，如果通信网络运营商允许该网络连接；（4）为测试、调查、纠正安全漏洞而规避保护视频游戏的技术措施；（5）被控制获取作品的加密技术所保护的计算机程序，如果因为故障、损坏或过时而无法访问；（6）通过电子书格式传播的文字作品，如果控制访问该类作品的技术措施阻止了该电子书的朗读功能和阻止了屏幕阅读器将文本转化为特殊格式。

2012年例外包括：（1）为使盲人或有阅读障碍的人阅读电子形式的文字作品；（2）为了软件应用中的兼容性而规避安装于无线手机中的计算机程序的技术措施；（3）规避保护计算机程序的技术措施是为了使无线网络手机合法地连接无线电话通信网络；（4）为在非营利性视频、纪录片、非营利性多功能电子书中批评或评论网络电影，或为课堂教学而规避技术措施；（5）为视力或听力有障碍的人能观看网络视听作品，而开发能显示字幕和描述音频的播放器。

2015年例外包括：（1）电影（包括电视节目和视频），在特定情况下规避技术措施仅是为了利用电影中的短小片段达到批评或评论的目的；（2）受技术措施保护的以电子方式发行的文字作品，这些技术措施可防止启动朗读功能，或干扰屏幕阅读器或其他应用程序或辅助技术。盲人或其他残疾人可规避合法获得版本的技术措施，被授权实体可规避合法获得非戏剧文字作品版本的技术措施；（3）使特定无线设备能连接到无线电信网络的计算机程序，仅为连接无线电信网络而进行规避且由该网络运营商授权进行连接；（4）使智能手机和便携式多用途移动计算设备能够执行合法获得的软件应用程序的计算机程序，规避的唯一目的是实现此类应用程序与智能手机或设备上的计算机程序的互操作性，或允许从智能手机或设备中删除软件；（5）使智能电视能够执行合法获得的软件应用程序的计算机程序，其中规避的唯一目的是实现此类应用程序与智能电视上的计算机程序的互操作性；（6）在机动陆上车辆（如个人汽车、商用汽车或农业机械化车辆）中控制其功能的计算机程序，但主要用于控制此类车辆远程通信或娱乐系统的计算机程序除外，当规避是授权车主为允许诊断、维修或合法修改车辆功能而采取必要步骤时，且此类规避行为不构成违法行为；（7）计算机程序，在合法获取的设备或机器上规避技术措施，计算机程序在该设备或机器上运行仅出于诚信安全研究的目的，且不违反任何适用法律；（8）作为完整游戏获取的以物理或下载格式包含的计算机程序形式的视频游戏，当版权人或其代表停止提供对外部计算机服务器的访问权限，以促进认证过程，从而实现本地游戏时，可出于特定目的规避技术措施；（9）操作3D打印机的计算机程序，该打印机采用依赖微芯片的技术措施限制原料的使用，仅为了使用替代原料而进行规避；（10）由全部或部分植入人体的医疗器械或其相应的个人监测系统生成的数据汇编而成的文字作品，患者进行规避的唯一目的是合法获取其自身设备或监测系统生成的数据，且不构成违法行为。

使用留下空间，但作品使用者如果不能首先获取作品，则根本无法对该作品进行合理使用。反规避条款中的原则性例外条款和具体例外都过于狭窄。首先，原则性例外条款的存在并不表明只要属于合理使用的范围，规避控制获取作品的技术措施就会被允许。否则，禁止规避控制获取作品的技术措施就变得毫无意义。其次，尽管具体例外允许在满足特定条件下规避控制获取作品的技术措施，但它们排除了许多具体例外之外的合理使用情形。再者，美国国会图书馆的规则制定程序也无法解决合理获取和使用作品的所有可能情形，因为，每一轮例外的有效期非常短，只能持续三年，在下一轮程序更新时，以往的例外种类会被修订；而且该程序中的例外列出的是作品的种类，而不是使用的种类，而后者与合理使用关系更紧密；另外，证明反规避规则所带来负面影响的举证责任由主张该例外的作品使用者承担，而不是由权利人或政府承担。该举证责任的分配可能会加剧权利人和作品使用者之间的不平衡。

---

（接上注）

2018年共14项例外，除与2015年例外类似的10项例外之外，增加的4项例外包括：（1）电影（包括电视节目和视频），其中电影是通过受内容扰乱系统保护的DVD、受高级访问内容系统保护的蓝光光盘或通过受技术措施保护的数字传输合法获取的，规避是由从事和/或负责向学生提供无障碍服务的幼儿园至十二年级教育机构、学院或大学的残疾服务办公室或其他单位实施的，为了在电影中添加字幕和/或音频描述，以创建无障碍版本供残疾学生使用；（2）使语音助手设备能够执行合法获得的软件应用程序的计算机程序，规避的唯一目的是实现此类应用程序与设备上的计算机程序的互操作性，或允许从设备中删除软件，而不是为了未经授权获取其他版权作品；（3）包含在合法获取的智能手机或家用电器或家庭系统（如冰箱、恒温器、HVAC或电气系统）中并控制其功能的计算机程序，规避是允许对此类设备或系统进行诊断、维护或维修的必要步骤，且不是为了获取其他版权作品；（4）已合法获得且在商业市场上不再合理可得的计算机程序（视频游戏除外），仅为合法保存计算机程序或依赖计算机程序作为访问条件的数字资料，由合资格的图书馆、档案馆或博物馆进行规避，没有直接或间接获得商业利益，且被规避后的计算机程序未在合资格的图书馆、档案馆或博物馆物理场所外进行发行或向公众提供。

2021年共21项例外，除与2018年例外类似的13项例外之外，增加和改动的8项例外包括：（1）电影（包括电视节目和视频），其中电影是在受内容扰乱系统保护的DVD或受高级访问内容系统保护的蓝光光盘上合法获取的，仅为合法保存或由合资格的图书馆、档案馆或博物馆制作电影的替换复制件而进行规避；（2）电影，其中电影位于受内容扰乱系统保护的DVD上或受高级访问内容系统保护的蓝光光盘上，或可用于数字下载，由附属于非营利高等教育机构的研究人员或由该机构的学生或信息技术工作人员在该研究人员的指导下，仅为学术研究和教学目的在电影库上部署文本和数据挖掘技术进行规避；（3）以电子方式发行的文字作品（不包括专门用于文本和数据挖掘的计算机程序及其汇编），由附属于非营利高等教育机构的研究人员或由该机构的学生或信息技术工作人员在该研究人员的指导下，仅为学术研究和教学目的在电影库上部署文本和数据挖掘技术进行规避；（4）使路由器和专用网络设备能够执行合法获得的软件应用程序的计算机程序，规避的唯一目的是实现此类应用程序与路由器或专用网络设备上的计算机程序的互操作性；（5）包含在合法获取的设备中并控制其

第七章　权利限制与例外的特别规定——反规避技术保护措施法律规则及规避技术措施的例外

在纽约南区联邦地区法院判定的环球影城工作室诉 Reimerdes[1] 一案中，原告在其制作的 DVD 中使用了内容扰乱系统，而被告通过网络向公众提供了可以破解内容扰乱系统的软件，原告起诉被告违反了反规避规则。在此案中，Lewis Kaplan 法官否认了基于合理使用的一般性抗辩，指出如果国会在制定反规避规则时意欲将合理使用抗辩原则适用于任何行为，国会会明确予以说明，国会不将合理使用抗辩作为对抗第 1201（a）条的目的十分明显。而且法院认为第 1201（c）条原则性例外条款并不是合理使用的"安全阀"，将其理解为合理使用的"安全阀"有违于反规避规则的立法历史。[2]

（二）反规避规则禁止生产或销售可用于规避控制获取和复制作品的技术措施的装置

尽管具体例外和美国国会图书馆的规则制定程序允许在特定情况下规避控制获取作品的技术措施，但作品使用者必须具备足够的知识和技能才能规避技术措施而进一步对作品进行合理使用，否则，作品使用者并不能享有例外规定所赋予他们的权利。此外，即使在获取作品后，如果作品使用者不具备规避控制复制作品的技术措施的知识和技能，他们仍然无法对作品进行合理使用。虽然作品使用者取得用于规避技术措施装置的行为并没有违法，但由于生产或销售用于规避技术措施的装置和手段无论如何都是被禁止的，作品使用者如果不能获取规避手段，则无法为了合理使用目的而规避技术措施，从而真正实现合理使用。

此外，在传统版权法领域，版权人的权利都有保护期限的限制，超过保护期限作品便进入公有领域，可供公众自由地获取和使用。而采用技术措施可以永久性地控制对作品的获取和使用，如果不具备相关技能，即使作品的

---

（接上注）

功能的计算机程序，该设备主要设计为供消费者使用，规避是允许对此类设备进行诊断、维护或维修的必要步骤，且不是为了获取其他版权作品；（6）包含在合法获取的医疗设备或系统中并控制其功能的计算机程序以及相关数据文件，规避是允许诊断、维护或维修此类设备或系统的必要步骤；（7）用于调查自由和开源计算机程序的潜在侵权的计算机程序，在合法获取的设备或机器上而不是在计算机程序运行的视频游戏机上进行规避，规避由一方实施或根据该方的指示实施，该方具有善意、合理的理由相信需要进行调查，并且有资格提出违反授权许可或侵犯版权的索赔；（8）包含在合法获取的物理或下载格式中，并在通用计算机上运行的以计算机程序形式呈现的电子游戏，仅为允许身体残疾的个人使用标准键盘或鼠标以外的软件或硬件输入方法而进行规避。

[1] Universal City Studios, Inc. v. Reimerdes, 111 F. Supp. 2d 294（S. D. N. Y. 2000）.
[2] Universal City Studios, Inc. v. Reimerdes, 111 F. Supp. 2d 294（S. D. N. Y. 2000）.

版权已超过保护期限，作品已进入公有领域，作品使用者还是无法获取和使用作品。

(三) 反规避规则可能会影响正当竞争

在反规避规则下，销售替代性产品的商家可能会因为销售了可替代设备而被控侵权，如果该设备规避了原产品中控制获取作品的技术措施。在美国联邦第六巡回上诉法院审理的 Lexmark 国际公司诉静态控制组件公司一案中，原告是一家打印机及墨盒制作商，他们认为被告生产销售的芯片能规避安装于 Lexmark 打印机和墨盒中的认证程序，使得被告生产的墨盒能和 Lexmark 的打印机相匹配，该行为违反了反规避规则。原审法院以 Reimerdes 一案判决为先例，判定被告违反了反规避规则，但上诉法院推翻了原审判决，认为反规避规则中的技术措施只控制获取版权作品，并不控制获取打印机功能部件。❶ 因此，本案中的技术措施并不属于反规避规则保护的技术措施，规避该类技术措施并不会构成对反规避规则的违反。

同样地，在 Chamberlain 集团诉 Skylink 技术公司一案中，原告控诉被告是因为被告的远程发射器规避了原告安装于电子闸门开关中的保护其计算机程序的技术措施。原告认为被告违反了反规避规则，然而原审美国伊利诺伊州北区联邦地区法院不同意原告的控诉，认为原告没有明确告知消费者其计算机程序只能与 Chamberlain 生产的电子闸门开关匹配，这种故意不告知的行为被视为允许电子闸门开关的使用者规避技术措施。❷ 美国联邦巡回上诉法院维持了原审判决，而且进一步指出反规避规则只适用于保护与版权权利有关的技术措施，如果被告提供的装置是能够规避控制获取作品的技术措施从而帮助作品使用者侵权，则被告有可能为此行为承担反规避规则下的责任；如果被告提供的装置并不会被用于版权侵权，则被告不应承担反规避规则中的违规责任。上诉法院同时指出，如果允许反规避规则保护任何制造商为保护其产品不被竞争产品兼容而采取的技术措施，则会产生反规避规则的滥用，最终导致市场垄断。❸

类似的案件同样发生在我国。在北京精雕公司（以下简称精雕）诉上海

---

❶ Lexmark International, Inc. v. Static Control Components, 387 F. 3d 522 (6th Cir. 2004).
❷ Chamberlain Group, Inc. v. Skylink Technologies, Inc., 292 F. Supp. 2d 1023 (N. D. Ill. 2003).
❸ Chamberlain Group, Inc. v. Skylink Technologies, Inc., 381 F. 3d 1178 (Fed. Cir. 2004).

第七章 权利限制与例外的特别规定——反规避技术保护措施法律规则及规避技术措施的例外

奈凯公司（以下简称奈凯）一案中，[1] 原告自主开发的精雕 CNC 雕刻系统由三大部分组成，即 JDPaint 软件、精雕数控系统以及机械本体，该系统的使用通过两台计算机完成，一台是加工编程计算机，另一台是数控控制计算机。两台计算机运行两个不同的程序，通过数据文件相互交换数据完成。具体而言，JDPaint 软件通过加工编程计算机运行生成 Eng 格式的数据文件，再由运行于数控控制计算机上的控制软件接收该数据文件，将其变成加工指令。精雕对 JDPaint 软件享有版权，该软件不公开对外销售，只配备在原告自主生产的数控雕刻机上使用。2006 年年初，精雕发现奈凯在其网站上大量宣传其开发的 NC-1000 雕铣机数控系统全面支持精雕各种版本的 Eng 文件，奈凯数控系统中的 Ncstudio 软件能够读取 JDPaint 软件输出的 Eng 格式数据文件。精雕对 Eng 格式采取了加密措施，其认为奈凯通过非法破译 Eng 格式的加密措施的方式，开发、销售能够读取 Eng 格式数据文件的数控系统是故意避开或者破坏精雕为保护软件版权而采取的技术措施的行为，构成对精雕版权的侵犯。

一审上海市第一中级人民法院将审查重点放在 Eng 文件是否属于软件组成部分而受版权法保护上，法院经审理后认为，JDPaint 软件所输出的 Eng 文件是数据文件，其所使用的输出格式即 Eng 格式是计算机 JDPaint 软件的目标程序经计算机执行产生的结果，该格式数据文件本身不是计算机程序，也无法通过计算机运行和执行。因此，精雕软件所输出的 Eng 文件并非精雕软件所固有，而是根据软件使用者输入的雕刻加工信息而生成的，Eng 文件并不属于计算机软件的组成部分，不应受到版权法的保护。

二审上海市高级人民法院进一步指出，精雕对 JDPaint 软件输出采用的 Eng 格式进行加密的行为不属于对 JDPaint 软件采取技术保护措施，对 Eng 格式文件的破解行为本身不会直接造成对 JDPaint 软件的非法复制。精雕对 Eng 格式文件进行加密也只是对运行 JDPaint 软件而输出的文件加密，而不是直接对 JDPaint 软件采用的加密措施。精雕采取的技术措施不属于《计算机软件保护条例》所规定的"著作权人为保护其软件著作权而采取的技术措施"。精雕对其软件输出采用 Eng 格式旨在建立和巩固精雕软件与其雕刻机床之间的捆绑关系，这种限定排除了精雕软件合法取得者在其他数控系统中使用精雕软件的机会。所以，奈凯通过破解精雕软件输出 Eng 格式文件而可以接收精雕

---

[1] 北京精雕科技有限公司诉上海奈凯电子科技有限公司，2006 年沪一中民五（知）初第 134 号；（2006）沪高民三（知）终字第 110 号。

229

软件输出的数据，并不构成故意避开或破坏版权人为保护软件版权而采取技术措施的行为。

虽然在这些案件中，原告最终都败诉，但使用技术措施控制产品之间的兼容性极大地增加了设备替换的成本，也影响了正常竞争和造成了市场运转的低效。如果技术或产品制造商不管是否存在版权侵权，仅因为其技术措施被规避而提起诉讼，则会增加诉讼成本，浪费司法资源。

（四）技术措施的使用会限制不同设备间的兼容性，降低设备使用者的消费体验

当消费者购买数字作品以后，他们希望能在自己方便的时间和地点观看作品，而对作品进行空间上的转换。例如，购买音乐 CD 的消费者，他们除了希望能在音响设备上播放音乐外，还希望在外出时能将音乐拷贝到移动 MP3 上，供旅行时欣赏音乐，但技术措施的存在往往阻止了消费者将合法购买的数字作品移动到另一设备上。

权利人在数字作品上采取的技术措施会极大地限制消费者以多种方式利用作品的机会。技术措施已将传统版权法对于公开表演和展示作品的控制延伸到对私人播放和使用作品的控制。例如，因为采取了技术措施，从 iTMS 上下载的歌曲只能在 iPod 上播放，而不能在其他移动音乐设备上播放。同样，因为 DVD 上采取了地区编码的技术措施，美国制造的 DVD 播放器只能播放美国地区编码的 DVD，而无法播放欧洲地区编码的 DVD。地区编码不仅存在于 DVD 上，还存在于打印机墨盒等其他产品上。使用这些 DVD 和打印机墨盒的消费者会发现，安装有一个地区编码的 DVD 或墨盒无法在其他地区的播放器或打印机中使用。

更严重的是，产品制造商知道消费者不喜欢技术措施，可能会故意隐瞒技术措施的存在，从而侵犯消费者的知情权，这种故意隐瞒会加剧产品制造商与消费者之间的紧张关系，降低消费者对其购买产品的期待。有的制造商甚至通过技术措施监控消费者对产品的使用以达到其收集消费者信息从而实现划分消费群体、促成价格差别、进一步推销产品的目的，侵犯了消费者的隐私权。

## 第四节　构建更平衡的反规避技术保护措施法律规则及规避技术措施的例外

### 一、我国的反规避技术保护措施法律规则

借鉴美国的反规避规则，我国在《信息网络传播权保护条例》（以下简称《条例》）中制定了反规避规则。《条例》第 4 条规定，"任何组织或者个人不得故意避开或者破坏技术措施，不得故意制造、进口或者向公众提供主要用于避开或者破坏技术措施的装置或者部件，不得故意为他人避开或者破坏技术措施提供技术服务"。技术措施被定义为"用于防止、限制未经权利人许可浏览、欣赏作品、表演、录音录像制品的或者通过信息网络向公众提供作品、表演、录音录像制品的有效技术、装置或者部件"。该定义比较模糊，没有清楚描述技术措施是否用于控制获取和复制作品。其中的用语"浏览、欣赏或者通过信息网络向公众提供"似乎表明技术措施既包括控制获取作品的技术措施，又包括控制复制作品的技术措施。另外，条例中并没有区分禁止规避行为本身和禁止生产销售主要用于规避技术措施的装置，但从条例中的规定推断，条例既禁止规避行为本身，又禁止生产销售主要用于规避控制获取和复制作品的技术措施的装置。

条例中只规定了四种对于规避行为的例外：学校课堂教学或者科学研究；不以营利为目的，通过信息网络以盲人能够感知的独特方式向盲人提供已经发表的文字作品；国家机关依照行政、司法程序执行公务；对计算机及其系统或者网络的安全性能进行测试。

我国第三次《著作权法》修订时也将反规避规则纳入其中，使反规避规则上升到法律的高度。《著作权法》中有关反规避规则的制定，主要是将《信息网络传播权保护条例》中的相关规定纳入其中，没有进行实质性的修订，唯一的区别是在对于规避行为的例外中增加了加密研究和反向工程。总的来说，我国的反规避规则不仅吸收了美国反规避规则中对权利人和作品使用者利益协调中的不平衡问题，而且相对于美国反规避规则更为严格。因此，有必要构建一个更平衡的反规避规则，加大使用和传播信息的机会，推动技术和创新的发展。

## 二、构建更平衡的反规避技术保护措施法律规则及例外的建议

第一，可以在技术措施中设定程序，允许作品使用者可以规避技术措施，从而对作品进行极小量的浏览或复制，极小量可以是整部作品的 5%~15%，使作品使用者在只具备普通知识和技能的情况下，部分规避技术措施，以获取和使用作品的极小部分。被规避的技术措施之后能重新恢复功能，保护对作品剩余部分的获取和使用。如何界定不同版权作品极小量的范围可由立法者、权利人、技术开发者及作品使用者进行协商。

第二，反规避规则需要设立一个保护技术措施的基本条件：只有维护权利人在版权法中合法权益的技术措施才能予以保护。另外，应在版权法中明确反规避规则不会限制或阻碍合理使用作品。禁止生产销售可用于规避技术措施的装置应该仅限于主要只为规避技术措施而制造的装置；除规避技术措施外的商业和使用价值极其有限的装置；或者为规避技术措施而销售的装置。

之所以给予维护权利人在版权法中合法权益的技术措施以保护，是因为有相当大一部分的控制获取作品的技术措施并不直接用于阻止版权侵权，它们可能被用来限制用户免费浏览作品，或向用户收取费用。而向用户收取阅读或观看作品的费用又是版权法中权利人合法及合理的权益。因此，对技术措施的保护应该集中在权利人在版权法中合法权益的保护上，而不应仅限于制止版权侵权。

第三，当规避技术措施的案件进入诉讼阶段时，法官对规避行为是否侵权的判断应基于保护技术措施的基本条件，以及规避技术措施是否为了对作品进行合理使用。在遵循先例的普通法系国家，法官可以遵循先例对是否允许规避行为作出决定。在非普通法系国家，例如我国，最高人民法院可以发布司法解释对法官应该如何判决规避行为作出一定解释。

在规避控制获取作品的技术措施的案件中，法官应首先判断原告安装的技术措施是否用于保护权利人在版权法中的合法权益。如果不是，法官不应禁止规避行为。如果是，法官应进一步分析被告规避技术措施的目的和最终用途是否为合理使用作品。如果合理使用成立，被告不应为其规避行为承担侵权责任；如果合理使用不成立，法官则应判定被告败诉。

在生产销售主要用于规避技术措施的装置的案件中，法官应首先判断原告安装的技术措施是否用于保护权利人在版权法中的合法权益。如果不是，法官不应禁止生产销售主要用于规避技术措施的装置。如果是，法官应进一

第七章　权利限制与例外的特别规定——反规避技术保护措施法律规则及规避技术措施的例外

步分析被告生产销售的主要用于规避技术措施的装置是否主要只为规避技术措施而制造；除规避技术措施外的商业和使用价值极其有限；或者为规避技术措施而销售。如果该装置符合以上三种情形中的一种，则生产销售该装置应被禁止；如果不符合，则生产销售该装置不应被禁止，即使该装置可偶尔用作规避技术措施。

第四，除以上建议外，还可考虑将反规避规则吸收进其他法律规定，例如反不正当竞争法中，而不是依赖版权法为技术措施提供保护。例如日本的反规避规则就采用双重机制，版权法只禁止规避控制复制作品的技术措施和生产销售主要用于规避控制复制作品的技术措施的装置，而生产销售主要用于规避控制获取作品的技术措施的装置则由《不正当竞争防止法》来规定。由反不正当竞争法而不是版权法对控制获取作品的技术措施提供保护，可以在一定程度上避免对作品合理使用的限制，因为合理使用通常是个人行为，不会对市场中的正当竞争及对作品的潜在利益产生严重影响。

第五，就我国的反规避规则而言，技术措施的定义应更加清晰和简化。技术措施可定义为用于防止未经权利人许可而获取和使用作品的有效技术、装置或部件，因为现行法下规定的一系列行为包括浏览、欣赏、通过信息网络传播等都可以归纳为两种类型：获取和使用。

在国际版权条约和国内版权立法中采用反规避规则一定程度上阻碍了信息的流通和市场的正常运作。技术措施的采用及反规避规则的形成也导致了权利人和作品使用者之间利益的不平衡。如果技术的发展不能更好地保护作品使用者及后续创作者的权益，则不利于创建一个有助于信息流通和作品创新的环境。因此，我们应反思现行的反规避规则，并在兼顾权利人和作品使用者的权益下，构建一个更平衡的反规避规则。

# 第八章
# 权利限制与例外相关问题
## ——延伸权利穷竭原则至数字网络环境与优化权利管理系统

## 第一节 权利穷竭原则在数字网络环境下的延伸

版权权利穷竭原则,又称首次销售原则,其基本含义是:如果作品原件或复制件的首次发行已经征得版权人的许可,版权人对该原件或复制件的发行权则行使完毕,第三人进一步处分该原件或复制件的所有权,无须征得版权人的许可。[1] 版权权利穷竭原则的存在使得版权人只能控制作品原件或复制件的首次发行,而无法阻碍第三人对其合法取得的作品原件或复制件的转售或转赠,保证了作品原件或复制件经首次发行后的进一步流通,繁荣了图书和音像制品二手市场,为公众获取作品提供了更多的机会和途径。

但在数字网络环境下,版权作品的发行和流通有了新的特征,第三人对其合法获得的作品原件或复制件的进一步处分也有别于传统意义上的转售或转赠,版权权利穷竭原则能否在数字网络环境下继续适用成为一个值得探讨的问题,将直接影响数字网络环境下版权作品二手市场的存废。

### 一、数字网络环境下版权人处分作品的特殊性

(一) 版权人是处分有形物还是处分无形物

传统意义上对作品原件或复制件的处分仅涉及经版权人授权首次发行作品的有形载体,例如经发行的某一本图书或某一张音像制品,合法购买这本图书或这张音像制品的消费者可不经版权人许可,将这本图书或这张音像制品转售或转赠。这一原则源于民法上有形物所有者对其财产享有的处分权。经过使用和处分,有形物会被不断磨损,其价值也会随之不断贬损,因此转

---

[1] 王迁. 知识产权法教程 [M]. 7版. 北京:中国人民大学出版社,2021:176.

第八章　权利限制与例外相关问题——延伸权利穷竭原则至数字网络环境与优化权利管理系统

售使用过的图书或音像制品的价格通常低于该图书或音像制品的原销售价格。值得注意的是，根据物权分离的原则，有形载体的转移并不意味着作品中的版权权利也进行了转移，转售者和购买者只取得了有形物的所有权，版权权利仍由版权人享有。

在数字网络环境下，作品以数字化的形式存储于计算机、掌上电脑、手机等电子设备中，消费者通过向网络平台支付费用，获得下载和阅读数字作品的权限。虽然电子设备可视为承载作品的有形物，但不同于传统图书或音像制品，每一份有形物只承载一部或几部的作品，电子设备根据其容量可存储上百部作品，而且相较于图书或音像制品，电子设备的制作成本和销售价格更高。因此，当消费者要将其购买的数字作品进行转售或转赠时，会通过网络将数字作品传送给接收者，而不会将存储数字作品的电子设备一并转售给接收者。不同于对有形物使用产生的耗损，对数字作品的使用及传送不会产生耗损，二次购买者接收到的数字作品质量和作品首次购买者获得的质量一致。而且网络传送节省了转售时间和成本，极大地方便了跨地区间的作品转售。

（二）版权人是对作品进行销售还是许可

传统意义上作品原件或复制件的出售视为有形物所有权的转让，即消费者通过支付金钱作为对价，从图书或音像制品销售商处获得了图书或音像制品有形物的所有权。因此，消费者可以根据自己的意愿处分其享有所有权的物。

但数字作品的出售实际上并不涉及有形物所有权的转让，而是消费者通过向网络平台支付金钱，获得了对数字作品的使用权，这实际上是一种权利的许可。由于不涉及有形物的出售，数字网络环境下的版权人保留了所有的版权权利，只是将对作品的使用权授权给消费者，让后者能够阅读和使用作品。根据美国联邦第九巡回上诉法院在 Vernor 诉 Autodesk, Inc. 一案中的分析，能够区别许可和转让的主要因素包括：（1）版权人是否明确使用者获得的是许可；（2）版权人是否特别限制了使用者转让作品的权利；以及（3）版权人是否设定了明显的使用限制。❶ 例如，亚马逊公司在销售数字图书时，在其 Kindle 商店使用协议中明确提到，消费者在下载 Kindle 内容和支付有关费用时，内容提供者只授权消费者能够阅读、使用、显示 Kindle 内容

---

❶ Vernor v. Autodesk, Inc., 621 F. 3d 1102 (9th Cir. 2010): 1110-1111.

的非专有权;除非经特别授权,消费者不能销售、租借、发行、传播、再许可第三人阅读或使用 Kindle 内容。❶ Kindle 数字图书的销售应被视为许可行为,而不是对承载作品的有形物所有权的转让。许可协议中明确限制了消费者对其合法获得的数字作品的转售或转赠。

(三) 数字作品的"销售"涉及发行权还是向公众传播权

传统意义上的版权权利穷竭原则只针对发行权,即作品经首次合法发行后,版权人对已发行作品不再享有发行权,发行权因此穷竭。但在数字网络环境下,数字作品的销售并不涉及发行权,而是涉及向公众传播权。

我国《著作权法》将发行权定义为"以出售或者赠与方式向公众提供作品的原件或者复制件的权利"。❷ 向公众传播权是《世界知识产权组织版权条约》针对数字网络传播方式规定的新型权利类型,我国《著作权法》将其称为"信息网络传播权",即以有线或者无线方式向公众提供作品,使公众可以在其个人选定的时间和地点获得作品的权利。❸ 这类权利主要适用于在网络环境中传播作品的情形。

向公众传播权实际包含了复制权和发行权两类传统的权利类型,在消费者或二次购买者下载通过网络传送的数字作品时,其获得的其实是经过数字化复制后产生的作品复制件,而非网络平台提供的作品原件。传统意义上转售所转让的有形物始终是同一件物,而数字网络环境下转售所涉及的被转售作品和接收作品实际上为两份不同的数字文件。由于版权权利穷竭原则并不适用于复制权和向公众传播权,因此很难认为数字作品经首次销售后,版权人的相关权利穷竭了。

**二、版权权利穷竭原则在数字网络环境下的价值分析**

由于传统与数字网络环境下销售作品的实质差异,如不经过调整,很难将传统的版权权利穷竭原则适用于数字网络环境。版权权利穷竭原则在繁荣文化市场中有着重要的作用,该原则在数字网络环境下的缺失将导致数字作品二手市场的消失,损害公众获取数字文化资源的权益。

---

❶ Kindle Store Terms of Use [EB/OL]. (2021-08-30) [2021-12-29]. https://www.amazon.com/gp/help/customer/display.html?nodeId=201014950.
❷ 《中华人民共和国著作权法》第 10 条第 1 款第(六)项。
❸ 《中华人民共和国著作权法》第 10 条第 1 款第(十二)项。

第八章　权利限制与例外相关问题——延伸权利穷竭原则至数字网络环境与优化权利管理系统

（一）价值之一：充分实现物尽其用

版权权利穷竭原则有利于个人财产的自由流通，能够实现最大限度的物尽其用。科斯定理指出，如果交易费用为零，不管产权初始如何安排，当事人之间的谈判都会导致那些财富最大化的安排，即市场机制会自动达到帕累托最优。也就是说，不管作品原件或复制件最初归属于何人，在允许产权转让流通的情况下，作品原件或复制件最终都会归属于那些最珍视它们的人，实现财富的最大化价值和资源的优化配置。虽然现实交易中不可能真的达到科斯定理的假设，实现交易费用为零，但减少对产权交易的限制将最大化地促使社会资源达到帕累托最优。

（二）价值之二：有利于公众获取和保存作品

版权权利穷竭原则保证了二手市场的存在，有利于消费者获取版权作品。因为不是所有的消费者都有足够的经济能力购买新出版的作品，二手市场的存在能使消费者在作品出版的稍后阶段以较低的价格获取同一部作品，扩大了消费者获取作品的能力和途径。

在数字网络环境下适用版权权利穷竭原则，会使版权人担心版权侵权行为的泛滥，因为作品的转售只需简单的电脑操作便可实现，而且转售作品的消费者自己仍保留有原作品。但侵权行为的泛滥并非源于二手市场的繁盛，而是因为二手市场的萎缩。二手市场的萎缩或消失使得消费者只能购买原价作品，而无法获取使用后的打折作品，或出售使用后的二手作品，一部分经济能力有限的消费者只能铤而走险去获取低价格甚至零价格的盗版作品，导致盗版市场的泛滥。二手市场的存在反而能促进作品获取的合法化，鼓励消费者以合法的手段获取作品。

除了方便获取作品，二手市场的繁盛还有利于保存作品。一部分作品在出版销售后会陷入绝版的境地，这种情形在数字网络环境下对于作品的保存尤为不利。例如，一位作者将其小说以数字化形式出版后，又决定停止发行，要求所有电子零售商删除小说的数字化版本。而在停止发行之前，电子零售商又都以许可方式销售该书，不允许购买者进行转售或转赠。当停止发行后，市场上将不再流通这部小说，后续消费者也无法再获取和保存该图书。如果允许二手市场在数字网络环境下的存续，将有利于绝版作品的保存和在市场中的持续流通。

## （三）价值之三：能够激励创新

版权权利穷竭原则对创新的激励体现在三方面：（1）对版权人创新的激励；（2）对二手市场提供者创新的激励；（3）对消费者创新的激励。❶ 对版权人创新的激励体现在促使作者不断修改原作品、增添新内容，从而和市场中持续流通的原作品竞争，使修改后的作品销量更好。教材的出版销售便是一个典型的例子，作者与时俱进不断更新原教材内容、出版新版本，使该教材持续为消费者所需。

对二手市场提供者创新的激励体现在零售者会不断创新商业模式和技术，方便消费者在二手市场购买作品。对消费者创新的激励体现在通过转售作品，能使更多的消费者访问和使用作品，在原有作品的基础上，改编及创作出更多新的作品。

## （四）价值之四：激励市场竞争

在数字网络环境下适用版权权利穷竭原则，会使版权人担心消费者以较低价格转售数字作品的行为侵占自己的市场份额，将首次销售的作品挤出市场，因为转售的数字文件在质量上与原作品文件质量一致，不会因为转售次数的增多而被耗损。

但二手市场的存在反而在一定程度上会激励消费者以高价购买首次出版作品，因为消费者在购得作品、使用完作品后，能够转售作品，补偿一部分获取作品的花费。同时，版权人能参考二手市场作品的销售价格灵活定价，考虑到消费者之后能转售作品，版权人可以提高作品首次销售价格，版权人也可以降低首次销售价格，与二手市场形成竞争。良性竞争的增加有利于市场机制运转的最优化，发展和繁荣文化市场。

## 三、欧美国家司法实践中版权权利穷竭原则适用范围的考察

虽然我国尚未出现针对版权权利穷竭原则能否在数字网络环境下适用的案例，但美国和欧盟的司法实践走在各国前列，其对版权权利穷竭原则的探讨有助于考察能否将该原则适用于数字网络环境。

---

❶ PERZANOWSKI A, SHULTZ J. Digital Exhaustion [J]. UCLA Law Review, 2011, 58 (4): 897.

第八章　权利限制与例外相关问题——延伸权利穷竭原则至数字网络环境与优化权利管理系统

## （一）美国国会唱片诉 ReDigi 公司案

为解决数字作品交易领域售后市场的缺失导致的一系列问题，美国等相关国家曾试图将权利穷竭原则延伸至数字环境下，但都没能最终解决问题。美国版权局建议不要在版权法中扩张现有的权利穷竭原则，从而创设数字权利穷竭原则，因为作品的有形载体会随着时间的推移和使用次数的增多而不断磨损，但数字作品却能一直维持其高品质；同时，传播数字作品要比传播作品的有形载体容易得多，时间、空间、人力和花费都不再是阻碍作品流通的因素。❶ 通过消费者在传播数字作品过程中自愿删除作品原版本或通过自动删除设置消除原版本都是不现实的，因为存在欺骗的可能性。美国版权局意识到在数字网络环境下传播作品与传播作品的有形载体之间有太多不同之处，以至于很难将权利穷竭原则适用于数字作品的传播。❷

ReDigi 公司为销售二手数字音乐作品提供市场，其于 2011 年建立网站，邀请消费者将从 iTunes 或其他 ReDigi 用户处合法购买的音乐作品通过 ReDigi 网络平台进行转售。在 ReDigi 的经营模式下，消费者需要下载一款名为"媒体管理者"的软件。ReDigi 通过一个叫作"媒体管理器"的软件验证用户的音乐文件是否有资格被出售，待验证程序结束，用户可以将合格的音乐文件上传至一个叫作"云更衣室"的远程服务器，该远程服务器可以存储用户的音乐文件供他们自己使用或允许用户出售这些音乐文件。"媒体管理者"会检测和汇编消费者计算机中的音乐文件，消费者再将需要转售的音乐文件上传至 ReDigi 的服务器进行转售。音乐文件一旦转售，"媒体管理者"能够检测出消费者计算机中是否存在重复的文件，如果有重复文件，"媒体管理者"将督促消费者删除该文件，否则消费者会被暂停使用 ReDigi 服务。❸

国会唱片向纽约南区联邦地区法院提起版权侵权诉讼，认为 ReDigi 的商业运作模式会导致音乐文件被复制，从消费者上传音乐文件至 ReDigi 服务器到二次购买者从 ReDigi 服务器下载音乐文件产生了对音乐文件的复制，复制权应由版权人享有，ReDigi 未经权利人许可，对音乐文件的复制侵犯了版权人的复制权。ReDigi 认为其商业模式属于版权权利穷竭原则适用的

---

❶ Digital Millennium Copyright Act Report Executive Summary [EB/OL]. [2021-12-29]. https://www.copyright.gov/reports/studies/dmca/dmca_executive.html.

❷ Digital Millennium Copyright Act Report Executive Summary [EB/OL]. [2021-12-29]. https://www.copyright.gov/reports/studies/dmca/dmca_executive.html.

❸ Capitol Records, LLC v. ReDigi Inc., 934 F. Supp. 2d 640 (S.D.N.Y. 2013).

范畴，不构成版权侵权。

　　法院在判决中否决了版权权利穷竭原则在数字网络环境中的适用，认同国会唱片的意见，认为消费者通过 ReDigi 网络平台转售音乐文件的行为会构成对版权作品的复制，产生新的作品复制件，ReDigi 用户并未上传和转售音乐文件原件，而是上传和转售音乐文件的复制件。美国版权法案明确将复制权规定为版权人享有的专有权，因此版权权利穷竭原则只能适用于有形物，而不适用于数字网络环境。❶

　　（二）欧盟二手软件公司诉甲骨文国际公司案

　　二手软件公司为用户转售其合法购买的软件提供服务。与在网络平台上销售数字作品类似，软件的销售也属于许可的范围。消费者购买软件的行为属于从版权人和软件销售者处得到安装和使用软件的许可。即使某些软件以光盘为载体销售，消费者取得了有形载体光盘的所有权，但软件版权人通常在光盘中限制了软件能够安装于不同计算机中的次数，一旦安装次数达到上限，光盘将失去其作为软件载体的价值。因此，基于使用软件的许可，消费者一般也无权转售软件。

　　但在二手软件公司诉甲骨文国际公司一案中，欧盟法院认可了版权权利穷竭原则在软件转售领域的适用。该判决基于两点理由：（1）不严格区分有形物和无形物，数字产品属于版权权利穷竭原则适用的物；（2）许可不能限制或阻碍数字领域的转售。❷ 首先，《欧盟信息社会版权指令》第 4 条将版权权利穷竭原则界定为，作品原件或复制件经权利人授权首次销售或所有权转让后，发行权在欧共体范围内将不再适用于作品原件或复制件。❸ 根据欧盟法院的解释，其中作品的原件或复制件既包括有形载体，又包括无形物，因此版权权利穷竭原则能够适用于软件作品。其次，即使软件的销售属于许可范畴，欧盟法院也不允许许可协议限制软件的转售。

　　在二手软件公司诉甲骨文国际公司案的影响下，欧洲不同国家的法院对能否将权利穷竭原则延伸至数字网络环境下作出了不同的判决。德国比勒费

---

❶　Capitol Records, LLC v. ReDigi Inc., 934 F. Supp. 2d 640 (S. D. N. Y. 2013).

❷　UsedSoft GmbH v. Oracle International Corporation, Case C-128/11 (2012).

❸　Directive 2001/29, of the European Parliament and of the Council of 22 May 2001 on the Harmonization of Certain Aspects of Copyright and Related Rights in the Information Society [EB/OL]. [2021-12-29]: Article 4 (2). https://eur-lex.europa.eu/legal-content/EN/TXT/PDF/?uri=CELEX:32001L0029&from=EN.

第八章　权利限制与例外相关问题——延伸权利穷竭原则至数字网络环境与优化权利管理系统

尔德地区法院判定消费者不能将合法购得的数字图书转售给他人。❶ 荷兰阿姆斯特丹地区法院判定转售电子书的网站合法，否决了出版商关于关闭转售网站的请求。在转售电子书之前，销售者必须声明该电子书为合法购得，并且同意电子书一经转售便及时删除该电子书的原版文件。网站会在每一本电子书上标注水印，并将水印信息存储在数据库中以防侵权。❷ 但是，网站并不能验证销售者的合法购书声明是否属实，以及电子书原版本是否在转售后被及时删除。虽然此案中法院并未禁止在网站上转售电子书，但法院不清楚网站是否侵犯了版权人的合法权益，也没有解决权利穷竭原则是否能延伸至数字网络环境的问题。

综上所述，相关国家还未能妥善解决在数字出版环境下适用权利穷竭原则的难题，虽然也有少数法院认可在网站上转售数字作品，但由于判决没有从理论上解决根本问题，这些个案判决也很难被推广至其他国家和地区。实际中，一些网站尝试创设出租和分享平台来解决数字出版中权利穷竭原则失灵的问题。例如，eBookLendingLibrary.com 网站便试图向用户提供出租数字作品的服务，但该网站没持续多久便不再经营。❸ 因此，"二手"电子作品的合法市场始终未能形成。

（三）美国法院和欧盟法院对版权权利穷竭原则适用的分歧

美国法院和欧盟法院对版权权利穷竭原则的扩大适用作出了截然不同的判决。美国法院在解释版权权利穷竭原则时，强调了传统意义上作品转售和数字网络环境下作品转售的区别，尤其是作品在数字网络环境中的传播产生了对作品的复制，转售的不再是原作品，而是新生成的原作品的复制件。这和传统意义上的权利穷竭原则相违背，因为版权权利穷竭原则只涉及发行权，而并未给复制权设置例外，而且权利穷竭原则下转售的作品应是该作品原件或复制件本身，而不是新复制的另一文件。

---

❶ German Court Nixes Selling Used E-books, Publishers Weekly [EB/OL]. (2013-04-22) [2021-12-29]. https://www.publishersweekly.com/pw/by-topic/digital/retailing/article/56916-german-court-nixes-selling-used-e-books.html.

❷ ESSERS L. Dutch Courts Lets Ebook Reseller Stay Online [EB/OL]. (2014-07-22) [2021-12-29]. http://www.pcworld.com/article/2456400/dutch-courts-lets-ebook-reseller-stay-online.html.

❸ ROBINSON D B. Digital Rights Management Lite: Freeing Ebooks from Reader Device and Software: Can Digital Visible Watermarks in ebooks Quality for Anti-circumvention Protection under the Digital Millennium Copyright Act [J]. Virginia Journal of Law and Technology, 2012, 17 (2): 152-170.

欧盟法院的判决缩小和弱化了有形物与无形物、权利转让和许可之间的差别，认为版权权利穷竭原则同样适用于无形物，许可协议并不能限制软件作品的转售。但该案判决所涉及的转售软件仅限于通过有形载体形式销售的软件，换言之，该案中的转售模式并未对软件进行复制，产生新的软件复制件。不过如前分析，软件的销售和使用类似于数字作品，使用软件需在计算机上进行软件安装，即使软件以光盘为载体销售，购买者也需要获取软件安装密钥才能对软件进行安装和使用。安装软件的行为类似于购买者下载数字作品。因此，欧盟法院认可将版权权利穷竭原则适用于软件转售的情形，为将权利穷竭原则延伸适用于数字网络环境提供了可行性。

**四、数字网络环境下版权权利穷竭原则的确立**

鉴于版权权利穷竭原则在繁荣文化市场中的重要性，以及欧盟法院判决已为延伸版权权利穷竭原则于数字网络环境提供了可能性，我国可借鉴国外制度设计，通过技术和立法设计将版权权利穷竭原则适用于数字网络环境，以保证作品在数字网络环境中的二次销售和流通。

（一）应用"转发和删除"技术实现权利穷竭意义上的转售

"转发和删除"技术能从技术层面解决数字作品复制件转售的问题，应用"转发和删除"技术将使数字作品合法购买者在进行转售时，同时将存储于购买者电子设备中的原文件删除，实现权利穷竭意义上的转售。

目前，已有公司开发出相关技术。例如，亚马逊公司于2013年就其便利转售数字作品的系统申请了专利，该专利发明致力于建立数字化的二手市场，当用户不再希望保留其访问的二手数字内容时，可将二手数字内容转移至其他用户的个人数据存储系统中，同时该数字内容将从原有用户的个人数据系统中删除。[1] 该技术发明能使亚马逊为其数字作品建立二手市场，当消费者不再需要某一部或几部Kindle电子书时，可以通过"转发和删除"技术将二手电子书转售给其他Kindle用户，补偿自己为购买电子书而支付的开销，以便购买更多新的电子书。

---

[1] REIS S. Toward A "Digital Transfer Doctrine"? The First Sale Doctrine in the Digital Era [J]. Northwestern University Law Review, 2014, 109 (1): 173-208.

第八章　权利限制与例外相关问题——延伸权利穷竭原则至数字网络环境与优化权利管理系统

## （二）在版权权利例外制度中设置复制权例外

"转发和删除"技术的应用能从形式上将数字作品的转售纳入版权权利穷竭的范畴，但光靠技术不能解决版权权利穷竭原则在数字网络环境下适用的根本难题——对原作品的复制和对复制文件的转移。因此，需要在版权立法中专门针对复制权设置权利例外，才能使权利穷竭原则能够在数字网络环境中顺利适用。

我国《计算机软件保护条例》中规定了为使用计算机程序而复制计算机程序的例外，包括计算机程序的合法授权使用者可以：（1）根据使用的需要把该程序装入计算机等具有信息处理能力的装置内；（2）为了防止计算机程序损坏而制作备份复制件；（3）为了把该程序用于实际的计算机应用环境或者实现其功能而进行必要的修改。❶ 同样的复制权例外可以规定在版权权利穷竭原则于数字网络环境中的适用方面，例如，可在版权权利限制与例外制度中规定，数字作品文件的合法授权使用者可以为转售、转赠该作品而对该作品进行复制，但转售、转赠后需对原文件进行删除。

## （三）许可协议不会导致版权权利穷竭原则的失灵

我国版权法律制度在将权利穷竭原则延伸至数字网络环境下时可借鉴欧盟法院在二手软件公司诉甲骨文国际公司一案中的解释，将首次销售中的"销售"作扩大解释，既包括转让作品载体所有权的行为，又包括许可使用数字作品的行为，许可协议的订立并不必然导致版权权利穷竭原则的失灵。

实际中销售数字内容的许可协议多为格式合同，我国《民法典》规定了格式合同条款无效的情形：提供格式条款一方不合理地免除或者减轻其责任、加重对方责任、限制对方主要权利；提供格式条款一方排除对方主要权利。❷ 对格式条款有两种以上解释的，应当作出不利于提供格式条款一方的解释。❸ 由此可见，如果数字内容提供者通过格式许可协议极大地限制了用户转售、转租、转赠、再许可他人使用数字内容的权利，将可能被纳入排除对方主要权利的情形，使得协议条款无效，最终也无法阻止合法购买数字内容的用户

---

❶ 《计算机软件保护条例》第 16 条。
❷ 《中华人民共和国民法典》第 497 条第（二）、第（三）项。
❸ 《中华人民共和国民法典》第 498 条。

对已使用内容的转售。

（四）增加转售数字作品后对版权人的补偿

为平衡版权人和消费者之间的权益，还可增加转售作品后对版权人的补偿。我国《著作权法（修订草案送审稿）》曾尝试在第 14 条引入针对美术、摄影作品和文字、音乐作品原稿的追续权，规定美术、摄影作品的原件或者文字、音乐作品的手稿首次转让后，作者或者其继承人、受遗赠人对原件或者手稿的所有人通过拍卖方式转售该原件或者手稿所获得的增值部分，享有分享收益的权利。该条款的规定主要考虑美术、摄影作品和文学、音乐作品手稿在屡次拍卖转售后的增值能弥补首次销售作品时的低价，以激励该类作品作者的创作。

类似的分享收益的权利同样可借鉴适用于数字网络环境中的版权权利穷竭原则，允许数字作品的版权人能够就首次销售作品后的每次转售分享一定比例的收益，以补偿数字作品转售的无耗损性可能对版权人原作品市场份额产生的冲击。

## 第二节　数字网络环境下权利管理系统的优化

### 一、数字作品交易面临的真正风险

正如本书前述章节分析所论证的，数字作品交易不同于传统作品发行，其面临的真正问题并不是消费者不经版权人许可而随意复制和传播作品导致的侵权，而是数字作品售后市场的缺失所带来的风险。权利穷竭原则在传统作品交易领域的运用使得首次购买作品的消费者能够将作品有形载体再次出售弥补自己的消费成本，而其他消费者能够以低价在二手市场购买已被首次购买者消费的作品，降低各自获取作品的成本。作品售后市场的存在使得消费者能够以较低的价格获得作品，一定程度上限制了盗版市场的扩张。

而在数字作品交易环境下，权利穷竭原则的失灵、售后市场的缺失使得消费者不再能从合法的途径以较低的价格获得数字作品，面对获取作品的高成本，转而购买盗版，诱发了盗版的泛滥。虽然版权人开始大量地采用技术保护措施去制止未经其许可对作品的访问和复制，但技术的发展让技术保护措施始终能被规避，并不足以完善地去保护权利人的利益。国际版权条约和相关国家的法律制度采纳了反规避规则，通过法律的手段制裁未经版权人同意规避技术措施和提供规避手段的行为。反规避规则的制定有其合理性，一定程度上遏制了规避行为和规避手段的泛滥，但由于反规避规则中不利之处的存在，可能会影响消费者对作品的合理使用、作品和播放作品设备之间的兼容性，以及侵犯消费者对所购产品的知情权、消费者对其个人信息享有的隐私权。这些负面影响损害了作品使用者的权益，诱使消费者为了个人目的合理使用作品、让数字作品能在合法购得的设备之间兼容播放、保护自身的知情权和隐私权，铤而走险冒着违法的风险去规避技术措施。

## 二、反规避技术保护措施规则与权利管理系统的联系与区别

当技术保护措施能被规避，反规避规则不能有效制止规避行为，以及权利穷竭原则尚未延伸至数字网络环境时，版权人和数字作品交易者应当考虑通过技术保护措施和反规避规则之外的途径来解决数字作品交易环境下售后市场缺失导致的侵权泛滥的问题。权利人通常将权利管理信息和技术保护措施一起使用在数字作品中，用以防止侵权。权利管理信息、权利管理系统与技术保护措施是几个不同的概念，如果能将权利管理信息和权利管理系统适当地运用在数字作品交易中将有助于数字作品销售者对数字作品的管理。

（一）权利管理信息及其法律规制

《世界知识产权组织版权条约》第12条规定："缔约各方应规定适当和有效的法律补救办法，制止任何人明知或就民事补救而言有合理根据知道其行为会诱使、促成、便利或包庇对本条约或《伯尔尼公约》所涵盖的任何权利的侵犯而故意从事以下行为：（i）未经许可去除或改变任何权利管理的电子信息；（ii）未经许可发行、为发行目的进口、广播或向公众传播明知已被未经许可去除或改变权利管理电子信息的作品或作品的复制品。"权利管理信息被界定为"识别作品、作品的作者、对作品拥有任何权利的所有人的信息，或有关作品使用的条款和条件的信息，和代表此种信息的

任何数字或代码，各该项信息均附于作品的每件复制品上或在作品向公众进行传播时出现"。《世界知识产权组织表演和录音制品条约》第 19 条规定了类似的条款。

美国《数字千年版权法案》第 1202 条规定了维护版权权利管理信息完整性的条款。任何人不得明知和为引诱、促发、协助或隐瞒侵权的目的提供错误的权利管理信息，或者发行或为进口而发行错误的权利管理信息。❶ 任何人不得未经版权人许可或法律准许明知或有理由知道以下行为会引诱、促发、协助或隐瞒侵权而进行以下行为：故意删除或修改权利管理信息；发行或为发行而进口权利管理信息，并且明知权利管理信息未经权利人同意或法律准许被删除或修改；发行、为发行而进口或者公开表演作品、作品的复制件或录音制品，明知权利管理信息未经权利人同意或法律准许被删除或修改。❷ 权利管理信息包括：识别作品的名称和其他信息；作者的姓名和其他识别信息；版权人的姓名、名称和其他识别信息；表演者的姓名和其他识别信息；视听作品作者、表演者或导演的姓名和其他识别信息；使用作品的条件；与以上信息相关的识别数字或符号；以及版权登记处认可的其他信息。❸

我国《信息网络传播权保护条例》第 5 条规定，"未经权利人许可，任何组织或者个人不得进行下列行为：（一）故意删除或者改变通过信息网络向公众提供的作品、表演、录音录像制品的权利管理电子信息，但由于技术上的原因无法避免删除或者改变的除外；（二）通过信息网络向公众提供明知或者应知未经权利人许可被删除或者改变权利管理电子信息的作品、表演、录音录像制品"。该条例将权利管理电子信息界定为"说明作品及其作者、表演及其表演者、录音录像制品及其制作者的信息，作品、表演、录音录像制品权利人的信息和使用条件的信息，以及表示上述信息的数字或者代码"。❹

（二）权利管理信息与技术保护措施的区别与联系

从以上国际版权条约和相关国家的法律规定可以看出，权利管理信息和

---

❶ Copyright Law of the United States [EB/OL]. [2021-12-22]：Section 1202（a）. https://www.copyright.gov/title17/title17.pdf.

❷ Copyright Law of the United States [EB/OL]. [2021-12-22]：Section 1201（b）. https://www.copyright.gov/title17/title17.pdf.

❸ Copyright Law of the United States [EB/OL]. [2021-12-22]：Section 1202（c）（1)-(8). https://www.copyright.gov/title17/title17.pdf.

❹ 《信息网络传播权保护条例》第 26 条第 3 款。

第八章　权利限制与例外相关问题——延伸权利穷竭原则至数字网络环境与优化权利管理系统

技术保护措施有着很大的区别，虽然两者都是以数字技术的方式呈现、被版权人用来保护作品，但两者的功能和所预计达到的目的有着明显的区别。美国《数字千年版权法案》未对技术保护措施进行明确的界定，但从其反规避规则可以看出，技术保护措施得有控制未经版权人许可获取作品或者复制作品的功能。我国的《著作权法》及《信息网络传播权保护条例》将技术措施定义为"用于防止、限制未经权利人许可浏览、欣赏作品、表演、录音录像制品的或者通过信息网络向公众提供作品、表演、录音录像制品的有效技术、装置或者部件"。从该定义也能看出，技术措施必须能够防止、限制对作品的获取或通过信息网络进行传播。

权利管理信息则不具备技术保护措施的以上功能。权利管理信息主要用于说明作品、作者、版权人及相关权利人身份，以及使用作品的条件。权利管理信息本身没有控制获取、复制作品的技术功能，纯粹是一种能够识别有关作品、权利人及使用作品条件的信息，它能判定特定版本的作品是否为未经权利人许可复制和传播的盗版，但却不能阻止消费者实施诸如获取、复制、传播作品等特定行为，无法起到防止未经许可的访问和复制作品的目的。❶ 由于权利管理信息并不具备控制获取和复制作品的功能，权利管理信息不是版权法意义上的技术保护措施。

但版权人和数字作品销售者通常同时使用技术保护措施和权利管理信息去防止侵权，技术保护措施和权利管理信息之间存在着紧密联系。虽然权利管理信息自身不能起到控制访问和复制作品的作用，但与权利管理信息相兼容的软、硬件系统可以利用权利管理信息传递作品的使用条件，和技术保护措施配合起到阻止未经版权人许可获取和复制作品的作用。例如，广播标记属于一种权利管理信息，被电视服务商加入收费电视节目信号中，向与其兼容的设备传递许可使用电视节目的信息。在与广播标记兼容的数字电视接收装置探测到收费节目的广播标记后，在用户未付费的情况下，接收装置中的技术措施将会阻止录制该收费节目。❷ 此时，权利管理信息和技术保护措施共同发挥着遏制侵权、保护版权人正当权益的作用。

（三）权利管理系统及其作用

权利管理系统一词也常和技术保护措施以及权利管理信息的概念一同提

---

❶ 王迁. "技术措施"概念四辨 [J]. 华东政法大学学报，2015，18（2）：30-40.
❷ 王迁. "技术措施"概念四辨 [J]. 华东政法大学学报，2015，18（2）：30-40.

起，但国际版权条约和相关国家的法律规定中并没有权利管理系统这一概念，权利管理系统泛指那些阻止在版权人许可范围之外使用作品的技术的总称。❶权利管理系统并不是一法律概念，其中的"权利"也不是特指的版权权利，"管理"包括了所有对于作品使用和版权人正当权益的经营管理行为。总的来说，权利管理系统应当是技术保护措施和权利管理信息的上位概念，包含了技术保护措施和权利管理信息。

由于权利管理系统不仅包括保护数字内容的技术工具，还包括监控消费者行为和辅助收费的诸多技术，如果权利管理系统设计合理，将不仅能够保护作品免于未经许可的访问，还能包容作品使用者和后续创作者的更多利益。相对于技术保护措施而言，权利管理系统是更广范围内的技术工具的综合，运用得当，将有效地维护版权人和数字作品销售者在数字网络环境下的正当权益。权利管理系统的设计不应只顾及版权人的权益，而应当同时考虑消费者对作品的合理使用，不应让作品使用者和后续创作者在数字作品交易环境下丧失在传统版权法框架下享有的重要权益，过分强调对技术措施的保护和反规避规则的运用会激化消费者与版权人、数字作品销售者之间的矛盾，激化版权侵权。因此，合理的、顾及长远利益的权利管理系统应当兼顾版权人、数字作品销售者与消费者三者之间的利益，维持数字网络环境下三者利益的平衡。

### 三、权利管理系统的优化

为了在数字网络环境下有效地防止版权侵权，数字作品销售者可以将合同、技术保护措施和权利管理信息结合起来共同保护未经权利人许可对作品的使用。首先，数字作品销售者在许可消费者使用数字作品的时候，可以细化许可合同条款，将版权人和作品使用者的利益充分考虑进条款规定中；其次，数字作品销售者可以在出售的数字作品原版本中加入权利管理信息和能够自动生成消费者信息的技术，便于查找每一份作品的购买者；最后，数字作品销售者可以在数字作品中加入技术保护措施，控制第三方对作品的获取和使用，同时应将消费者对作品的合理使用纳入技术保护措施之中。

---

❶ GODWIN M. What Every Citizen Should Know about DRM, a. k. a. "Digital Rights Management" [EB/OL]. [2021-12-29]. http://cs.furman.edu/~tallen/csc271/source/citizens_guide_to_drm.pdf.

第八章　权利限制与例外相关问题——延伸权利穷竭原则至数字网络环境与优化权利管理系统

（一）数字作品销售者可以通过拆封合同或者点击合同的方式将许可合同条款细化

当消费者购买数字作品时，获得的不是数字作品的所有权，而是版权人和数字作品销售者许可其使用作品的权利。消费者行使权利需要遵循许可合同的约定，超出条款范围行使权利会构成违约，同时侵犯版权。拆封合同和点击合同是数字作品许可中常见的提供格式合同的方式，一般由数字作品销售者制定，当消费者购买数字作品对承载作品光盘的包装进行拆封，或在电子设备上点击开启作品时，会视为消费者已经阅读并同意了附着在产品包装上的拆封合同条款或是在电子设备上开启作品时弹出的点击合同条款。数字作品销售者可以用合同条款来规制消费者对作品的使用，同时保留一部分权利给消费者，便于消费者合理使用作品。

合同应当包括以下主要条款：（1）消费者未经权利人同意不得复制、转售、出租或通过其他方式传播数字作品；（2）消费者应当保证同一时间只在一台电子设备上使用作品，当将作品转移至另一设备时，应当删除储存于原设备中的作品版本，除非消费者为备份的目的将作品复制在次要的数字媒体存储设备中，但得保证备份版本不是一个可被随意访问和使用的文件；（3）消费者未经权利人同意，不得删除或修改存储在数字作品中的权利管理信息。这样的条款规定既防范了在未经版权人同意的情况下，消费者对数字作品进行转售和再利用，又确保了消费者可为制作备份这样的合理目的复制存储数字作品的文件格式。

（二）数字作品销售者可通过在数字作品中加入权利管理信息和能自动生成消费者信息的技术来监控每一份作品的流向和使用情况

权利管理信息包括作品的名称、作者的姓名、版权人的姓名或名称以及联系方式、作品销售者的名称及联系方式、作品的使用条件和方式以及识别这些信息的数字或符号。与权利管理信息相伴的还有能自动生成消费者信息的技术，当消费者开启作品的浏览和观看模式后，该技术能够将消费者的姓名及联系方式加入权利管理信息中，使每一份作品的权利管理信息中都包含该份作品购买者的个人信息。

同时，应在格式合同条款中指明，消费者同意在购买并使用这份数字作品时，其个人信息将被永久储存于这份数字作品中，消费者不得删除或隐藏该信息。在这样的合同条款规定下，删除或隐藏消费者个人信息将构成违约。同时，由于技术生成消费者个人信息和作品的权利管理信息紧密相连、存储于一处，未经版权人同意删除或修改个人信息，将构成故意删除或修改权利管理信息的违法行为。因此，即使消费者将数字作品转售给第三方，第三方并未受到原许可合同条款的约束，但只要未经权利人许可第三方删除或修改了原消费者的个人信息，便构成故意删除或修改权利管理信息。

永久性地在作品中存储消费者个人信息可能会侵犯消费者的隐私权。但个人隐私权的侵犯只有在未经信息主体同意，随意散播个人信息的情形下才有可能发生。虽然在数字作品中加入的技术能够自动生成消费者的个人信息并将信息永久存储在数字作品中，但只有该消费者个人能够获取该信息，除非是消费者违反许可合同约定，将作品转售或出租给他人，才可能导致除该消费者外的第三方获取消费者的个人信息。但在这种情况下，传播个人信息也是消费者自愿的行为，得到了消费者的同意，该消费者的隐私权没有受到侵犯。

（三）数字作品销售者可以将技术保护措施加入数字作品中，与许可合同和权利管理信息结合起来，共同控制对作品未经许可的获取和使用

数字作品销售者可以在出售数字作品时通过产品包装内的说明书告诉消费者首次破解技术保护措施的方式，使消费者能够顺利地获取和使用其合法购买的产品。但当消费者违约转售、出租或以其他方式传播数字作品时，为了避免承担违约和侵权责任，消费者会尽力删除或隐藏存储于数字作品中的个人信息，或者要求"二手"作品收购店删除或修改这些个人信息，一旦消费者个人信息被删除、隐藏或修改，被首次破解的技术保护措施将重新发挥作用，再度控制对作品的访问和复制。消费者购买数字作品时获得的破解技术保护措施方法将不再适用于重新启动后的技术保护措施。对技术保护措施的安排和设置应当考虑消费者对作品的合理使用。

通过优化权利管理系统，将技术保护措施、权利管理信息与合同条款结合起来，更有利于保护版权人和数字作品销售者对作品的管理，弥补数字网络环境下作品售后市场的缺失、技术保护措施功能的失灵以及反规避规则对消费数字作品所带来的不利影响。通过合理设计权利管理系统，平衡版权人、数字作品销售者和消费者三者间的权益，也避免了数字作品销售者起诉消费者违约、侵权的尴尬局面，缓和了数字作品销售者和消费者之间的利益冲突，有助于数字作品交易产业的良性发展。

# 参考文献

**中文文献**

专著

[1] R.科斯，A.阿尔钦，D.诺斯. 财产权利与制度变迁［M］. 刘守英，等译. 上海：上海人民出版社，1994.

[2] 高德. 迷因效应：谁在影响你，你在影响谁［M］. 天津：天津人民出版社，2016.

[3] 劳伦斯·莱斯格. 代码2.0：网络空间中的法律［M］. 李旭，沈伟伟，译. 北京：清华大学出版社，2018.

[4] 理查德·道金斯. 自私的基因：40周年增订版［M］. 卢允中，等译. 北京：中信出版集团，2018.

[5] 洛克. 政府论（下）［M］. 叶启芳，译. 北京：商务印书馆，1964.

[6] 米哈依·菲彻尔. 版权法与因特网［M］. 郭寿康，万勇，相靖，译. 北京：中国大百科全书出版社，2009.

[7] 邱小平. 表达自由——美国宪法第一修正案研究［M］. 北京：北京大学出版社，2005.

[8] 上海当代艺术博物馆. Copyleft：中国挪用艺术［M］. 上海：上海文艺出版社，2015.

[9] 腾讯研究院，中国信通院互联网法律研究中心，腾讯AI Lab，腾讯开放平台. 人工智能——国家人工智能战略行动抓手［M］. 北京：中国人民大学出版社，2017.

[10] 王利明. 人格权法［M］. 3版. 北京：中国人民大学出版社，2021.

[11] 王迁. 知识产权法教程［M］. 7版. 北京：中国人民大学出版社，2021.

[12] 王迁. 著作权法［M］. 北京：中国人民大学出版社，2015.

[13] 约翰·马尔科夫. 人工智能简史［M］. 郭雪，译. 杭州：浙江人民出版社，2017.

[14] 张建华. 信息网络传播权保护条例释义［M］. 北京：中国法制出版社，2006.

[15] 张晓峰，杜军. 互联网+：国家战略行动路线图［M］. 北京：中信出版集团，2015.

[16] 周志华. 机器学习［M］. 北京：清华大学出版社，2016.

期刊报纸

[1] 陈兵. 欧盟公共文化机构中的绝版作品数字化版权问题研究［J］. 图书馆建设，2018（3）：41-46.

[2] 崔国斌. 论网络服务商版权内容过滤义务［J］. 中国法学，2017（2）：215-237.

[3] 刁舜. 添附理论视角下的非法演绎作品保护研究［J］. 电子知识产权，2016（8）：24-34.

[4] 丁倩. 狂欢理论视域下的"网络迷因"现象［J］. 新闻世界，2013（8）：122-124.

[5] 窦新颖，蒋朔. 集体管理组织或成反垄断审查对象［N］. 中国知识产权报，2012-08-24（9）.

[6] 方玲玲. 社交情境下网络迷因的社会功能与文化价值——基于小咖秀视频软件流行的思考［J］. 电视研究，2016（4）：65-68.

[7] 方圆. 文著协、中印集团等签署合作协议 一批断版绝版学术图书将限量复制［N］. 中国新闻出版报，2011-02-28（1）.

[8] 管育鹰. 欧美孤儿作品问题解决方案的反思与比较——兼论我国《著作权法》相关条款的修改［J］. 河北法学，2013，31（6）：135-142.

[9] 桂畅旎. 欧盟《通用数据保护法案》的影响与对策［J］. 中国信息安全，2017（7）：90-93.

[10] 郝峥嵘. 商务印书馆按需印刷让绝版书重现光彩［N］. 中国计算机报，2007-07-16（B12）.

[11] 黄炜杰. "屏蔽或变现"：一种著作权的再配置机制［J］. 知识产权，2019（1）：35-44.

[12] 贾章范. 《民法典》视野下深度伪造技术的法律风险与规则应对［J］. 东北农业大学学报（社会科学版），2021，19（1）：71-78.

[13] 蒋舸. 论著作权法的"宽进宽出"结构［J］. 中外法学，2021，33（2）：327-345.

[14] 蒋舸. 作为算法的法律［J］. 清华法学，2019，13（1）：64-75.

[15] 姜野，李拥军. 破解算法黑箱：算法解释权的功能证成与适用路径——以社会信用体系建设为场景［J］. 福建师范大学学报（哲学社会科学版），2019（4）：84-92，102.

[16] 匡生元. 先进技术无法解决图书绝版问题［N］. 太原日报，2014-07-14（9）.

[17] 李婕. 垄断抑或公开：算法规制的法经济学分析［J］. 理论视野，2019（1）：66-69.

[18] 李明德. 美国形象权法研究 [J]. 环球法律评论, 2003 (4): 474-491.
[19] 李杨. 著作权合理使用制度的体系构造与司法互动 [J]. 法学评论, 2020, 38 (4): 88-97.
[20] 李雨峰. 版权的正当性——从洛克的财产权思想谈起 [J]. 暨南学报（哲学社会科学版）, 2006 (2): 72-77, 150.
[21] 梁志文. 论人工智能创造物的法律保护 [J]. 法律科学（西北政法大学学报）, 2017, 35 (5): 156-165.
[22] 林秀芹, 李晶. 构建著作权人与作品使用人共赢的著作权延伸性集体管理制度——一个法经济学角度的审视 [J]. 政治与法律, 2013 (11): 25-35.
[23] 卢现祥. 共享经济：交易成本最小化、制度变革与制度供给 [J]. 社会科学战线, 2016 (9): 51-61.
[24] 彭桂兵, 陈煜帆. 取道竞争法：我国新闻聚合平台的规制路径——欧盟《数字版权指令》争议条款的启示 [J]. 新闻与传播研究, 2019, 26 (4): 62-84, 127.
[25] 阮开欣. 电子游戏的形象权问题研究——以美国的司法实践为视角 [J]. 电子知识产权, 2014 (3): 54-65.
[26] 王坤. 著作人格权制度的反思与重构 [J]. 法律科学（西北政法大学学报）, 2010, 28 (6): 38-46.
[27] 王迁. 版权法保护技术措施的正当性 [J]. 法学研究, 2011, 33 (4): 86-103.
[28] 王迁. "孤儿作品" 制度设计简论 [J]. 中国版权, 2013 (1): 30-33.
[29] 王迁. "技术措施" 概念四辨 [J]. 华东政法大学学报, 2015, 18 (2): 30-40.
[30] 王迁. 论《马拉喀什条约》及对我国著作权立法的影响 [J]. 法学, 2013 (10): 51-63.
[31] 王迁. 论提供规避技术措施手段的法律性质 [J]. 法学, 2014 (10): 31-45.
[32] 王迁. 《著作权法》修改：关键条款的解读与分析（上）[J]. 知识产权, 2021 (1): 20-35.
[33] 吴汉东. 人工智能时代的制度安排与法律规制 [J]. 法律科学（西北政法大学学报）, 2017, 35 (5): 128-136.
[34] 谢琳. 论著作权转换性使用之非转换性 [J]. 学术研究, 2017 (9): 61-67.
[35] 谢琳. 网络游戏直播的著作权合理使用研究 [J]. 知识产权, 2017 (1): 32-40, 45.
[36] 熊琦. 人工智能生成内容的著作权认定 [J]. 知识产权, 2017 (3): 3-8.
[37] 严永和. 也论我国残疾人版权限制与例外制度的构建——与王迁教授商榷 [J]. 中南民族大学学报（人文社会科学版）, 2014, 34 (5): 101-107.
[38] 袁锋. 论新技术环境下 "转换性使用" 理论的发展 [J]. 知识产权, 2017 (8): 42-57.

［39］袁锋. 人工智能著作权问题的文献综述［J］. 中国版权, 2017（6）：19-24.

［40］张陈果. 解读"三步检验法"与"合理使用"——《著作权法（修订送审稿）》第43条研究［J］. 环球法律评论, 2016, 38（5）：5-24.

［41］张凌寒. 算法规制的迭代与革新［J］. 法学论坛, 2019, 34（2）：16-26.

［42］张新宇, 杨璇, 张玲玲. 论采风权与肖像权的冲突与协调［J］. 河北工程大学学报（社会科学版）, 2011, 28（2）：4-6, 16.

［43］张一贺. AlphaGo背后强大的人工智能技术［J］. 数字通信世界, 2017（11）：78-79.

［44］赵力. 孤儿作品法理问题研究——中国视野下的西方经验［J］. 河北法学, 2012, 30（5）：149-155.

［45］赵继海. 绝版馆藏数字化的若干法律问题［J］. 大学图书馆学报, 2008（2）：41-44.

## 网络文献

［1］北京青年报. 中国加入《马拉喀什条约》视障人士将不再"书荒"［EB/OL］.（2021-11-08）［2021-12-21］. https://view.inews.qq.com/wxn2/20211108A007KR00?refer=wx_hot.

［2］窦新颖. "小冰"写诗, 版权归谁？［EB/OL］.（2017-06-05）［2021-12-28］. http://www.iprchn.com/cipnews/news_content.aspx?newsId=100544.

［3］Google 服务条款［EB/OL］.（2017-10-25）［2021-12-28］. https://policies.google.com/terms.

［4］管慕飞. 人工智能都能写剧本了, AI玩起艺术一点儿也不含糊［EB/OL］.（2016-06-14）［2021-12-28］. https://tech.qq.com/a/20160614/008106.htm.

［5］国内人工智能行业全梳理［EB/OL］.（2016-05-05）［2021-12-28］. http://www.geekpark.net/news/215407.

［6］胡开忠. 重混作品创作的版权问题［EB/OL］.（2016-07-15）［2021-12-27］. http://www.iprcn.com/IL_Xsjt_Show.aspx?News_PI=5745.

［7］李铁柱. "葛优躺"侵权案落判葛优获赔偿7.5万元［EB/OL］.（2018-02-25）［2020-02-27］. https://www.chinacourt.org/article/detail/2018/02/id/3211407.shtml.

［8］李振伟. 人工智能：会给艺术带来什么？［EB/OL］.（2017-11-22）［2021-12-28］. https://www.sohu.com/a/205675424_819453.

［9］卢庆玲. 研究：版权法是造成许多书本绝版的"罪魁祸首"［EB/OL］.（2013-07-10）［2021-12-23］. http://tech.huanqiu.com/internet/2013-07/4113447.html.

［10］MCMAHAN B, RAMAGE D. Google推出联合学习：实现数百万无集中训练数据的

协同机器学习［EB/OL］. 邵明，译.（2017-04-07）［2021-12-28］. https://www.sohu.com/a/132508214_642762.

［11］Giiso 智搜信息技术. 盘点高端媒体都在用的 10 大写作机器人［EB/OL］.（2020-11-10）［2021-12-28］. https://www.136.la/tech/show-949109.html.

［12］世界知识产权组织版权与相关权常设委员会. 第二十四届会议报告草案（SCCR/24/12）［EB/OL］.（2012-07-27）［2021-12-23］. http://www.wipo.int/edocs/mdocs/copyright/zh/sccr_24/sccr_24_12_prov.pdf.

［13］世界知识产权组织（WIPO）管理的版权及相关权条约指南以及版权及相关权术语汇编［EB/OL］.［2022-01-20］. https://www.wipo.int/edocs/pubdocs/zh/copyright/891/wipo_pub_891.pdf.

［14］Sykee. 将人工智能融入到音乐创作中，纽约 Amper Music 公司获得 400 万美元种子轮融资［EB/OL］.（2017-03-06）［2022-01-20］. https://36kr.com/p/1721398231041.

［15］赵力. 数字化孤儿作品法律问题研究［D/OL］. 武汉：武汉大学，2013［2021-12-23］. https://t.cnki.net/kcms/detail?v=3uoqIhG8C447WN1SO36whLpCgh0R0Z-ifBI1L3ks338rpyhinzvy7PFqwE2d6rkCfF2oAuCJMxjuRnTcnAklKOmWp5YMK7JR&uniplatform=NZKPT.

## 外文文献
专著

［1］BORGHI M, KARAPAPA S. Copyright and Mass Digitization［M］. Oxford：Oxford University Press，2013.

［2］KOSKINEN-OLSSON T, SIGURDARDOTTIR V. Chapter 8 Collective Management in the Nordic Countries in GERVAIS D（ed.）Collective Management of Copyright and Related Rights［M］. 3rd ed. Alphen aan den Rijn：Wolters Kluwer，2015.

［3］SMOLLA R A, NIMMER M B. Smolla and Nimmer on Freedom of Speech：A Treatise on the First Amendment［M］. 3rd ed. Toronto：Thomson Reuters，2008.

［4］SONG H. New Challenges in the Chinese Copyright Law in the Digital Age［M］. Alphen ann den Rijin：Routledge，2011.

［5］WIGGINS B E. The Discursive Power of Memes in Digital Culture：Ideology, Semiotics, and Intertextuality［M］. New York：Routledge，2019.

期刊

［1］ADENEY E. The Sampling and Remix Dilemma：What Is the Role of Moral Rights in the Encouragement and Regulation of Derivative Creativity?［J］. Deakin Law Review，2012，

17 (2): 335-348.

[2] BEEBE B. An Empirical Study of US Copyright Fair Use Opinions, 1978-2005 [J]. University of Pennsylvania Law Review, 2008, 156 (3): 549-624.

[3] BENKLER Y. Freedom in the Commons: Towards A Political Economy of Information [J]. Duke Law Journal, 2003, 52 (6): 1245-1276.

[4] BLAKE G. Expressive Merchandise and the First Amendment in Public Fora [J]. Fordham Urban Law Journal, 2007, 34 (3): 1049-1088.

[5] BULAYENKO O. Permissibility of Non-Voluntary Collective Management of Copyright under EU Law: The Case of the French Law on Out-of-Commerce Books [J]. Journal of Intellectual Property Information Technology & Electronic Commerce Law, 2016, 7 (1): 51-68.

[6] BURK D L. Algorithmic Fair Use [J]. University of Chicago Law Review, 2019, 86 (2): 283-308.

[7] BURK D L, COHEN J E. Fair Use Infrastructure for Rights Management Systems [J]. Harvard Journal of Law and Technology, 2001, 15 (1): 41-84.

[8] CALDERA E. Reject the Evidence of Your Eyes and Ears: Deepfakes and the Law of Virtual Replicants [J]. Seton Hall Law Review, 2019, 50 (1): 177-206.

[9] CALO R. Artificial Intelligence Policy: A Primer and Roadmap [J]. University of California Davis Law Review, 2017, 51 (2): 399-436.

[10] CASSELLS L. The Impact of the Marrakesh Treaty on South Africa Publishers [J/OL]. Publishing Research Quarterly, 2021, 37: 41-52 (2020-11-23) [2022-01-07]. https://link.springer.com/article/10.1007/s12109-020-09775-5.

[11] DEPOORTER B, WALKER R K. Copyright False Positives [J]. Notre Dame Law Review, 2013, 89 (1): 319-360.

[12] DIAZ A S. Fair Use & Mass Digitization: The Future of Copy-Dependent Technologies after Authors Guild v. HathiTrust [J]. Berkeley Technology Law Journal, 2013, 28 (Annual Review Issue): 683-714.

[13] DIAZ C M C. Defining and Characterizing the Concept of Internet Meme [J/OL]. Revista CES Psicología, 2013, 6 (1): 82-104 [2021-12-30]. http://www.scielo.org.co/pdf/cesp/v6n2/v6n2a07.pdf.

[14] EBLE K. This Is a Remix: Remixing Music Copyright to Better Protect Mashup Artists [J]. University of Illinois Law Review, 2013 (2): 661-694.

[15] ELKIN-KOREN N. Fair Use by Design [J]. UCLA Law Review, 2017, 64 (5): 1082-1101.

[16] GEDDES K. Ocularcentrism and Deepfakes: Should Seeing Be Believing? [J]. Fordham

Intellectual Property, Media and Entertainment Law Journal, 2021, 31 (4): 1042-1083.

[17] GINSBURG J C. Copyright 1992-2012: The Most Significant Development? [J]. Fordham Intellectual Property Media and Entertainment Law Journal, 2013, 23 (2): 465-502.

[18] GOLDSTEIN P. Derivative Rights and Derivative Works in Copyright [J]. Journal of the Copyright Society of the U.S.A., 1983, 30 (3): 209-252.

[19] GOLDSTEIN P. Fair Use in Context [J]. Columbia Journal of Law and the Arts, 2008, 31 (4): 433-444.

[20] GORDON W. Fair Use as Market Failure: A Structural and Economic Analysis of the Betamax Case and Its Predecessors [J]. Columbia Law Review, 1982, 82 (8): 1600-1657.

[21] GORWA R, BINNS R, KATZENBACH C. Algorithmic Content Moderation: Technical and Political Challenges in the Automation of Platform Governance [J/OL]. Big Data and Society, 2020 [2021-12-28]. https://journals.sagepub.com/doi/full/10.1177/2053951719897945.

[22] GREENSTEIN N. Striking the Right Chord: A Theoretical Approach to Balancing Artists' Intellectual Property Rights on Remix Audio-Sharing Platforms [J]. Cornell Law Review, 2016, 102 (1): 211-240.

[23] GROTHOUSE M R. Collateral Damage: Why the Transformative Use Test Confounds Publicity Rights Law [J]. Virginia Journal of Law and Technology, 2014, 18 (3): 474-582.

[24] GUIBAULT L. Cultural Heritage Online: Settle It in the Country of Origin of the Work [J]. Journal of Intellectual Property Information Technology and Electronic Commerce Law, 2015, 6 (3): 173-191.

[25] HARDIN G, The Tragedy of the Commons [J]. Science, 1968, 162: 1243-1248.

[26] HETCHER S A. Using Social Norms to Regulate Fan Fiction and Remix Culture [J]. University of Pennsylvania Law Review, 2009, 157 (6): 1869-1936.

[27] HELLER M A. The Tragedy of the Anticommons: Property in the Transition from Marx to Markets [J]. Harvard Law Journal, 1998, 111 (3): 621-688.

[28] HILTY R M, KOKLU K, KUR A, et al. Position Paper of the Max Planck Institute for Innovation and Competition [J]. IIC-International Review of Intellectual Property and Competition Law, 2015, 46 (6): 707-716.

[29] ICE J. Defamatory Political Deepfakes and the First Amendment [J]. Case Western Reserve Law Review, 2019, 70 (2): 417-456.

[30] IWAHASHI R. How to Circumvent Technological Protection Measures Without Violating

the DMCA: An Examination of Technological Protection Measures Under Current Legal Standards [J]. Berkeley Technology Law Journal, 2011, 26 (1): 491-526.

[31] KIMBROUGH A. Transformative Use v. Market Impact: Why the Fourth Fair Use Factor Should Not Be Supplanted by Transformative Use as the Most Important Element in a Fair Use Analysis [J]. Alabama Law Review, 2012, 63 (3): 625-640.

[32] KIRCHBERGER T. European Union Policy-Making on Robotics and Artificial Intelligence: Selected Issues [J]. Croatian Yearbook of European Law and Policy, 2017, 13: 191-214.

[33] LANGA J. Deepfakes, Real Consequences: Crafting Legislation to Combat Threat Posed by Deepfakes [J]. Boston University Law Review, 2021, 101 (2): 761-802.

[34] LANTAGNE S M. Famous on the Internet: The Spectrum of Internet Memes and the Legal Challenges of Evolving Methods of Communication [J]. University of Richmond Law Review, 2018, 52 (2): 387-424.

[35] LAPOLT D, ROSENTHAL J, MELLER J. A Response to Professor Menell: A Remix Compulsory License Is Not Justified [J]. Columbia Journal of Law and the Arts, 2015, 38 (3): 365-374.

[36] LEE E. Remixing Lessig [J]. I/S: A Journal of Law and Policy for the Information Society, 2010, 6 (1): 41-66.

[37] LEVAL P N. Toward A Fair Use Standard [J]. Harvard Law Review, 1990, 103 (5): 1105-1136.

[38] LEVENDOWSKI A. How Copyright Law Can Fix Artificial Intelligence's Implicit Bias Problem [J]. Washington Law Review, 2018, 93 (2): 579-630.

[39] LIU J. Two-factor Fair Use? [J]. Columbia Journal of Law and the Arts, 2008, 31 (4): 571-586.

[40] MATULIONYTE R. 10 Years for Google Books and Europeana: Copyright Law Lessons that the EU Could Learn from the USA [J]. International Journal of Law and Information Technology, 2016, 24 (1): 44-71.

[41] MCCARTHY J T. Melville B. Nimmer and the Right of Publicity: A Tribute [J]. UCLA Law Review, 1987, 34 (5-6): 1703-1712.

[42] MONTAGNANI M L, ZOBOLI L. The Making of an Orphan: Cultural Heritage Digitization in the EU [J]. International Journal of Law and Information Technology, 2017, 25 (3): 196-212.

[43] MURRELL M. Digital+Library: Mass Book Digitization as Collective Inquiry [J]. New York Law School Law Review, 2010/2011, 55 (1): 221-250.

[44] NETANEL N W. Making Sense of Fair Use [J]. Lewis and Clark Law Review, 2011, 15 (3): 715-772.

[45] PICOZZI B. What's Wrong with Intentionalism: Transformative Use, Copyright Law, and Authorship [J]. Yale Law Journal, 2017, 126 (5): 1408-1459.

[46] PEREL M, ELKIN-KOREN N. Accountability in Algorithmic Copyright Enforcement [J]. Stanford Technology Law Review, 2016, 19 (3): 473-532.

[47] PERZANOWSKI A, SCHULTZ J. Digital Exhaustion [J]. UCLA Law Review, 2011, 58 (4): 889-946.

[48] RAND J L. Transformative Use and the Right of Publicity: A Relationship Ready for Revision [J]. Hastings Communication and Entertainment Law Journal, 2015, 37 (2): 335-364.

[49] REIDENBERG J. Lex Informatica: The Formulation of Information Policy Rules Through Technology [J]. Texas Law Review, 1998, 76 (3): 553-594.

[50] REESE A. Transformativeness and The Derivative Work Right [J]. Columbia Journal of Law and Arts, 2008, 31 (4): 467-496.

[51] REIS S. Toward A "Digital Transfer Doctrine"? The First Sale Doctrine in the Digital Era [J]. Northwestern University Law Review, 2014, 109 (1): 173-208.

[52] ROBINSON D B. Digital Rights Management Lite: Freeing Ebooks from Reader Device and Software: Can Digital Visible Watermarks in ebooks Quality for Anti-circumvention Protection under the Digital Millennium Copyright Act [J]. Virginia Journal of Law and Technology, 2012, 17 (2): 152-170.

[53] SENFTLEBEN M. Bridging the Difference between Copyright's Legal Traditions–the Emerging EC Fair Use Doctrine [J]. Journal of the Copyright Society of the USA, 2010, 57 (3): 521-552.

[54] SITES B. Fair Use and New Transformative [J]. Colombia Journal of Law and the Arts, 2016, 39 (4): 513-550.

[55] SOBEL B L W. Artificial Intelligence's Fair Use Crisis [J]. Columbia Journal of Law and Arts, 2017, 41 (1): 45-98.

[56] SUN Q. The DMCA Anti-Circumvention Provisions and the Region Coding System: Are Multi-Zone DVD Players Illegal After the Chamberlain and Lexmark Cases? [J]. Journal of Law, Technology and Policy, 2005 (2): 317-338.

[57] TAN D. The Lost Language of the First Amendment in Copyright Fair Use: A Semiotic Perspective of the Transformative Use Doctrine Twenty-Five Years On [J]. Fordham Intellectual Property Media and Entertainment Law Journal, 2016, 26 (2): 311-380.

[58] TAN D, WILSON A. Copyright Fair Use and the Digital Carnivalesque: Towards A

New Lexicon of Transformative Internet Memes [J]. Fordham Intellectual Property, Media and Entertainment Law Journal, 2021, 31 (3): 864-925.

[59] TOTH A K. Algorithmic Copyright Enforcement and AI: Issues and Potential Solutions, Through the Lens of Text and Data Mining [J]. Masaryk University Journal of Law and Technology, 2019, 13 (2): 361-388.

[60] TRIMBLE M. The Marrakesh Puzzle [J]. IIC-International Review of Intellectual Property and Competition Law, 2014, 45 (7): 768-795.

[61] WAGNER R P. Reconsidering the DMCA [J]. Houston Law Review, 2005, 42 (4): 1107-1128.

[62] WARREN S D, BRANDEIS L D. The Right to Privacy [J]. Harvard Law Review, 1890, 4 (5): 193-220.

[63] YU P K. Anticircumvention and Anti-anticircumvention [J]. Denver University Law Review, 2006, 84 (1): 13-78.

[64] YU P K. Can Algorithms Promote Fair Use? [J]. FIU Law Review, 2020, 14 (2): 329-364.

[65] YUN C T H. Moving Towards a More Inclusive Copyright Regime for the Visually Impaired [J]. Singapore Academy of Law Journal, 2012, 24 (2): 433-469.

## 网络文献

[1] About the Internet Archive [EB/OL]. [2021-12-20]. https://archive.org/about/.

[2] Angela Wang & Co. Application for Norwich Pharmacal Relief in respect of Online Infringement of Copyright [EB/OL]. [2021-12-28]. https://www.hg.org/legal-articles/ip-law-application-for-norwich-pharmacal-relief-in-respect-of-online-infringement-of-copyright-china-7729.

[3] BAND J. A User Guide to the Marrakesh Treaty [EB/OL]. (2013-08-13) [2021-12-23]. https://www.llrx.com/2013/08/a-user-guide-to-the-marrakesh-treaty/.

[4] BEZBOZHNA O. The Marrakesh Treaty for Persons with Visual Impairments: The Intersection between Copyright and Human Rights [D/OL]. Lund: Lund University, 2014 [2021-12-23]. https://lup.lub.lu.se/student-papers/search/publication/4388852.

[5] BIDDLE P, ENGLAND P, PEINADO M, WILLIAM B. The Darknet and the Future of Content Distribution [EB/OL]. (2003-10-31) [2021-12-29]. https://crypto.stanford.edu/DRM2002/darknet5.doc.

[6] BLY R W. What to Do When Your Book Goes Out of Print [EB/OL]. [2018-03-24]. http://www.bly.com/Pages/documents/ART4H.htm.

[7] Bookshare. Who We Are [EB/OL]. [2021-12-23]. https://www.bookshare.org/

cms/about.

[8] BROWN L. Garbage In Garbage Out: the Dangers of Training Algorithms on Biased Data [EB/OL]. (2017-06-22) [2021-12-29]. https://www.thinkdigitalpartners.com/news/2017/06/22/garbage-garbage-dangers-training-algorithms-biased-data/.

[9] CALVO F J M. Technological Advances Benefiting Visually Impaired People [EB/OL]. (2003-11-03) [2021-12-23]. http://www.wipo.int/edocs/mdocs/mdocs/en/digvi_im_03/digvi_im_03_francisco_mart_nez_calvo.pdf.

[10] CAMP L J. DRM: Doesn't Really Mean Digital Copyright Management [EB/OL]. [2021-12-29]. http://home.eng.iastate.edu/~daji/seminar/papers/C02.ACM-CCS.pdf.

[11] CAVOUKIAN A. Privacy by Design: Strong Privacy Protection-Now, and Well into the Future-A Report on the State of PbD to the 33rd International Conference of Data Protection and Privacy Commissioners [EB/OL]. (2011-11) [2021-12-29]. https://www.ipc.on.ca/wp-content/uploads/Resources/PbDReport.pdf.

[12] Center for Democracy and Technology. AI & Machine Learning [EB/OL]. [2021-12-29]. https://cdt.org/ai-machine-learning/.

[13] Digital Millennium Copyright Act Report Executive Summary [EB/OL]. [2021-12-29]. https://www.copyright.gov/reports/studies/dmca/dmca_executive.html.

[14] ESSERS L. Dutch Courts Lets Ebook Reseller Stay Online [EB/OL]. (2014-07-22) [2021-12-29]. http://www.pcworld.com/article/2456400/dutch-courts-lets-ebook-reseller-stay-online.html.

[15] Europeana, About Us [EB/OL]. [2021-12-20]. https://www.europeana.eu/en/about-us.

[16] European Commission. Cultural Heritage: Digitisation, Online Accessibility and Digital Preservation-Consolidated Progress Report on the Implementation of Commission Recommendation (2011/711/EU) 2015-2017 [EB/OL]. [2021-12-23]. https://www.digitalmeetsculture.net/wp-content/uploads/2019/06/ReportonCulturalHeritage-DigitisationOnlineAccessibilityandDigitalPreservation.pdf.

[17] European Commission. Memorandum of Understanding of Key Principles on the Digitisation and Making Available of Out-Of-Commerce Works [EB/OL]. [2021-12-23]. https://www.jipitec.eu/issues/jipitec-2-3-2011/3180/mou.pdf.

[18] European Commission. Modernisation of EU Copyright Rules [EB/OL]. [2021-12-23]. http://aba-bva.be/IMG/pdf/slides_fossoul-andersson-delforge_30_01_2017-2.pdf.

[19] FICSOR M. Commentary to the Marrakesh Treaty on Accessible Format Copies for the Visu-

ally Impaired [EB/OL]. [2021-12-23]. https://view.officeapps.live.com/op/view.aspx?src=http%3A%2F%2Fwww.copyrightseesaw.net%2Fuploads%2Ffajlok%2FM_Ficsor_Commentary%2520to%2520the%2520Marrakesh%2520Treaty%2520on%2520accessible%2520format%2520copies%2520for%2520the%2520visually%2520impaired.doc&wdOrigin=BROWSELINK.

[20] GARNETT N. Automated Rights Management Systems and Copyright Limitations and Exceptions (SCCR/14/5) [EB/OL]. (2006-04-27) [2021-12-23]. http://www.wipo.int/edocs/mdocs/copyright/en/sccr_14/sccr_14_5.pdf.

[21] German Court Nixes Selling Used E-books, Publishers Weekly [EB/OL]. (2013-04-22) [2021-12-29]. https://www.publishersweekly.com/pw/by-topic/digital/retailing/article/56916-german-court-nixes-selling-used-e-books.html.

[22] GODWIN M. What Every Citizen Should Know about DRM, a.k.a. "Digital Rights Management" [EB/OL]. [2021-12-29]. http://cs.furman.edu/~tallen/csc271/source/citizens_guide_to_drm.pdf.

[23] HAES A U. Ebook Reselling Dispute Erupts in the Netherlands [EB/OL]. (2014-07-02) [2021-12-29]. http://www.pcadvisor.co.uk/news/tech-industry/ebook-reselling-dispute-erupts-in-the-netherlands-3528449/.

[24] Implementation of the Marrakesh Treaty in EU Law [EB/OL]. [2022-01-06]. https://digital-strategy.ec.europa.eu/en/policies/marrakesh-treaty.

[25] In Legal First, ACLU Sues over New Copyright Laws: Says Blocking Program Lists Should Be Revealed [EB/OL]. (2002-07-25) [2021-12-29]. https://www.aclu.org/press-releases/legal-first-aclu-sues-over-new-copyright-law-says-blocking-program-lists-should-be.

[26] JERNIGAN K. A Definition of Blindness [EB/OL]. [2021-12-23]. https://nfb.org//sites/default/files/images/nfb/publications/fr/fr19/fr05si03.htm.

[27] KANE M. Amazon Defends Used-Book Sales [EB/OL]. (2002-04-21) [2021-12-29]. https://www.cnet.com/news/amazon-defends-used-book-sales/.

[28] Kindle Store Terms of Use [EB/OL]. (2021-08-30) [2021-12-29]. https://www.amazon.com/gp/help/customer/display.html?nodeId=201014950.

[29] KLEIN D V. "Foiling the Cracker": A Survey of, and Improvement to, Password Security [EB/OL]. [2021-12-29]. http://www.klein.com/dvk/publications/passwd.pdf.

[30] Labeled Faces in the Wild [EB/OL]. [2018-05-16]. http://vis-www.cs.umass.edu/lfw/.

[31] MAES M et al. Digital Watermarking DVD Video Copy Protection: What Issues Play a Role in Designing an Effective System? [EB/OL]. (2000-09) [2021-12-29]. https://

citeseerx. ist. psu. edu/viewdoc/download; jsessionid = 442303A38B7CFB1702BE978A09B30 6C7?doi = 10. 1. 1. 29. 1705&rep = rep1&type = pdf.

[32] MAXWELL A. YouTube's Deal with Universal Blocks DMCA Counter Notices [EB/OL]. (2013-04-05) [2021-12-29]. https://torrentfreak. com/youtube-deal-with-universal-blocks-dmca-counter-notices-130405/.

[33] MAZUMDAR A. The Marrakesh Treaty in Action: Exciting Progress in Access to Published Works for the Blind and Print-Disabled Communities [EB/OL]. (2021-02-22) [2022-01-06]. https://blogs. loc. gov/copyright/2021/02/the-marrakesh-treaty-in-action-exciting-progress-in-access-to-published-works-for-the-blind-and-print-disabled-communities/.

[34] MIKLOS B. Computer, Respond to This Email: Introducing Smart Reply in Inbox by Gmail [EB/OL]. (2015-11-03) [2021-12-28]. https://www. blog. google/products/gmail/computer-respond-to-this-email/.

[35] Ministry of Business, Innovation and Employment of New Zealand. The Marrakesh Treaty [EB/OL]. [2022-01-07]. https://www. mbie. govt. nz/business-and-employment/business/intellectual-property/copyright/the-marrakesh-treaty/.

[36] MOHNEY G. Dad of 'Success Kid' Undergoes Successful Kidney Transplant [EB/OL]. (2015-08-19) [2021-12-27]. https://abcnews. go. com/Health/dad-success-kid-undergoes-successful-kidney-transplant/story?id = 33159971.

[37] MoMALearning. Pop Art [EB/OL]. [2018-02-07]. https://www. moma. org/learn/moma_learning/themes/pop-art/appropriation.

[38] National Interest Analysis [2015] ATNIA 9 with attachment on consultation (Australia) [EB/OL]. [2022-01-07]. http://www. aph. gov. au/~/media/02%20Parliamentary%20Business/24%20Committees/244%20Joint%20Committees/JSCT/2015/16Jun2015/2015%20ATNIA%209%20%20Marrakesh%20Treaty%20to%20Facilitate%20Access%20to%20Published%20Work. pdf?la = en.

[39] REDA J. EU Copyright Evaluation Report [EB/OL]. [2021-12-22]. https://juliareda. eu/copyright-evaluation-report/full/.

[40] SULLIVAN J. Study on Copyright Limitations and Exceptions for the Visually Impaired (SCCR/15/7) [EB/OL]. [2021-12-23]. https://view. officeapps. live. com/op/view. aspx? src = https%3A%2F%2Fwww. wipo. int%2Fedocs%2Fmdocs%2Fcopyright%2Fen%2Fsccr_15%2Fsccr_15_7. doc&wdOrigin = BROWSELINK.

[41] The Department of Commerce of the United States. Copyright Policy, Creativity, and Innovation in the Digital Economy (July 2013) [EB/OL]. [2021-12-22]. https://www. uspto. gov/sites/default/files/news/publications/copyrightgreenpaper. pdf.

[42] TILLIS T. Tillis Releases Landmark Discussion Draft to Reform the Digital Millennium Copyright Act [EB/OL]. (2020-12-22) [2022-01-11]. https://www.tillis.senate.gov/2020/12/tillis-releases-landmark-discussion-draft-to-reform-the-digital-millennium-copyright-act.

[43] Treaty on Access to Knowledge [EB/OL]. (2005-05-09) [2021-12-23]. http://www.cptech.org/a2k/a2k_treaty_may9.pdf.

[44] TRIAILLE J, D'ARGENTEUIL J M, FRANCQUEN A. Study on the Legal Framework of Text and Data Mining (TDM) [EB/OL]. (2014-03) [2021-12-29]. https://www.fosteropenscience.eu/sites/default/files/pdf/3476.pdf.

[45] United States Copyright Office. Legal Issues in Mass Digitization: A Preliminary Analysis and Discussion Document [EB/OL]. (2011-10) [2021-12-23]. https://www.copyright.gov/docs/massdigitization/USCOMassDigitization_October2011.pdf.

[46] U.S. Copyright Office. Rulemaking Proceedings Under Section 1201 of Title 17 [EB/OL]. [2022-01-04]. https://www.copyright.gov/1201/.

[47] United States-Section 110 (5) of the US Copyright Act: Report of the Panel [EB/OL]. (2000-06-15) [2021-12-22]. https://docs.wto.org/dol2fe/Pages/SS/directdoc.aspx?filename=Q:/WT/DS/160R-00.pdf&Open=True.

[48] University of Cape Town Intellectual Property Unit. Marrakesh Treaty Implementation Guide South Africa [EB/OL]. (2015-05) [2022-01-07]. http://ip-unit.org/wp-content/uploads/2015/05/IPUnit_MarrakeshGuideSA1.pdf.

[49] WELCH C. Google Received Over 75 Million Copyright Takedown Requests in February [EB/OL]. (2016-03-07) [2021-12-28]. https://www.theverge.com/2016/3/7/11172516/google-takedown-requests-75-million.

[50] WIPO-Administered Treaties [EB/OL]. [2021-12-21]. https://wipolex.wipo.int/en/treaties/ShowResults?search_what=N&treaty_id=843.

[51] World Intellectual Property Organization. Implications of the TRIPS Agreements on Treaties Administered by WIPO [EB/OL]. [2021-12-23]. https://www.wipo.int/edocs/pubdocs/en/intproperty/464/wipo_pub_464.pdf.

[52] World Intellectual Property Organization. Limitations and Exceptions: Access to Books for the Visually Impaired-Background Brief [EB/OL]. [2021-12-23]. http://www.wipo.int/pressroom/en/briefs/limitations.html.

[53] World Intellectual Property Organization. The Treaty of Marrakesh Explained [EB/OL]. [2021-12-23]. https://www.wipo.int/edocs/mdocs/africa/en/wipo_ipr_kla_15/wipo_ipr_kla_15_t_2_a.pdf.